Martin Schempp

DEUTSCHLANDS TOUREN HIGHLIGHTS

Die 40 besten Motorradtouren zwischen Meer und Alpen

TVV Touristik Verlag

Vorwort

Martin Schemp ist seit 30 Jahren Motorradjournalist.

Fast genau 30 Jahre ist es nun her. Damals startete ich zu meiner ersten Reisereportage für eine deutsche Motorradzeitschrift. Zwei Wochen Südfrankreich. Auf einer Suzuki DR Big 800. Meine Frau und ich. Unser Gepäck hatten wir in einem Tankrucksack und zwei Satteltaschen verstaut. Hinzu kam eine komplette Campingausrüstung auf dem Gepäckträger.

Wie zwei Ölsardinen kauerten wir eingequetscht auf der schmalen, harten Endurositzbank. Schon bei der ersten Tankpause schmerzte der Allerwerteste, von den verkrampften Muskeln ganz zu schweigen. Wie sollte das enden? Nun, es endete gut. Wir packten um, legten öfters Pausen ein, fanden in Südfrankreich hübsche Campingplätze und kamen schließlich mit einer ordentlichen Reisereportage zurück. Der Chefredakteur war zufrieden, wir um wichtige Erfahrungen reicher.

Inzwischen hat sich vieles verändert. Die Motorräder sind bequemer geworden, die Gepäcksystem ausgefeilter. Geblieben ist jedoch die Faszination, mit einem Motorrad zu verreisen. Das direkte Fahrgefühl, näher dran zu sein an der Umgebung, Wind und Wetter unmittelbar zu spüren. In den vergangenen 30 Jahren war ich mit vielen verschiedenen Maschinen in unzähligen Ländern unterwegs.

Ich schluckte den Staub amerikanischer Wüsten, atmete die eiskalte Luft nördlich des Polarkreises, schwitzte unter der Sonne Malaysias, legte mich in die Kurven der Küstenstraßen rund um das Mittelmeer, kratzte in den französischen Alpen morgens das Eis vom Motorradsattel, pflügte auf den Kanaren durch schwarzen Vulkanstaub, erklomm in Andalusien die höchste Schotterpiste Europas, machte Bekanntschaft mit den Verkehrsverhältnissen Nordafrikas, verfolgte auf Malta die Spuren des Ritterordens.

Am meisten beeindruckt hat mich jedoch eines – der Facettenreichtum Deutschlands. Nirgendwo anders auf der Welt habe ich eine solche landschaftliche und kulturelle Vielfalt erlebt wie in unserem Land. Eine Vielfalt, die ich in ungezählten Reisereportagen quer durch die Republik festgehalten habe.

Dieses Schatzkästlein habe ich nun geöffnet und stelle euch in diesem Motorradreiseführer die nach meiner Erfahrung 40 schönsten Touren zwischen Schleswig-Holstein und Bayern, zwischen dem Saarland und Brandenburg vor. In der Hoffnung, dass auch Ihr vom Motorradreisen in Deutschland so fasziniert sein werdet wie ich.

Viel Spaß wünscht euch
Martin Schempp

Information

Martin Schempp ist seit 30 Jahren Motorradjounalist. Nach Stationen bei den Zeitschriften Enduro, Motorradfahrer und Tourenfahrer, gründete er 1995 seinen eigenen Verlag: den Highlights-Verlag. Dort erscheinen Motorrad-Reiseführer, -Abenteuerbücher und -Krimis. Martin Schempp lebt mit seiner Frau Sylva Harasim und seinen beiden Hunden in Euskirchen bei Köln.

www.highlights-verlag.de

40 Deutschlandtouren

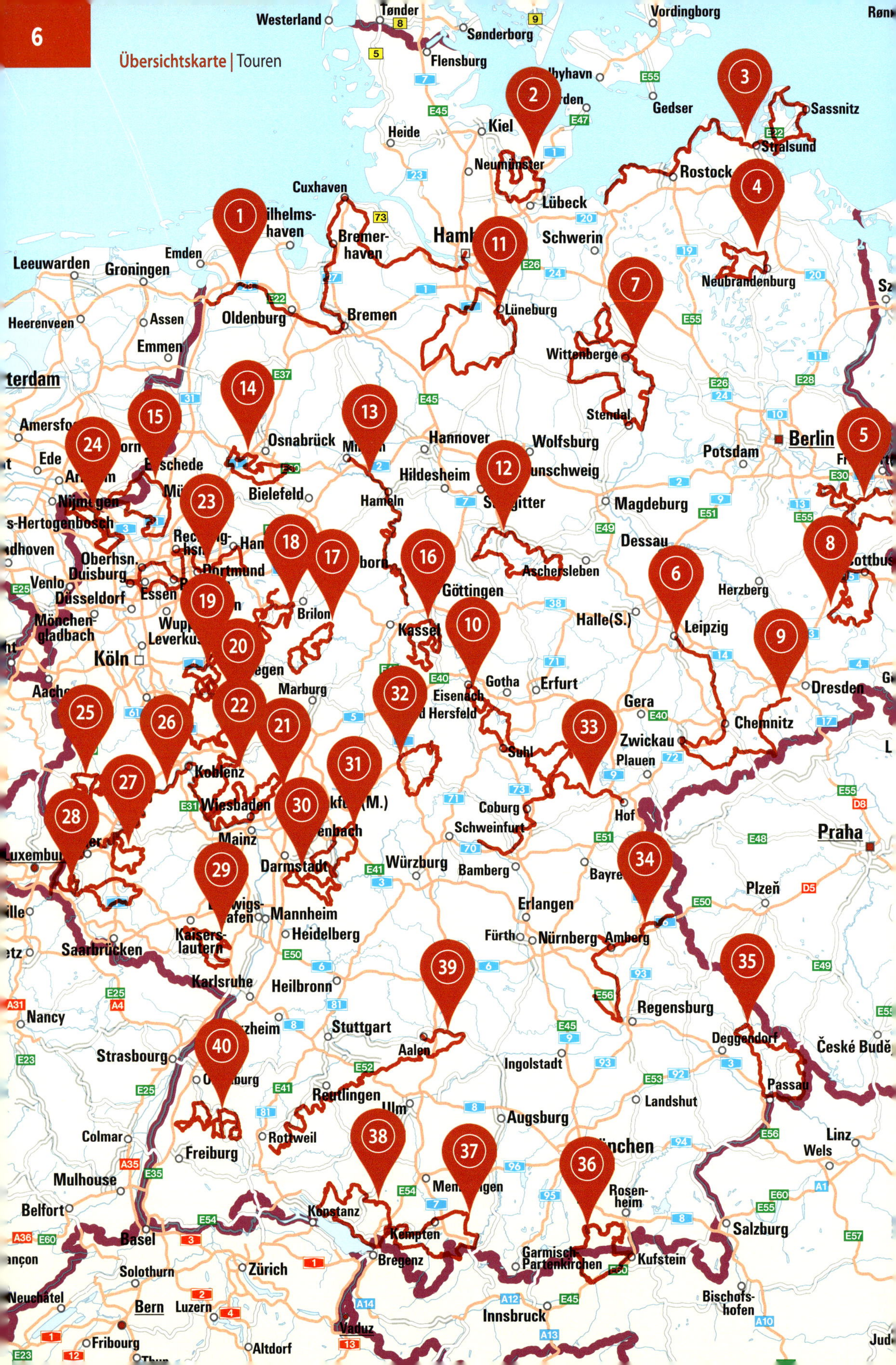
Westerland
Tønder
Sønderborg
Flensburg
Vordingborg
Gedser
Sassnitz
Stralsund
Rostock
Kiel
Heide
Cuxhaven
Bremerhaven
Bremen
Lübeck
Schwerin
Neubrandenburg
Lüneburg
Leeuwarden
Groningen
Emden
Oldenburg
Heerenveen
Assen
Emmen
Wittenberge
Stendal
Berlin
Potsdam
Wolfsburg
Hannover
Osnabrück
Bielefeld
Hildesheim
Hameln
Magdeburg
Dessau
Aschersleben
Göttingen
Kassel
Halle(S.)
Leipzig
Herzberg
Dresden
Chemnitz
Zwickau
Gera
Plauen
Hof
Erfurt
Gotha
Eisenach
Suhl
Coburg
Schweinfurt
Bamberg
Würzburg
Erlangen
Fürth
Nürnberg
Amberg
Regensburg
Plzeň
Praha
Deggendorf
Passau
České Budě
Landshut
Ingolstadt
Augsburg
Ulm
Aalen
Stuttgart
Heilbronn
Heidelberg
Mannheim
Darmstadt
Mainz
Wiesbaden
Koblenz
Marburg
Brilon
Köln
Düsseldorf
Duisburg
Essen
Dortmund
Venlo
Nijmegen
Ede
Amersfo
Saarbrücken
Kaiserslautern
Karlsruhe
Strasbourg
Nancy
Colmar
Freiburg
Mulhouse
Belfort
Basel
Solothurn
Zürich
Bern
Luzern
Fribourg
Neuchâtel
Altdorf
Vaduz
Bregenz
Konstanz
Kempten
Innsbruck
Kufstein
Salzburg
Linz
Wels
Bischofshofen
Reutlingen
Rottweil
Garmisch-Partenkirchen
Rosenheim

Tour 1 Ostfriesland

Zwischen Strand, Meer, Marsch und Geest

Die 350 Kilometer lange Grüne Küstenstraße ist nichts zum Schräglagensammeln, sondern etwas fürs Gemüt. Entspannt dahinbummeln, die Seele baumeln lassen, Freiräume finden.

START- / ZIELORT
Hamburg / Bunde

TOURLÄNGE
ca. 350 km (1 Tag)

ROADBOOK
Hamburg, Jork, Stade, Elm, Bremerhaven, Cuxhaven, Bremen, Delmenhorst, Ganderkesee, Oldenburg, Bad Zwischenahn, Westerstede, Leer, Weener, Bunde

Los geht es in Hamburg. Was muss man zur Hansestadt noch sagen? Eigentlich nichts mehr. Vielleicht, dass sie sich in den vergangenen Jahren zu einer Art Motorrad-Metropole gemausert hat. Zum Beispiel mit dem jährlich im Juni stattfindenden Motorradgottesdienst, dem Mogo, bei dem mehrere Zehntausende Motorradfahrer zuerst am Freiluftgottesdienst vor dem Hamburger Michel teilnehmen und anschließend zu einem gigantischen Korso durch die Stadt aufbrechen. Oder die Harley-Days. Die finden ebenfalls jedes Jahr im Juni statt und locken dabei über 70 000 Motorräder an.

Altes Land ist Apfel-Land

Die Route verlässt Hamburg durch das Alte Land in Richtung Stade. Das Alte Land ist Apfel-Land. Halb Norddeutschland wird von hier aus mit Äpfeln versorgt, was angesichts der riesigen Obstplantagen links und rechts der Straße niemanden wundert. Wir kommen durch das hübsche alte Jork, passieren Hollern und laufen schließlich in Stade ein. Stades historische Altstadt wird von rotem Backstein beherrscht – ganz typisch für norddeutsche Städte.

Eine Waldetappe führt uns vorbei am Elmer See nach Elm, wo mit einer mächtigen Holländer-Windmühle eines der schönsten Denkmäler dieser Art steht. Weiter nach Bremervörde in Richtung Bremen. Teufelsmoor nennt sich dieser Landstrich. Waren Moore für die Menschen früher etwas Lebensbedrohliches, so nutzt man sie heute, um Dünger, Brennmaterial und fruchtbare Äcker zu gewinnen.

Jahrhundertelang versuchte man, die Moore trocken zu legen. Inzwischen besinnt man sich wieder ihrer Daseinsberechtigung und pflegt sie als ein Stück Natur, das in seiner Art nirgendwo anders vorkommt.

Klimahaus in und einsame Straße kurz vor Bremerhaven.

HIGHLIGHT

WATT FÜR ENTDECKER

Im Jahr 2009 wurde das Wattenmeer von der UNESCO in die Liste der Weltnaturerbe aufgenommen. Das heißt, Watt, Salzwiesen und Dünen sind besonders geschützt. Was aber nicht bedeutet, dass sie vom Menschen nicht betreten werden dürfen.

So gibt es im Wattenmeer weite Zonen, die man entweder auf eigene Faust oder mit Führer erkunden kann. Ob barfuß, in Turnschuhen oder Gummistiefeln ist egal. Man sollte sich nur nicht zu weit vom Ufer entfernen, um bei Einsetzen der Flut rechtzeitig zurückkehren zu können.

Bevor wir Bremen erreichen, zweigt ein Abstecher der Grünen Küstenstraße nach Norden ab. Wir folgen ihm, denn er führt uns durch herrliche Alleen über Bremerhaven mit seinem fantastischen Schifffahrtsmuseum nach Cuxhaven, wo wir an der Strandpromenade entlangbummeln und Sonne, Sand und Meer genießen können. Für die Rückfahrt steht als Alternative die Landstraße am Meer entlang bereit.

Das schöne Bremen

Bremen. Auch dazu gibt es nichts mehr zu sagen. Marktplatz, Roland, Stadtmusikanten – wer das noch nicht kennt, muss es auf jeden Fall anschauen. Ist einfach zu schön. Dann weiter Richtung Oldenburg und in Höhe von Delmenhorst links ab Richtung Wildeshausen / Ganderkesee. Rund 25 Ortschaften umfasst die Gemarkung von Ganderkesee. Alle liegen in dem sogenannten Delmenhorster Geest. Was ist ein Geest? Wikipedia sagt: „Als Geest bezeichnet man eine Art Höhenrücken, der durch Sandablagerungen entstanden ist." Aha. Vom Geest kann man also aufs Moor schauen. So fügt sich alles zusammen.

Auch Oldenburg ist eine längere Pause wert. Seine schönsten Gebäude gruppieren sich rund um den Marktplatz. Das ist praktisch, spart man sich auf diese Weise lange Wege. Wer will, kann sich noch das Schloss ansehen, das von 1785 bis 1918 Residenz der Herzöge von Oldenburg war. Es ist ein Renaissance-Schloss, was beachtenswert ist. Denn die meisten Renaissance-Schlösser in Deutschland wurden von ihren umbauwütigen Besitzern in den nach der Renaissance angesagten Barockstil umgebaut. Zum Teil mit erschreckenden Folgen.

Klimahaus Samoa Lagune in Bremerhaven. Stade liegt direkt an der Elbe (rechts und rechte Seite).

Durch das Ammerland geht es nach Bad Zwischenahn und Westerstede. Dort liegt das Zwischenahner Meer, ein etwa 500 Hektar großer Binnensee. Ist euch übrigens schon aufgefallen, dass in Ostfriesland ein See ein Meer ist und das Meer die See? Tja, die Ostfriesen. Anschließend rollen wir durch den Staatsforst Kloster Barthe, das größte geschlossene Waldgebiet Ostfrieslands, und erreichen Leer. Das reizende Städtchen wird gerne als das Tor zu Ostfriesland bezeichnet. Auch hier herrscht Gemütlichkeit vor, was man mit einem Pausenkaffee honorieren sollte.

Reisen bildet

Auf einer Drehbrücke überqueren wir die Ems und nehmen Kurs auf Weener und Bunde. Was da links und rechts der Straße liegt, nennt sich Marschland. Das hat nichts mit Militärmusik zu tun, sondern ist Schwemmland, das an Norddeutschlands Küsten und Flussufern vorkommt. Es entsteht durch allmähliche Verlandung der Salzwiesen. Will man es urbar machen, muss man es trocken legen. Marsch, Geest, Moor – den Unterschied kapiert? So gerät die Fahrt auf der Grünen Küstenstraße sogar noch zu einem Einführungskurs in Sachen Landschaftskunde.

Am Ortsausgang von Bunde endet der deutsche Teil der Grünen Küstenstraße. Wer noch nicht genug hat von Sonne, Strand und Meer, kann einfach weiterfahren. Denn die Route setzt sich auf niederländischem Gebiet als „De Groene Kustweg" fort. Na denn, gute Fahrt. ◀

TOUR 1 | Ostfriesland

ZWISCHEN STRAND, MEER, MARSCH UND GEEST

TOURLÄNGE | 350 km

REGIONALE MOTORRADTREFFEN

Burweg: Burgerbus & Eusschmiede, Imbissbude mit Doppeldeckerbus, leckere Burger, gutes Eis.

Dorum-Neufeld: Dorumer Tief, Bikertreff am Kutterhafen.

Wremen: Parkplatztreff am Kutterhafen mit Traumblick auf die Wesermündung.

Varel: Motorradtreff am Hafen.

Uplengen-Großoldendorf: Ellli's Bikertreff Waldhaus Hollsand, Traditionstreff.

Oldenburg liegt direkt an der Grünen Küstenstraße.

Zwischen Strand, Meer, Marsch und Geest

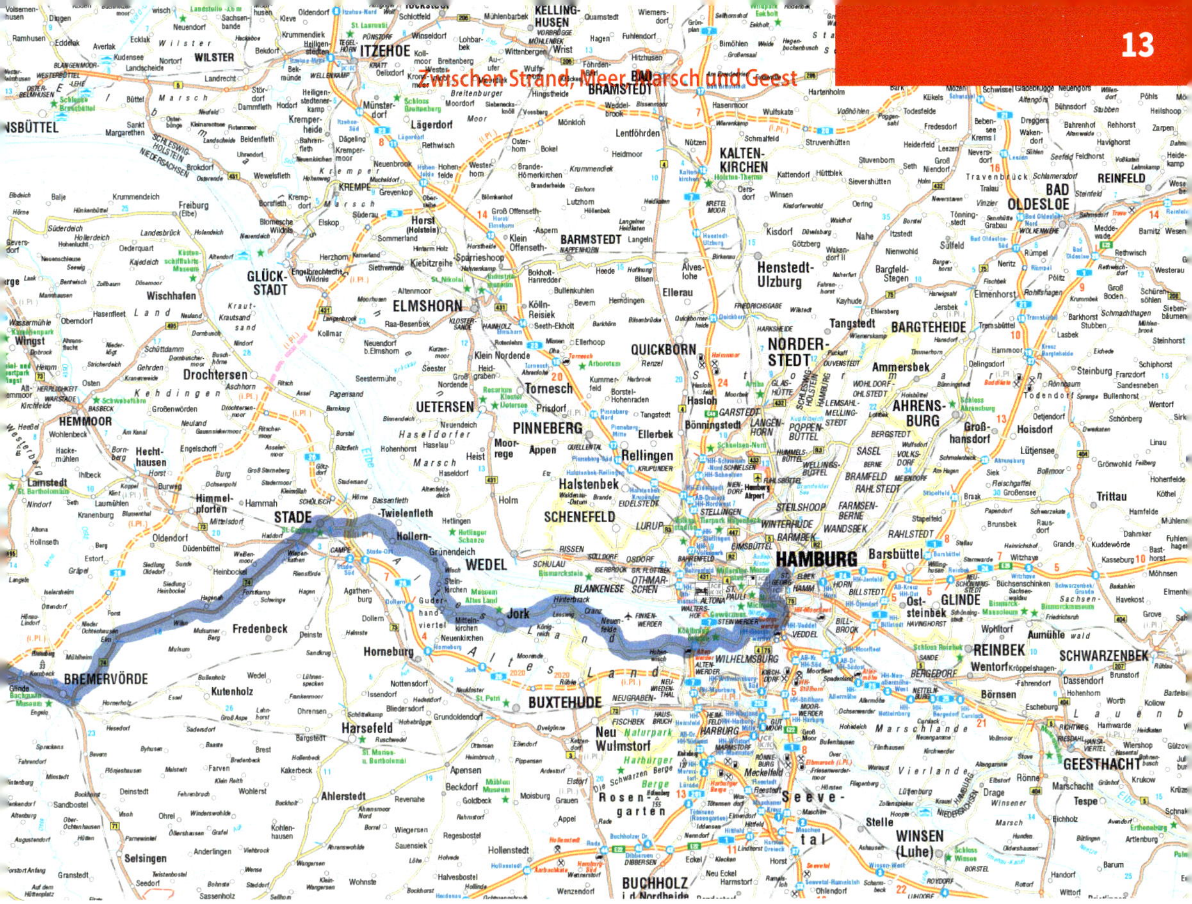

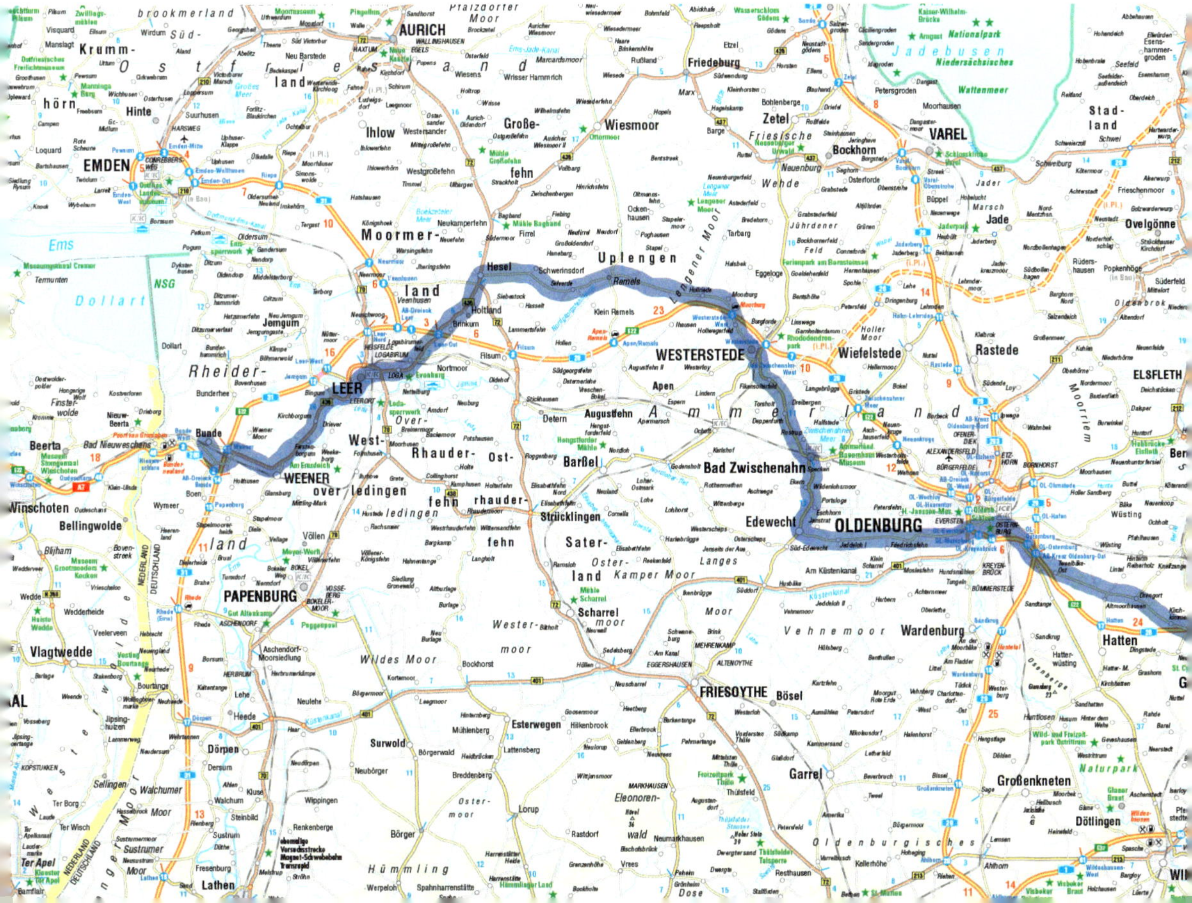

Tour 2 Lübecker Bucht

Biken und Baden am Ostseestrand

Das Meer ist immer da. Entlang der Ostseeküste ist von Ebbe und Flut kaum etwas zu spüren. Die Folge: Entspanntes Motorradvergnügen und großartiger Badespaß.

BASISORT
Lübeck

TOURLÄNGE
ca. 180 km (1 Tag)

ROADBOOK
Lübeck, Travemünde, Timmendorfer Strand, Scharbeutz, Süsel, Bockholt, Siblin, Ahrensbök, Pronstorf, Plön, Bad Segeberg, Reinfeld, Zarpen, Lübeck

Lübeck? Marzipan und die Buddenbrooks. Diese beiden Dinge fallen den meisten Menschen auf Anhieb ein, wenn sie den Namen der alten Hansestadt hören. Keine Frage, kommt doch das beste Marzipan Deutschlands seit dem Mittelalter von Lübecker Herstellern wie Niederegger. Und mit dem Buddenbrookhaus steht in der Mengestraße eines der bedeutendsten Bürgerhäuser der Republik.

Bekannt geworden durch den 1901 erschienenen Roman des deutschen Schriftstellers Thomas Mann. Als Vorbereitung zur Ostsee-Tour eine Empfehlung. Wegen des damals etwas umständlichen Schreibstils nicht ganz einfach zu lesen, aber nichtsdestoweniger spannend und unterhaltsam.

Altstadt liegt auf der Insel

Die Hauptfiguren des Romans, der Konsul und die Konsulin, aßen beide gerne neben dem Marzipan eine weitere Lübecker Süßigkeit: den Plettenpudding, eine aus mehreren Schichten bestehende Kalorienbombe. Da kommt hinterher ein Spaziergang durch die reizvoll auf einer Insel an der Trave gelegenen Altstadt genau richtig.

Anschließend fahren wir raus an die Ostseeküste nach Travemünde, das mondänes Seebad und geschäftiges Hafenstädtchen zugleich ist. Auch dort möchten wir unbedingt den Motorradsattel verlassen und eine Runde zu Fuß zwischen den vielen schönen Gebäuden aus der Gründerzeit drehen. Die Travemünder Strandpromenade gilt als die prachtvollste an der deutschen Küste.

Sie wurde 1904 eingeweiht und fällt durch ihre großzügigen Dimensionen auf. Der Tipp für Naschkatzen heißt Café Niederegger. Direkt an der Promenade steht das elegante Gebäude, in dessen Gastraum man vom ersten

Über schöne Straßen geht es auf die Halbinsel Privall, wo man auf Travemünde schaut.

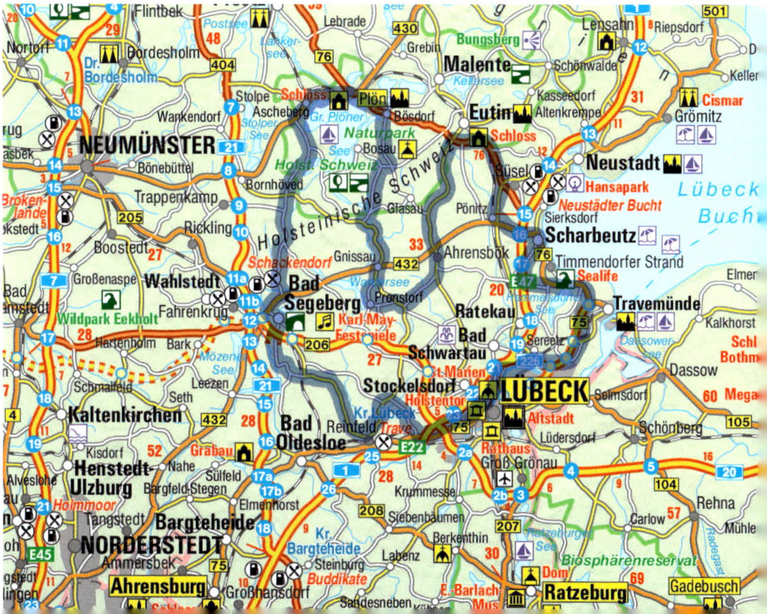

HIGHLIGHT

WINNETOUS ERBEN

Dass die Karl-May-Festspiele in Bad Segeberg und nicht im sächsischen Radebeul, der Heimatstadt des Autors, über die Bühne gehen, hat politische Gründe. Die DDR ignorierte Karl May kulturpolitisch, und so entschied die Stadtverwaltung von Bad Segeberg in den 1950er-Jahren, seine Romane am Kalkberg spielen zu lassen, um mit einem populären Namen auf die Segeberger Naturbühne aufmerksam zu machen.

Es ritten und schossen schon so bekannte Größen wie Gojko Mitic, Erol Sander, Jan Sosniok, Alexander Klaws, Götz Otto, Arthur Brauss, Horst Janson, Martin Semmelrogge und Ingrid Steeger.

Stock zu feinstem Tee und Marzipan eine tolle Aussicht auf die Ostsee hat.

Vorbei am Brodtener Ufer, wo die Küste steil ins Meer abfällt, folgen wir den galanten Kurven der Küstenstraße und kommen durch Timmendorfer Strand und Scharbeutz, zwei Badeorte mit traumhaften langen Sandstränden. Im Jahr 1850 lebten in Scharbeutz gerade einmal 200 Menschen. Dann entwickelte sich der Badetourismus, und schon bald gab sich an der hübschen Uferpromenade die deutsche Prominenz die Ehre. Das gemeine Volk zog nach, und heute wird Scharbeutz jährlich von über 50 000 Gästen besucht.

Großzügige Bögen

Wir schlagen einen Bogen um den Großen Pönitzsee, nehmen bei Süsel ein kurzes Stück Bundesstraße 76 unter die Räder, um uns dann über Bockholt, Siblin und Ahrensbök ins Landesinnere davonzumachen. Noch ist die Gegend relativ flach, gepflegter Asphalt bewegt sich in großzügigen Bögen durch eine grüne Region. In Pronstorf steuern wir Kurs Nord, überqueren die B 432 und nehmen den Großen Plöner See ins Visier. Und plötzlich fahren wir mitten durch die Hügel der Holsteinischen Schweiz. Diese abwechslungsreiche Landschaft entstand während der letzten Eiszeit und zeichnet sich durch einen ständigen Wechsel zwischen Waldgebieten und Ackerflächen aus.

Zwischen den Hügeln befinden sich zahlreiche Seen, darunter der Große Plöner See mit seinem Juwel, dem Plöner Schloss. Eine besondere Augenweide stellt die Holsteinische Schweiz im Frühjahr dar. Dann blühen die Raps-

Plön (oben), Nordostseekanal (rechts) und Holstentor in Lübeck (rechte Seite).

felder, und Mutter Natur schwingt den großen breiten Farbpinsel. Höchste Erhebung ist mit 168 Metern der Bungsberg. Dort steht der einzige Skilift Schleswig-Holsteins. Ob der Schnee tatsächlich in jedem Winter zum Brettlvergnügen reicht? Nun ja ...

Aber egal. Ob Winter oder Sommer – der Fahrspaß ist in der Holsteinischen Schweiz garantiert. Kurve an Kurve, griffiger Straßenbelag, relativ wenig Verkehr, klassisches Motorradfahren wie in einem deutschen Mittelgebirge. Kompliment – wer hätte das so hoch oben im Norden erwartet?

91 Meter hoher Kalkberg

Bad Segeberg taucht auf. Besser gesagt, sein im historischen Kern 91 Meter hoch aufragender Kalkberg. Im Zeitalter des Burgenbaus wurde hier der Kalk für die Befestigungsanlagen ganz Schleswig-Holsteins abgebaut. Wegen der strategischen Bedeutung ließen die Mächtigen an seinem Fuß eine Siedlung anlegen, aus der Bad Segeberg entstand. Heute finden am Kalkberg jährlich die Karl-May-Festspiele statt. Die erste Aufführung in den 1950er-Jahren musste mit 25 000 Mark bewältigt werden, heute stehen mehrere Millionen Euro zur Verfügung.

Wir verlassen Winnetou-Stadt über Groß Gladebrügge und fahren quer durch die letzten Ausläufer der Holsteinischen Schweiz Richtung Reinfeld. Die Kurvenradien werden wieder weiter, die Schräglagen seltener. In Reinfeld führt die Route ein kurzes Stück nach Norden nach Zarpen und dann quer über Land zurück nach Lübeck. ◀

TOUR 2 | Lübecker Bucht

BIKEN UND BADEN AM OSTSEESTRAND

TOURLÄNGE | 180 km

REGIONALE MOTORRADTREFFEN

Lübeck: Rider's Café in der Leinweberstraße.

Reinfeld: Gasthof Kalkgraben in der Hamburger Chaussee.

Rastorf: Rasthuus an't Krüz, sonntags am Rastorfer Kreuz.

Hollenbek: Dat Bike Huus, feine Kuchen.

Braak / Eutin: Back to the Roots, Blues-Rock-Café.

Plön: Imbiss am Kleinen Plöner See.

Sehestedt: Imbiss Sehestedt am Fähranleger.

Idylle am Timmendorfer Strand.

Holsteinische Schweiz
Naturpark
EUTIN
Scharbeutz
Ahrensbök
Süsel
NEUSTADT i.Holstein
Grömitz
Timmendorfer Strand
Ratekau
BAD SCHWARTAU
LÜBECK
Stockelsdorf
Groß Grönau
SCHÖNBERG
DASSOW
TRAVEMÜNDE
Lübecker Bucht
SCHLESWIG-HOLSTEIN
MECKLENBURG-VORPOMMERN
Biken und Baden am Ostseestrand
Neustädter Bucht
Schönberger Land
Flughafen Lübeck
Schloss Eutin
St. Michaelis
Gut Hasselburg
Hansa-Park
Sierksdorf
Scharbeutz
Ostseetherme
Timmendorfer Strand
Sea Life
Brodtener Steilufer
Travemünde
Kagelbusch
Grömitz
Porta del Sol
Camping Mare
Tigerpark
Holstentor
St. Marien
St. Laurentius
Schönwalde am Bungsberg

Tour 3 Mecklenburg Ostsee

Salz, Sand, Sonnenöl – von Wismar nach Rügen

Den ganzen Tag riecht es nach Meer und Fisch, nach Hafen und Kiefernnadeln. Dazu eine ständig wechselnde Landschaft mit Steilküsten, flachen Badestränden und schattigen Alleen.

START-/ZIELORT
Wismar/Zudar

TOURLÄNGE
ca. 450 km (2 Tage)

ROADBOOK
Wismar, Kühlungsborn, Heiligendamm, Bad Doberan, Rostock, Graal-Müritz, Fischland-Darß-Zingst, Barth, Groß Kordshagen, Stralsund, Garz, Putbus, Göhren, Sellin, Saßnitz, Putgarten, Zudar

Der Startschuss fällt in Wismar. Die alte Hansestadt besitzt einen riesigen Marktplatz, flankiert von bildschönen Giebelhäusern mit einladenden Cafés. Im Alten Hafen dümpeln Fischkutter und stolze Segler und sorgen für Romantik. Anschließend rollen wir auf der Landstraße zügig die Küste entlang. Aufgepasst, damit man nicht aus Versehen auf der B 105 landet.

Vorbei an der Insel Poel nach Rerik und Kühlungsborn, dem grünen Ostseebad. Weiter nach Heiligendamm. Wegen seiner hellen Häuser an der Strandpromenade wird das kleine Seebad auch die „weiße Stadt" genannt. Zwischen den Fassaden ist die Atmosphäre aus der Zeit der mondänen Seebäder immer noch zu spüren.

Schnaubende Lok

Durch eine Lindenallee fahren wir nach Bad Doberan. Parallel zur Straße verläuft eine Bahnstrecke. Die gehört dem Molli, einer 900-Millimeter-Schmalspurbahn. Und mit etwas Glück kommt uns die schnaubende Lok sogar entgegen.

Nächste Station Rostock. Stadtbummel – ganz klar. Der pittoreske Rathausmarkt mit seinen Bürgerhäusern, die ständig wehende frische Brise und die hanseatische Freundlichkeit der Menschen lassen in der alten Hansestadt eine entspannte und heitere Grundstimmung aufkommen. Wer für Schiffe schwärmt, wird hier fündig: Im Schifffahrtsmuseum stehen über 100 historische Modelle, im Stadthafen schwimmt der 10 000-Tonnen-Frachter MS Dresden mit Museum, Jugendherberge und Café an Bord. Brücke und Maschinenraum dürfen besichtigt werden. Ahoi!

Ein Nebensträßchen führt aus Rostock hinaus über Hinrichsdorf und Nienhagen nach Graal-Müritz. Weiter geht es nach Dierhagen. Dort hält die Halbinsel Fischland-Darß-Zingst

Über die Brücke geht es nach Rügen, Zingst ist direkt mit dem Festland verbunden.

HIGHLIGHT

AHRENSHOOP

Aus einer Ende des 19. Jahrhunderts gegründeten Malerkolonie entstanden, hat sich das kleine Dorf Ahrenshoop im Laufe der Jahrzehnte zu einem reizenden Badeort entwickelt. Noch heute spielen in dem auf Fischland-Darß-Zingst gelegenen Ort Kunst und Kultur eine wichtige Rolle. Beim Bummel zu Fuß kann man Künstlerateliers und Ausstellungen besuchen und den Meistern bei der Arbeit über die Schulter schauen.

ihre einzige Verbindung zum Festland. Hübsche kleine Seebäder mit Reetdachhäusern fliegen vorbei. Hier draußen auf der Halbinsel konnten sich diese Ortschaften ihren dörflichen Charakter bewahren. Einen kurzen Halt mit Spaziergang sind sie immer wert. Über eine Drehbrücke erreichen wir Barth und den Kontinent und visieren Stralsund an. Am schnellsten geht es auf der B 105, viel reizvoller ist allerdings die Nebenstrecke Groß Kordshagen, Groß Mohrdorf, Prohn.

Auch in Stralsund herrscht diese typische relaxte Hansestadt-Atmosphäre. Wohin man blickt – überall erfreut sich das Auge an rotem Backstein, grünen Gärten und verzierten Fassaden. Weshalb nicht das Ganze von oben betrachten? Die Besteigung der Marienkirche macht es möglich. 354 Stufen gilt es zu überwinden – das ist Ostseerekord.

Über ein verkehrstechnisches Nadelöhr, den Rügendamm, gelangen wir auf Deutschlands größte Insel. Wohl auch schönste Insel. Denn so viel Natur auf einem Fleck findet man auf keinem anderen Eiland. Gleich nach dem Damm rechts ab nach Gustow. Wir rollen die Deutsche Alleenstraße entlang. Sie hat auf Rügen ihren Ausgangspunkt. Kenner behaupten, dass hier auch ihre schönsten Kilometer verlaufen. Hinter Poseritz wieder rechts und dann geradeaus nach Schabernack. Der Weiler hat keine Ortsschilder. Werden die ständig von Souvenirjägern geklaut?

Knackige Naturstrecke

Fünf Kilometer hinter Garz biegen wir nach Krakvitz ab. Jetzt wird's interessant. Denn die Verbindungsetappe nach Neukamp entpuppt sich als knackige Naturstrecke. Im Sattel eines leichten Bikes ein Genuss, aber auch mit einem Dickschiff kein Prob-

Stralsund (oben), Kap Arkona (rechts) und Wismar (rechte Seite).

lem. Herrliche Aussichten nach links und rechts, eine Kastanienallee, dann taucht Putbus auf. Was für ein Bild: Klassizistische Villen stehen zum „Circus“ angeordnet im Kreis um einen Obelisken. Eine schnurgerade Allee verbindet den Platz mit dem Markt.

Über die Gleise des Rasenden Roland, einer über 100 Jahre alten Schmalspurbahn, geht es hinüber zur Ostküste Rügens, der Badeküste. Ein Seebad reiht sich ans andere. Hübsch sind sie mit ihren weißen Holzhäusern alle. Und im Sommer oft ganz schön voll. Rügen sollte man deshalb, wenn möglich, außerhalb der Schulferien besuchen.

Berühmte Kreidefelsen

Göhren, Sellin, Binz, Sassnitz, dann rechts ab zu den berühmten Kreidefelsen. Die beste Aussicht hat man übrigens nicht vom Königsstuhl aus, sondern vom Kleinen Stubbenkammer und von den Wissower Klinken. Zu Letzterem führt ein drei Kilometer langer gepflasterter Weg durch den Wald.

Durch duftende Kiefernwälder rollen wir am Tromper Wiek entlang nach Putgarten. Kap Arkona wartet. Um den Anblick des malerischen Leuchtturms und des weißen Kreidefelsens genießen zu können, muss man die letzten Kilometer allerdings mit dem Pendelbus zurücklegen. Wegen des enormen Andranges wurde der Parkplatz am Kap kurzerhand dichtgemacht. Schnurstracks führt die Route nun nach Süden, trifft die Lindenallee zwischen Zudar und Losentitz und erreicht per Stahlbroder Fähre wieder das Festland. ◂

TOUR 3 | Mecklenburg Ostsee

SALZ, SAND, SONNENÖL – VON WISMAR NACH RÜGEN

TOURLÄNGE | 450 km

REGIONALE MOTORRADTREFFEN

Ostseebad Wustrow: Alte Tanke in der Ernst-Thälmann-Straße.

Wismar: Bikertreff am Hafen.

Ahrendshoop liegt auf der Halbinsel Fischland-Darß-Zingst.

Nationalpark
Vorpommersche Boddenlandschaft
Darßer Ort
NATUREUM Naturkunde-museum
Prerow
Zingst
Darß
Darßer Arche
Wieck
Born
Bliesenrade
Bodstedt
Bodstedter Bodden
Barther Bodden
BARTH
Grabow
Ahrenshoop
Kunstmuseum Ahrenshoop
Niehagen
Wustrow
Saaler Bodden
Fischland
Dierhagen
Ostseebad Graal-Müritz
Rhododendronpark
Rostocker Heide
Gelbensande
RIBNITZ-DAMGARTEN
Flughafen Stralsund-Barth
Velgast
Pantelitz
Warnemünde
ROSTOCK
Rövershagen
Kap Arkona
Jaromarsburg
Putgarten
Vitt
Tromper Wiek
Wittow
Altenkirchen
Dreschvitz
Schaabe
Glowe
Jasmund
Nationalpark Jasmund
Königsstuhl
Victoriasicht
Sagard
SASSNITZ
Fährhafen Sassnitz
Prorer Wiek
Prora
Ostseebad Binz
Sellin
Baabe
Göhren
Großer Jasmunder Bodden
Kleiner Jasmunder Bodden
BERGEN auf Rügen
PUTBUS
Biosphärenreservat Südost-Rügen
Mönchgut
Rügen
Ummanz
Rügen Park
Gingst
Schaproder Bodden
Kubitzer Bodden
Strelasund
Samtens
Garz
Rügischer Bodden
STRALSUND
OZEANEUM Deutsches Meeresmus.
NAUTINEUM
Greifswalder Bodden

Tour 4 Mecklenburger Seenplatte

Seen und Gesehen werden

Die Mecklenburger Seenplatte ist das größte zusammenhängende Seengebiet in Mitteleuropa. Mehr als 1000 große und kleine Seen bilden eine reizvolle Landschaft.

BASISORT
Waren

TOURLÄNGE
ca. 150 km (1 Tag)

ROADBOOK
Waren, Alt Schönau, Deven, Jürgenstorf, Demzin, Malchin, Stavenhagen, Altentreptow, Neubrandenburg, Penzlin, Waren

Habt Ihr ein Faible für Wasser? Für lauschige Seeufer, für romantische Kanäle, für grüne Flussauen? Das alles inmitten einer großartigen Waldlandschaft, die manchmal an Südfrankreich erinnert? Dann seid Ihr an der Mecklenburger Seenplatte genau richtig. Die größte zusammenhängende Seenlandschaft Mitteleuropas wartet mit rund 1000 großen und kleinen Gewässern auf.

Der Müritzsee ist mit einer Wasserfläche von 117 Quadratkilometern der größte Binnensee, der sich komplett auf deutschem Boden befindet und das Zentrum der Region. Die vielen Gewässer sind miteinander verbunden durch reizvolle Sträßchen, deren motorradspezifische Merkmale die geringe Verkehrs- und hohe Kurvendichte sind. Also nichts wie auf zu einer Runde durch die Mecklenburger Seenplatte.

Fachwerk in Waren

Startort zu unserer zirka 140 Kilometer langen Tour ist Waren. Wart Ihr schon einmal in Waren? Glanzlicht des Tors zum Müritz Nationalpark sind seine hübschen Fachwerkhäuser, seine beiden Kirchen sowie das Müritzmuseum mit Tiergarten und Aquarium. Wir verlassen Waren und den Warener See Richtung Norden auf leicht geschwungenem Asphalt. Hohe Kiefern säumen die Route und versetzen uns mit ihrem Duft nach Südfrankreich, woran auch der raue Belag der Straße erinnert. Hinter Alt Schönau rechts ab, kurz hinter Deven auf der B 194 nach links Richtung Jürgenstorf. Schloss Kittendorf fliegt vorüber. Die 1848 erbaute Anlage beherbergt heute ein Hotel.

In Jürgenstorf Blinker links. Die Route schlägt jetzt einen weiten Bogen und gelangt über Demzin nach Malchin. Und auch hier gehört der Stopp

Die gerade Landstraße führt zum Müritzsee.

HIGHLIGHT

WEHRHAFTE WOHNUNGEN

Wie in vielen mittelalterlichen Städten sind auch in Neubrandenburg sogenannte Wiekhäuser in die Ringmauer integriert. Dabei handelt es sich um nach außen weisende Auskragungen. Diese stabilisierten die Stadtmauer und dienten zu ihrer Verteidigung. Nach dem Dreißigjährigen Krieg wurden viele Wiekhäuser zu Wohnungen umgebaut. Heute sind sie die Schmuckstücke einer jeden historischen Altstadt.

zur Pflicht. Nicht nur wegen des hübschen Malchiner Stadtkerns mit seinem Rathaus und den beiden Stadttoren, sondern vor allem wegen der mächtigen Backsteinkirche St. Maria und Johannis. Wer Lust hat, kann den 67 Meter hohen Turm besteigen. Malchin liegt äußerst reizvoll zwischen dem Malchiner und dem Kummerower See, mit denen die Stadt über Kanäle verbunden ist.

Artenreiches Gebiet

Wie große Teile der Mecklenburger Seenplatte gehört auch Malchin zum Müritz-Nationalpark und zu den Naturparks Feldberger Seenlandschaft und Nossentiner/Schwinzer Heide. Sie bieten vor allem Naturfreunden großartige Beobachtungsmöglichkeiten einer artenreichen Fauna und Flora. Zur vielseitigen Vogelwelt gehören Fisch- und Seeadler, Schwarzstorch und Eisvogel, Kormoran und Fischreiher. Im Frühjahr und Herbst machen Tausende von Kranichen und Wildgänsen hier Rast.

Rechts ab fahren wir hinter Malchin auf der B 104 nach Stavenhagen. Gerade Streckenführung, gepflegter Belag, motorradfahrerisch nichts Aufregendes. Stavenhagen, das sich nach dem hier geborenen sozialkritischen Mundartdichter Fritz Reuter „Reuterstadt" nennt, besitzt einen schönen alten Kern mit einem Schloss und viel historischer Bausubstanz. Beim Bummel zu Fuß begegnet man überall Fritz Reuter – als Figur oder im Museum.

Auf der Weiterfahrt nach Altentreptow fliegt Schloss Ivenach vorbei. Ein kurzer Halt? Wieso nicht? Lohnt sich auf jeden Fall. Die herrliche dreiflügelige Anlage erhielt ihr Gesicht im 19.

Waren an der Müritz (oben), Malchin (rechts) und Neubrandenburg (rechte Seite).

Jahrhundert, als ihr Park im Stil englischer Landschaftsparks angelegt wurde. Über Zwiedorf und Reinberg gelangen wir anschließend nach Altentreptow hinein. Das mittelalterliche Städtchen glänzt mit einer sehr gut erhaltenen Ringbefestigung. Ein Spaziergang durch den komplett renovierten historischen Kern nimmt den Besucher mit ins Mittelalter.

Genüssliches Dahingleiten

In einigem Abstand zum Fluss Tollense rollen wir südwärts. Kleine verträumte Straßen mit weiten Bögen durchziehen diesen Teil der Mecklenburger Seenplatte. Wie gemacht fürs genüssliche Dahingleiten im Motorradsattel. Dann Neubrandenburg. Das optische Glanzlicht dieser Tour. Die wunderschöne mittelalterliche Stadt verfügt über eine komplett erhaltene Ringmauer, in die vier Stadttore und 27 Wiekhäuser integriert sind. Neubrandenburg überstand zwar den Zweiten Weltkrieg so gut wie unbeschadet, wurde jedoch nach der Einnahme durch die Russen von diesen zu 80 Prozent zerstört. Nach dem Krieg baute man Neubrandenburg wieder originalgetreu auf, und inzwischen denkt niemand mehr daran, dass hier alles einmal in Schutt und Asche lag.

Für die Weiterfahrt umgehen wir die B 192 und nehmen stattdessen das Landsträßchen unter die Räder, das über Chemnitz und Lapitz nach Penzlin mit seiner schönen Burg führt. Die Schlussetappe unserer Tour führt wieder über die bequeme B 192 und ihre lang gezogenen Kurven nach Waren zurück. ◀

TOUR 4 | Mecklenburger Seenplatte

SEEN UND GESEHEN WERDEN

TOURLÄNGE | 150 km

REGIONALE MOTORRADTREFFEN

Alt Tellin: Bikerherberge Das Gutshaus im Ortsteil Siedenbüssow.

Dargun: Pension und Café im Bahnhof.

Torgelow am See: Landgasthof zum Hahnenschrei.

Entspannung am See gehört zu einer solchen Tour dazu.

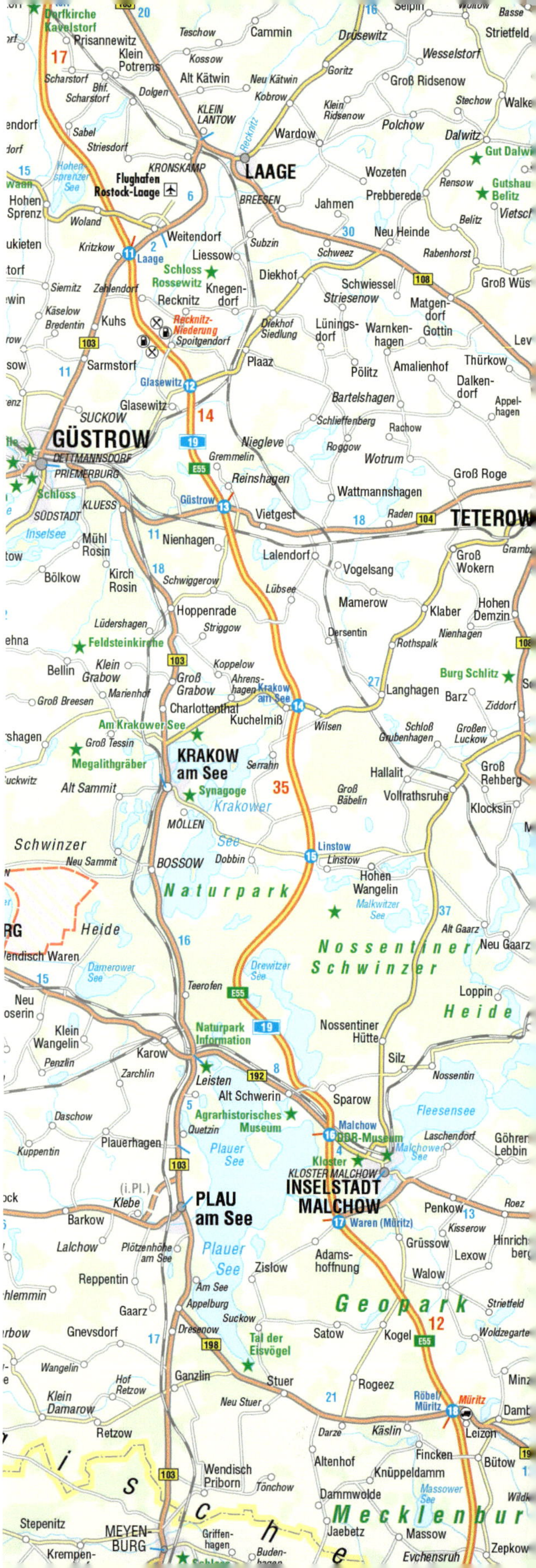

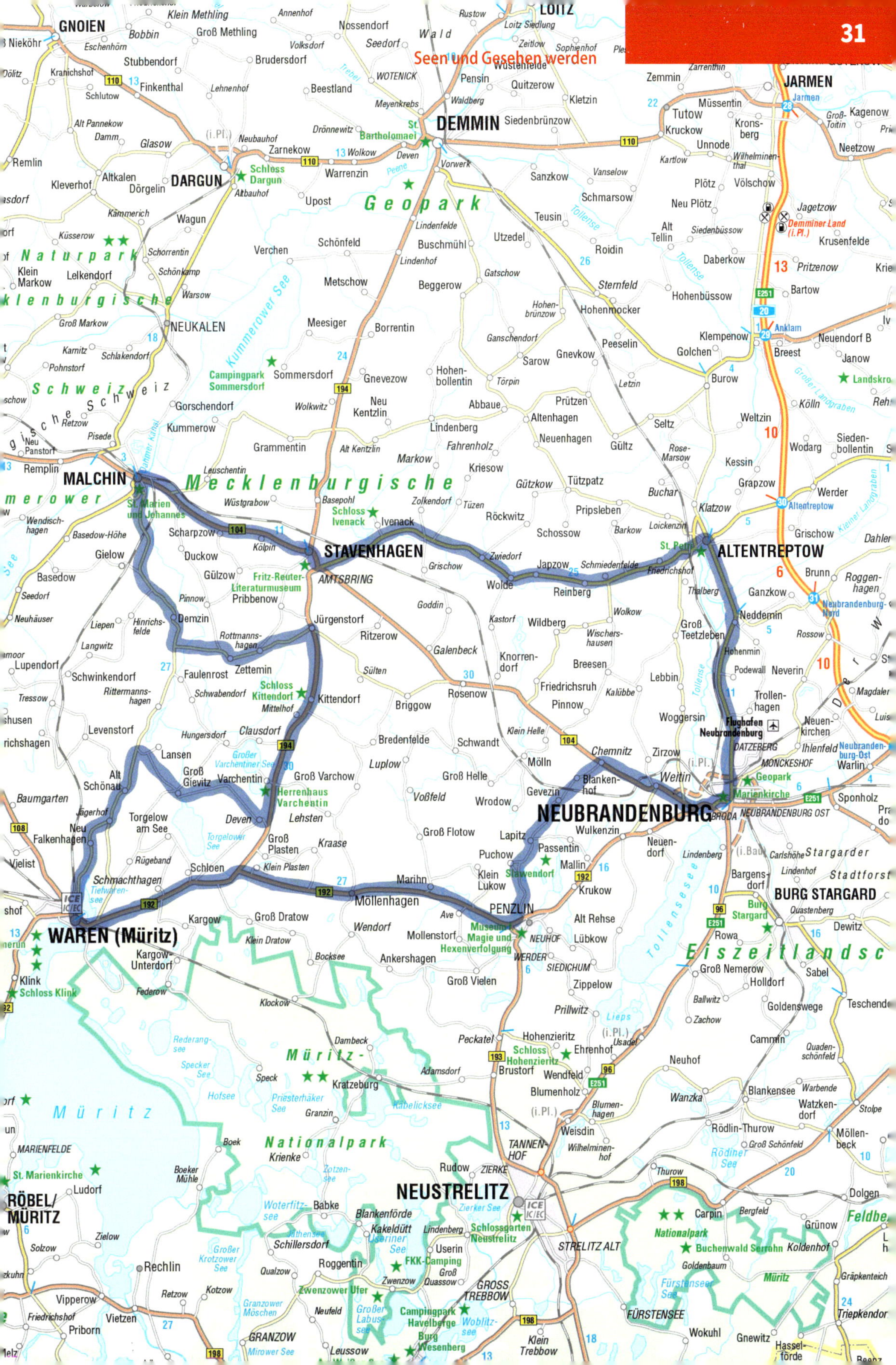
GNOIEN
DEMMIN
St. Bartholomaei
JARMEN
DARGUN
Schloss Dargun
Geopark
Naturpark
Mecklenburgische Schweiz
NEUKALEN
Kummerower See
Campingpark Sommersdorf
MALCHIN
St. Marien und Johannes
STAVENHAGEN
AMTSBRING
Fritz-Reuter-Literaturmuseum
Schloss Ivenack
Schloss Kittendorf
Herrenhaus Varchentin
ALTENTREPTOW
St. Petri
Flughafen Neubrandenburg
NEUBRANDENBURG
Geopark
Marienkirche
Stavendorf
PENZLIN
Museum f. Magie und Hexenverfolgung
WAREN (Müritz)
Schloss Klink
BURG STARGARD
Burg Stargard
Eiszeitlandschaft
Müritz
Müritz-Nationalpark
Schloss Hohenzieritz
RÖBEL/MÜRITZ
St. Marienkirche
NEUSTRELITZ
Schlossgarten Neustrelitz
FKK-Camping
Zwenzower Ufer
Campingpark Havelberge
Burg Wesenberg
Nationalpark
Buchenwald Serrahn
Tollensesee
Rechlin
FÜRSTENSEE

Tour 5 Brandenburg

Wo sich Fuchs und Hase gute Nacht sagen

Auf kleinen und kleinsten Straßen führt diese Tour de Natur durch die romantischen, einsamen Wälder der Mark Brandenburg. Meist auf Asphalt, oft aber auch auf Naturbelag.

BASISORT
Ahrensdorf

TOURLÄNGE
ca. 260 km (1 Tag)

ROADBOOK
Ahrensdorf, Kossenblatt, Briescht, Trebatsch, Ressen, Pieskow, Niewisch, Friedland, Neuzelle, Eisenhüttenstadt, Müllrose, Beeskow, Glienicke, Storkow, Limsdorf, Ahrensdorf

Vom Startort Ahrensdorf geht es direkt über Kossenblatt und Briescht nach Trebatsch. Dann weiter nach Ressen und anschließend um den Schwielochsee herum. An Hoffnungsbay vorbei. Der kleine Ort hat wirklich einen amerikanisch klingenden Namen. Wie viele Dörfer in der Mark Brandenburg. Philadelphia, Neu-Boston – alles Relikte der Siedlungspolitik Friedrichs des Großen. Als Kriege im 16. und 17. Jahrhundert ganze Dörfer ausrotteten, lockte der Alte Fritz Menschen aus Süddeutschland hierher. Für viele, die eigentlich in die Neue Welt auswandern wollten, endete der Traum von Amerika also östlich von Berlin.

Lange Allen

Am Ostufer des Schwielochsees entlang geht es über Pieskow und Niewitsch nach Friedland. Immer wieder blitzt das Blau des Wassers zwischen den Bäumen hindurch. In Friedland Richtung Osten. Unendlich lange Alleen saugen uns auf. Die Ortsdurchfahrten von Treppeln, Bahro und Weichendorf verlangen die volle Aufmerksamkeit. Je mehr man sich der Oder und der polnischen Grenze nähert, desto intakter ist die Natur. Man hat sie hier offensichtlich in Ruhe gelassen. Es gibt ganze Dörfer mit baumbestandenen Hauptstraßen. Herrliche Alleen, die von den Kettensägen übereifriger Beamter verschont blieben.

Ein Schild weist in Neuzelle den Weg zur Klosterkirche. Das als Barockwunder bekannte Bauwerk übertrifft die kühnsten Erwartungen. Wer es zum ersten Mal betritt, ist vom Prunk überwältigt: 600 religiöse Figuren, Marmor, goldbemalte Holzschnitzereien, Deckengemälde, Stuckarbeiten, ein Dutzend Altäre – fast unglaublich.

Lang gezogene dunkle Allee und sonnenverwöhnter See.

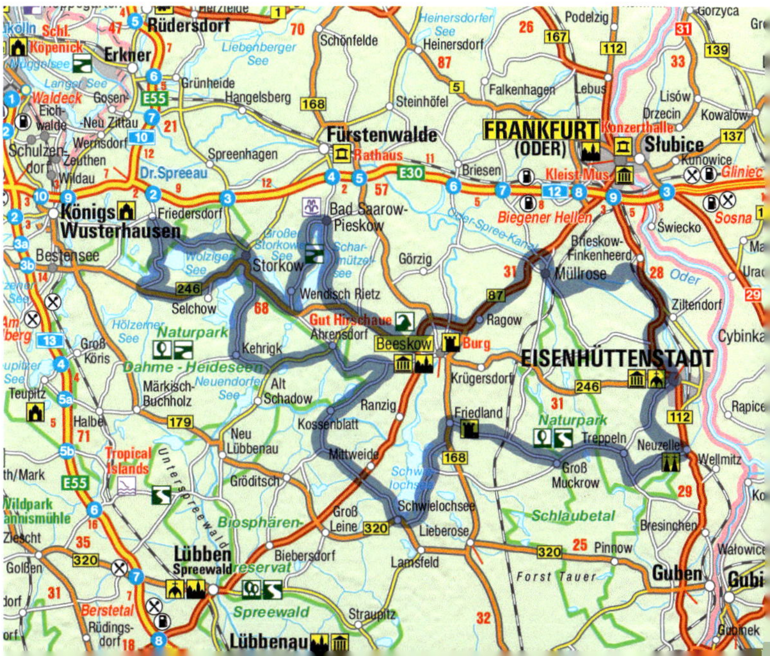

HIGHLIGHT

KLOSTER NEUZELLE

Trotz aller biblischen Träume blieben die Mönche vor 400 Jahren weltlichen Genüssen nicht abgeneigt und begannen mit dem Brauen von Bier. Und noch heute wird das dunkle Neuzeller Kloster-Bräu nach den alten Rezepturen hergestellt. Wer Lust hat, kann an einer Brauereiführung teilnehmen. Oder ganz einfach in der Klosterklause ein kühles Bier zischen.

Über Möbiskruge kurven wir nach Eisenhüttenstadt. Dort steht die einzige nach dem Zweiten Weltkrieg neu gegründete deutsche Stadt. Sie wurde 1951 zusammen mit einem gigantischen Eisenhütten-Kombinat aus dem märkischen Sandboden gestampft. Quasi das Wolfsburg der DDR. Wer einfach durchfährt, wird kaum mehr sehen als die aus anderen Städten bekannten sozialistischen Plattenbauten. Dabei lässt sich die Geschichte der DDR nirgendwo so komprimiert verfolgen wie in Eisenhüttenstadt.

Zum Beispiel in den Wohnkomplexen der 1950er- und 60er-Jahre. Schon damals errichtete man zwischen den Häusern parkähnliche Grünräume, Innenhöfe, Kolonnaden und Torbögen. Mehr als 90 Skulpturen, Plastiken und Wandbilder lockern das Stadtbild auf.

Relikte aus der DDR-Zeit

Seit der Wende wurde hier viel renoviert und verändert. Die anfangs belächelte Sammlung von Alltagsgegenständen aus der DDR-Zeit ist mittlerweile auf 40 000 Objekte angewachsen. Zu schnell wurde alles weggeworfen und durch West-Produkte ersetzt. Doch das Dokumentationszentrum sicherte sich rechtzeitig Bussy-Lippenstifte, Stella-Fernseher, Praktiker-Hefte und Präsent-20-Anzüge.

Eine kurze Etappe auf der B 112 folgt, dann geht es wieder ans Eingemachte. Über Politz nach Rießen, um die Rießener Berge herum und weiter nach Müllrose. Schmale Sträßchen mit griffigem Belag und wenig Verkehr. Unbeschwertes Motorradfahren durch eine bildhübsche Wald-

Pieskow ehemaliger Wasserturm (oben) und das Kloster Neuzelle (rechts).

landschaft. Auf den lichten Flächen grasen Heidschnucken.

Ziegelroter Backstein prägt das Städtchen Beeskow. Uralte Häuser klammern sich an raues Kopfsteinpflaster. Auch Fontane fand an Beeskow Gefallen. Auf seine Art. 1862 schrieb er in sein Reisetagebuch: „Beeskow ist nicht so schlimm wie es klingt." Typisch Fontane!

Kerzengerade zielt die B 246 nach Westen. Motorradfahrerisch keine Offenbarung. Dafür lässt sie uns viel Zeit, die vorüberziehende märkische Landschaft zu betrachten. Die hat das mehr als verdient. In Glienicke rechts ab zur Umrundung des Scharmützelsees. Traumhafte Blicke nach links übers Wasser. Eine Allee aus Obstbäumen führt mitten nach Bad Saarow-Pieskow hinein. Auf der gegenüberliegenden Seeseite warten nicht nur schöne Aussichten, sondern unten an der B 246 im Bikertreff Wendisch Rietz ein Pausensnack in Form von Bockwurst und Kartoffelsalat.

Runde um den See

Von Storkow aus starten wir die Rundfahrt um den Wolziger See. Wegen der reizenden Waldsträßchen und wegen der Dörfer mit den amerikanischen Namen. Gleich hinter Storkow taucht Neu-Boston auf. Weiter geht es um den See herum. In Groß Schauen weist ein Schild den Weg nach Philadelphia.

Wir fahren auf der B 246 zweieinhalb Kilometer zurück und biegen dann rechts nach Bugk und Kehrig ab. Wieder surrt der raue, griffige Asphalt eines kleinen Waldsträßchens unter uns hindurch. Die Bäume stehen dicht an dicht und lassen kaum einen Sonnenstrahl passieren. Kleinere und größere Seen flitzen vorüber. Über Limsdorf erreichen wir wieder Ahrensdorf. Wen jedoch die Sucht nach Natur gepackt hat, der lenkt sein Bike an der letzten Kreuzung nach Süden, wo eine Bootsfahrt im Spreewald lockt. ◄

Ziegelroter Backstein prägt das Städtchen Beeskow.

ÜBERNACHTEN IN DER REGION

GASTHOF & PENSION KÖHLER

Das sanierte Ensemble des Vier-Seiten-Hofes prägt das Ortsbild der kleinen 300 Einwohner Gemeinde Treppeln im Amt Neuzelle. In der Nähe des Schlaubetals gelegen, bietet der Gasthof einen erholsamen Aufenthalt in Pensionszimmern oder Ferienwohnungen.

Treppelner Str. 15 • 15898 Neuzelle
+49 (0) 3 36 56 / 2 35 www.gasthof-koehler.de

HOTEL-PENSION "„AM MÜHLBERG"

Die familiengeführte Hotel-Pension ist nur wenige Kilometer von Lübbenau / Spreewald entfernt. Das Hotel ist verkehrsgünstig gelegen und verfügt über modern möblierte Zimmer. Genau das Richtige nach einer schönen Tour. Ein überdachter Parkplatz für das Motorrad steht zur Verfügung.

Luckauer Landstr. 12 • 03222 Lübbenau
+49 (0) 35 42 / 87 56 95 • www.muehlberg-spreewald.de

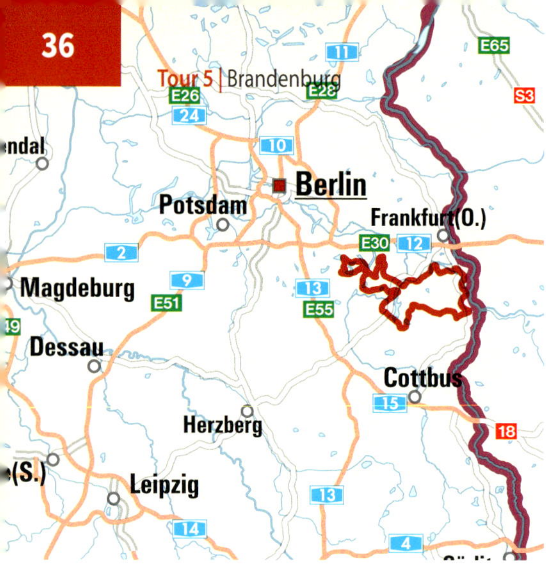

TOUR 5 | Brandenburg

WO SICH FUCHS UND HASE GUTE NACHT SAGEN

TOURLÄNGE | 260 km

REGIONALE MOTORRADTREFFEN

Alte Berlin: Spinner-Brücke an der Spanischen Allee.

Berlin-Dahlewitz: Bikertreff Berlin, Dorfstraße im Süden Berlins.

Jühnsdorf: PS-Bistro, nahe der Autobahn A 10.

Dobbrikow: Motorradtreff Die Scheune in der Nettgendorfer Straße 21.

Wendisch Rietz: Treff Märkisches Buffet, 70 km südöstlich von Berlin am Scharmützelsee.

Schattige Alleenstraßen gibt es häufig in Brandenburg.

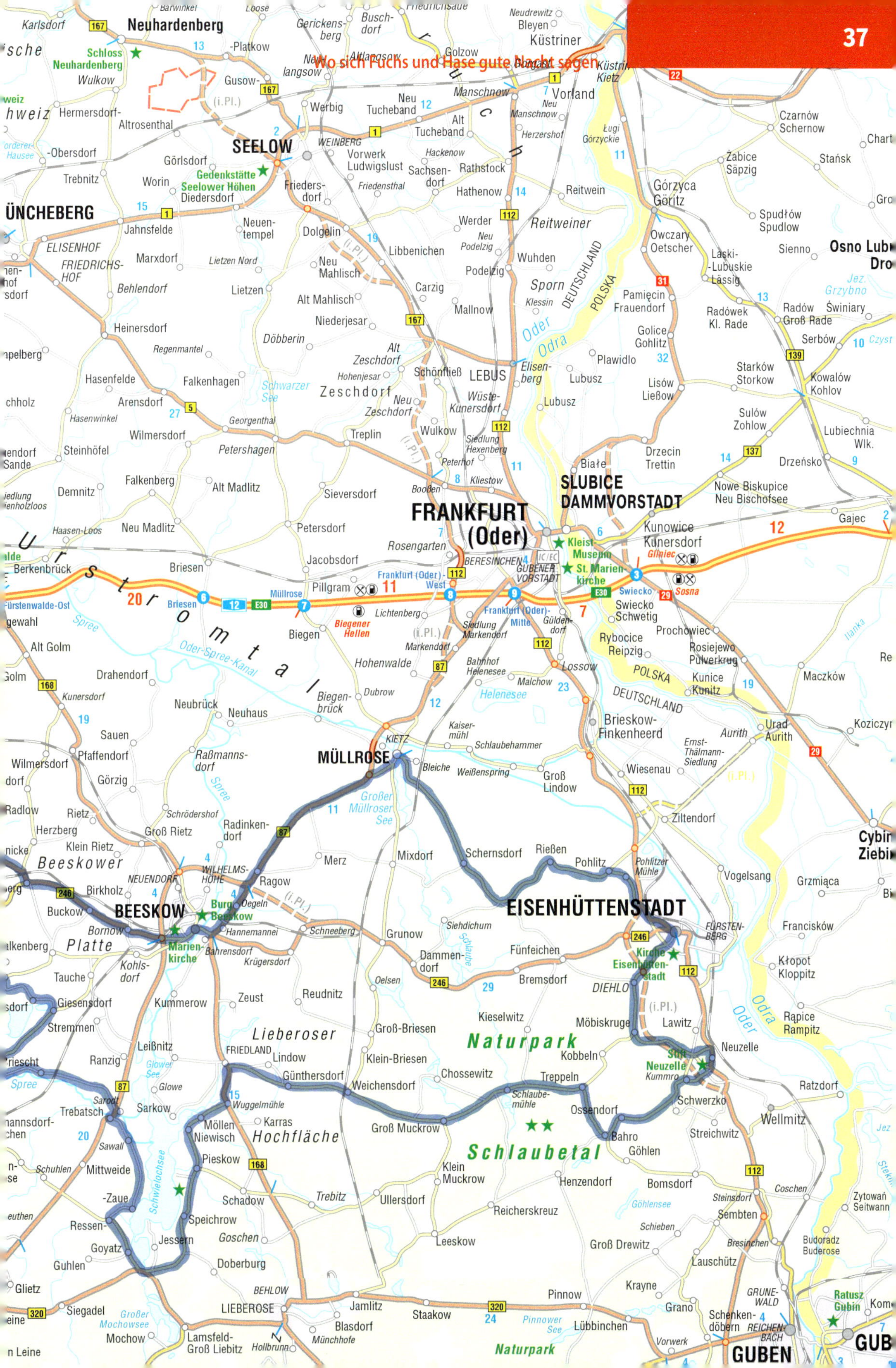
Karlsdorf
Neuhardenberg
Schloss Neuhardenberg
Wulkow
Gerickens-berg
Busch-dorf
Golzow
Neudrewitz
Bleyen
Küstriner Vorland
Kietz
Gusow-Platkow
Hermersdorf-Altrosenthal
Werbig
Neu Tucheband
Alt Tucheband
Manschnow
Herzershof
Czarnów Schernow
SEELOW
WEINBERG
Vorwerk Ludwigslust
Hackenow
Sachsen-dorf
Rathstock
Żabice Säpzig
Obersdorf
Görlsdorf
Gedenkstätte Seelower Höhen
Diedersdorf
Friedersdorf
Friedensthal
Hathenow
Reitwein
Górzyca Göritz
Trebnitz
Worin
MÜNCHEBERG
Jahnsfelde
Neuentempel
Dolgelin
Werder
Reitweiner Sporn
Owczary Oetscher
Laski-Lubuskie Lässig
Sienno
Osno Lubuskie
ELISENHOF
FRIEDRICHSHOF
Marxdorf
Lietzen Nord
Neu Mahlisch
Libbenichen
Neu Podelzig
Podelzig
Wuhden
Behlendorf
Lietzen
Alt Mahlisch
Carzig
Klessin
DEUTSCHLAND
POLSKA
Pamięcin Frauendorf
Radówek Kl. Rade
Radów Groß Rade
Świniary
Heinersdorf
Niederjesar
Mallnow
Oder
Odra
Golice Gohlitz
Serbów
Regenmantel
Döbberin
Alt Zeschdorf
Hohenjesar
Zeschdorf
Schönfließ
LEBUS
Elisenberg
Lubusz
Plawidlo
Lisów Lieβow
Starków Storkow
Kowalów Kohlov
Hasenfelde
Falkenhagen
Schwarzer See
Neu Zeschdorf
Wüste-Kunersdorf
Arensdorf
Hasenwinkel
Georgenthal
Wulkow
Treplin
Siedlung Hexenberg
Sulów Zohlow
Lubiechnia Wlk.
Wilmersdorf
Steinhöfel
Petershagen
Peterhof
Biale
Drzecin Trettin
Drzeńsko
Falkenberg
Alt Madlitz
Kliestow
Booßen
Sieversdorf
SLUBICE DAMMVORSTADT
Nowe Biskupice Neu Bischofsee
Demnitz
FRANKFURT (Oder)
Haasen-Loos
Neu Madlitz
Petersdorf
Kunowice Kunersdorf
Gajec
Urstromtal
Rosengarten
Jacobsdorf
BERESINCHEN
GUBENER VORSTADT
Kleist-Museum
St. Marien-kirche
Glinieć
Berkenbrück
Briesen
Pillgram
Frankfurt (Oder)-West
Müllrose
Fürstenwalde-Ost
Briesen
Swiecko
Sosna
Swiecko Schwetig
Frankfurt (Oder)-Mitte
Lichtenberg
Biegener Hellen
Siedlung Markendorf
Gülden-dorf
Spree
Biegen
Alt Golm
Rybocice Reipzig
Prochowice
Rosiejewo Pulverkrug
Markendorf
Oder-Spree-Kanal
Hohenwalde
Bahnhof Helenesee
Lossow
Malchow
Helenesee
Kunice Kunitz
Maczków
Drahendorf
Kunersdorf
Dubrow
Biegenbrück
Neubrück
Neuhaus
Sauen
Kaisermühl
Brieskow-Finkenheerd
Ernst-Thälmann-Siedlung
Aurith
Urad Aurith
Koziczyn
Pfaffendorf
Wilmersdorf
KIETZ
MÜLLROSE
Schlaubehammer
Raßmannsdorf
Görzig
Bleiche
Weißenspring
Groß Lindow
Wiesenau
Radlow
Rietz
Herzberg
Schrödershof
Großer Müllroser See
Radinkendorf
Ziltendorf
Groß Rietz
Klein Rietz
Beeskower Platte
Merz
Mixdorf
Schernsdorf
Rießen
Pohlitz
Pohlitzer Mühle
Vogelsang
Cybinka Ziebingen
Grzmiąca
NEUENDORF
WILHELMSHÖHE
Ragow
Birkholz
Oegeln
EISENHÜTTENSTADT
Buckow
BEESKOW
Burg Beeskow
Siehdichum
FÜRSTENBERG
Franciszków
Bornow
Marienkirche
Hannemannei
Schneeberg
Grunow
Kirche Eisenhüttenstadt
Falkenberg
Bahrensdorf
Krügersdorf
Dammendorf
Fünfeichen
Kłopot Kloppitz
Tauche
Kohlsdorf
Oelsen
Bremsdorf
DIEHLO
Zeust
Reudnitz
Schlaube
Giesensdorf
Kummerow
Kieselwitz
Möbiskruge
Lawitz
Rąpice Rampitz
Stremmen
Lieberoser
Groß-Briesen
Naturpark
Leißnitz
Kobbeln
Ranzig
FRIEDLAND
Lindow
Klein-Briesen
Neuzelle
Stift Neuzelle
Kummro
Glower See
Glowe
Günthersdorf
Chossewitz
Treppeln
Spree
Weichensdorf
Schlaubemühle
Ratzdorf
Trebatsch
Sarkow
Wuggelmühle
Ossendorf
Schwerzko
Wellmitz
Möllen
Karras
Niewisch
Hochfläche
Groß Muckrow
Bahro
Streichwitz
Sawall
Göhlen
Schlaubetal
Pieskow
Schwielochsee
Schuhlen
Mittweide
Klein Muckrow
Henzendorf
Bomsdorf
Coschen
Zaue
Schadow
Trebitz
Ullersdorf
Steinsdorf
Zytowań Seitwann
Göhlensee
Ressen
Speichrow
Reicherskreuz
Sembten
Jessern
Goschen
Schieben
Goyatz
Leeskow
Groß Drewitz
Bresinchen
Budoradz Buderose
Guhlen
Doberburg
Lauschütz
Gliietz
BEHLOW
Krayne
GRUNEWALD
Ratusz Gubin
Siegadel
LIEBEROSE
Jamlitz
Pinnow
Staakow
Grano
Schenkendöbern
Großer Mochowsee
Pinnower See
REICHENBACH
Mochow
Lamsfeld-Groß Liebitz
Blasdorf
Lübbinchen
Hollbrunn
Münchhofe
Naturpark
Vorwerk
GUBEN
GUB

Tour 6 Sachsen

Kaffee, Kuchen und Kurven

Die sächsische Kulturlandschaft gilt in Europa als einzigartig. Jede Menge kurviger Straßen sorgen dafür, dass eine Motorradtour durch den Freistaat alles andere einseitig wird.

START- / ZIELORT
Leipzig / Zwickau

TOURLÄNGE
ca. 160 km (1 Tag)

ROADBOOK
Leipzig, Grimma, Colditz, Rochlitz, Chemnitz, Burkhardsdorf, Stollberg, Oelsnitz, Wildenfels, Zwickau

Dass Sachsen eine lange Kaffeetradition besitzt, ist bekannt. „Ohne Gaffee kann isch nisch gämpfen", lautet ein oft zitierter Spruch von 1694. Nicht ganz so alt, aber weitaus bedeutender ist eine andere Tradtition Sachsens: die des Automobil- und Motorradbaus. Audi, Auto-Union, Horch, Volkswagen, Porsche oder MuZ sind Namen, die in diesem Zusammenhang fallen. Was liegt also näher, als einige dieser Stationen im Rahmen einer Motorradtour durch Sachsen anzufahren?

Motoreninfizierter Start

Schon der Startort zu unserer zirka 160 Kilometer langen Fahrt ist motoreninfiziert: In Leipzig haben sich nach der Wende Porsche und BMW angesiedelt. Das Kundenzentrum von Porsche, „Diamant" genannt, ist inzwischen sogar eines der Wahrzeichen Leipzigs. Das Faszinierende an der Stadt ist das Zusammentreffen von historischen Gebäuden aus Barock und Gründerzeit mit moderner Architektur aus der Nachkriegszeit.

So stehen Nikolaikirche, Hotel Fürstenhof, Alte Börse und Reichsgerichtsgebäude neben Neuem Gewandhaus, Opernhaus und City-Hochhaus. Ein Glanzstück ist der Hauptbahnhof Leipzigs mit seiner fast 300 Meter breiten historischen Fassade. Ein Einkaufsbummel vor dem Start gefällig? Oder ein Leipziger Räbchen naschen? Dann nichts wie auf zur Shoppingmeile des Bahnhofs. Räbchen sind übrigens entkernte Dörrpflaumen, im Inneren mit Marzipan gefüllt und in Bierteig ausgebacken.

Eine gemütliche Landstraße bringt uns aus Leipzig hinaus, kreuzt die Autobahn und visiert Grimma an. Die

Grimma ist mit der landschaftlich reizvollen Tal-Aue des Muldentals eine Reise wert. Gleiches gilt für die umliegenden Straßen.

HIGHLIGHT

EINE MUTIGE TAT

Dass Zwickau heute über eine komplette historische Bausubstanz verfügt, ist der mutigen Tat des Luftschutzwarts Arno Rau zu verdanken. Zwickau hatte den Zweiten Weltkrieg bis April 1945 so gut wie unbeschadet überstanden. Doch am 17. des Monats näherte sich ein amerikanischer Bomberpulk mit der Absicht, Zwickau dem Erdboden gleich zu machen. Geistesgegenwärtig hisste Rau die weiße Flagge auf dem Turm des Mariendoms und läutete die Glocken. Daraufhin drehten die Flugzeuge ab, und Zwickau wurde kampflos von der US-Armee eingenommen.

Leipziger Bucht ist flach, der Streckenverlauf entsprechend entspannt. Erster Stopp in Grimma: wegen dessen wunderschöner historischer Altstadt mit imposantem Renaissance-Rathaus und doppeltürmiger Frauenkirche. Einzigartig sind die Mauerlauben auf der Stadtmauer. In Sichtweite des Flusses Mulde geht es danach auf einem Stück Bundesstraße nach Colditz. Den Namen schon mal gehört? Da war doch irgendetwas …

Wahrscheinlich im Zusammenhang mit Film oder Fernsehen. Das hoch über dem hübschen Ort aufragende Schloss war nämlich im Zweiten Weltkrieg Gefangenenlager für alliierte Offiziere und diente danach als Drehort für verschiedene Kriegsfilme. Zuletzt war es der Brite Stuart Orme, der hier unter dem Titel „Colditz, Flucht in die Freiheit" einen zweiteiligen Fernsehfilm drehte.

Sächsisches Marmor

Nächstes Ziel Rochlitz. Wir erreichen das reizende Städtchen auf einem Landsträßchen, das in eleganten Bögen der Mulde auf Schritt und Tritt folgt. Auch Rochlitz lohnt einen Halt. Optisches Merkmal sind seine Häuser, die aus rotem Porphyr, dem „sächsischen Marmor" gebaut sind.

Wir wechseln auf die B 107 und ihre lang gezogenen Kurven und laufen in Chemnitz ein. Die „grüne Stadt" wurde im Zweiten Weltkrieg komplett zerstört und bautechnisch während der DDR-Zeit verschandelt. Aber halb so schlimm: Geblieben sind viele herrlichen Grünflächen und Industriedenkmale. Unbedingt besuchen sollte man das bekannteste Wahrzeichen von Chemnitz, das 1971 aufgestellte Karl-Marx-Monument, das die Chemnitzer als „Nüschel" (für Kopf) bezeichnen.

1932 wurde in Chemnitz die Auto-Union AG gegründet, zu DDR-Zeiten hatte der IFA, der Industrieverband

Grimma (oben), Karl Marx in Chemnitz (rechts) und Colditz (rechte Seite).

Fahrzeugbau, in Chemnitz seinen Sitz. Heute sind rund 90 Unternehmen in der Automobil- oder der Zulieferindustrie beschäftigt.

Auf der B 95 verlassen wir Chemnitz und biegen in Burkhardsdorf Richtung Stollberg ab. Sanfte Kurven, weite Bögen, entspanntes Schwingen entlang der Zwönitz. Das hübsche Stollberg liegt am Nordrand des Erzgebirges und war im Mittelalter Kreuzungspunkt zweier Handelsstraßen. 1860 wurde auf den Grundmauern eines Jagdschlosses das imposante „Sächsische Weiberzuchthaus" erbaut, das erst 2001 geschlossen wurde. Heute würde man politisch korrekt wohl Justizvollzugsanstalt dazu sagen.

Zwickau und Audi

Die Route schlängelt sich nun am Erzgebirge entlang nach Westen, passiert Oelsnitz und Wildenfels und erreicht schließlich Zwickau. Wunderschön der Hauptmarkt, der Dom, die gesamte Altstadt mit unzerstörter Bausubstanz. Im Jahr 1904 kam der Autobauer Horch nach Zwickau, fünf Jahre später gelangte Audi hinzu. Von 1957 bis 1991 lief hier der Trabant vom Band, heute fertigt VW in seinem Zwickauer Werk die Modelle Golf und Passat.

Zum Abschluss der Tour gibt es wieder Süßes: Zum Beispiel bei einem Café-Besuch mit Kaffee, einer Eierschecke oder einem Quarkkäulchen. Eine Eierschecke ist ein Blechkuchen aus Hefeteig mit einem Belag aus Äpfeln, Quark und Mohn plus Sahneguss. Hingegen besteht das Quarkkäulchen aus geriebenen Pellkartoffeln, Quark, Eiern und Mehl. ◀

TOUR 6 | Sachsen

KAFFEE, KUCHEN UND KURVEN

TOURLÄNGE | 160 km

REGIONALE MOTORRADTREFFEN

Halle-Teicha: Raschas Oldtimergaststätte Zur Linde mit Museum und Werkstatt.

Waschleithe: Bike-PS-Station Boxenluder, seit der Eröffnung 2005 immer gut besucht.

Markkleeberg: Pension und Gaststätte Möncherei.

Leipzig: Vineta-Bistro am Dispatcherturm, Störmthaler See. Biker Selbstschrauber-Café in der Roschnerstraße 27.

Viel Grün gibt es überall in Sachsen.

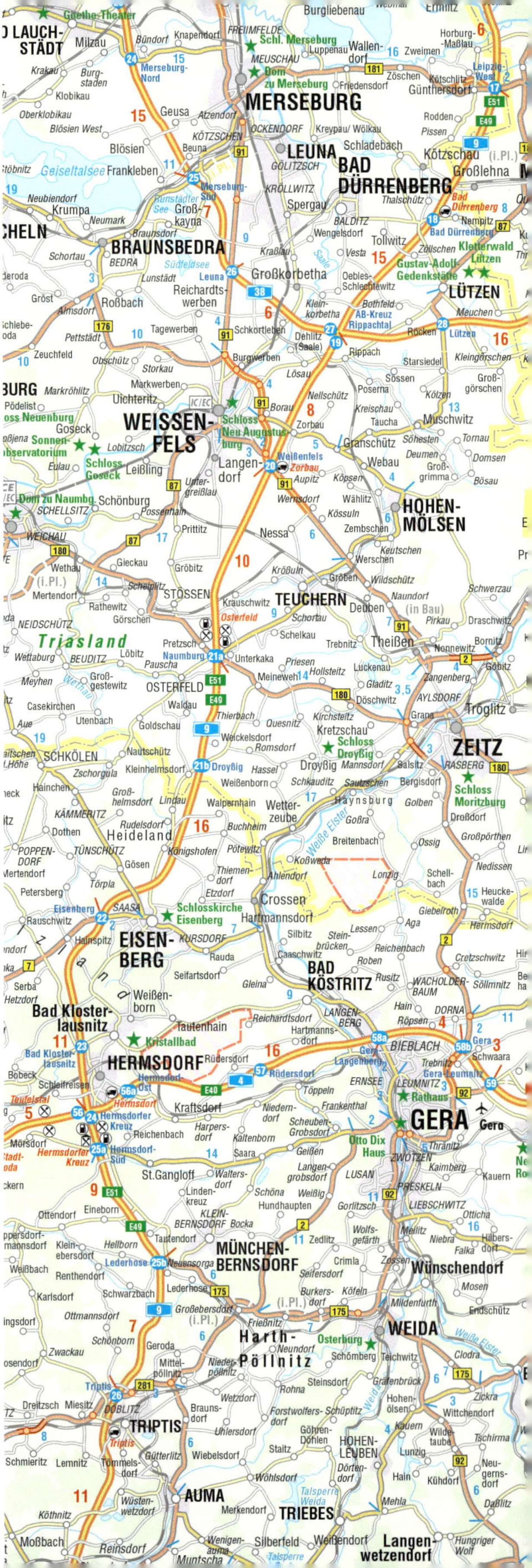

Kaffee, Kuchen und Kurven
LEIPZIG
Machern
Bennewitz
Borsdorf
BRANDIS
TREBSEN
NERCHAU
Wermsdorf
MÜGELN
MARKKLEEBERG
NAUNHOF
Großpösna
Parthenstein
GRIMMA
ZWENKAU
Leipziger Tieflandsbucht
BÖHLEN
RÖTHA
Großbothen
Thümmlitzwalde
GROITZSCH
KITZSCHER
BAD LAUSICK
COLDITZ
LEISNIG
Großweitzschen
Neukieritzsch
BORNA
HARTHA
LUCKA
REGIS-BREITINGEN
Eulatal
FROHBURG
GEITHAIN
ROCHLITZ
GERINGSWALDE
MEUSELWITZ
Osterland
Seelitz
Wechselburg
Rositz
MITTWEIDA
ALTENBURG
Nobitz
LUNZENAU
PENIG
Claußnitz
Saara
BURGSTÄDT
Auerswalde
SCHMÖLLN
GÖSSNITZ
MEERANE
WALDENBURG
LIMBACH-OBERFROHNA
Hartmannsdorf
CHEMNITZ
CRIMMITSCHAU
GLAUCHAU
HOHENSTEIN-ERNSTTHAL
OBERLUNGWITZ
Neukirchen
St.Egidien
LICHTENSTEIN
Burkhardtsdorf
WERDAU
Mülsen
OELSNITZ
LUGAU
Niederwürschnitz
STOLLBERG
THALHEIM
Gelenau
ZWICKAU
Lichtentanne
WILKAU-HASSLAU
Reinsdorf
HARTENSTEIN
Fraureuth
Neumark
THUM

Tour 7 Sachsen-Anhalt

Der Hauch des Südens

Heller Sandboden, duftende Kiefernwälder, glasklare Gewässer – bei einer Motorradtour durch die Altmark werden Träume von Südfrankreich wahr. Hinzu kommt die dünne Besiedlung, und das Motorradparadies ist fertig.

Wer sich der Altmark von Norden her näher, durchquert erst einmal die Prignitz. Das ist die Region der kleinen Dörfer. Die Prignitz ist aber auch die Region von Schloss Ludwigslust. Dieses wunderschöne Klein-Versailles entstand zwischen 1757 und 1777 und wirkt hier in der Tiefe der Provinz etwas verloren. Doch genau das wollte sein Erbauer, Herzog Ludwig von Mecklenburg.

Inmitten der Auwiesen

Auf verträumten Sträßchen geht es durch den Grabower Forst. Winzige Dörfer und Horden von schnatternden Enten und Gänsen ziehen vorüber. Diese Tiere kennen keine Verkehrsregeln und provozieren immer wieder den Griff zur Bremse. Über Mellen und Lenzen nach Perleberg. In Weisen links ab nach Breese, und von dort aus in einem Bogen nach Rühstädt. Wir sind jetzt mitten in den Auwiesen des Elbtales. Schmaler Asphalt, viele Kurven, kaum Verkehr. Die Wiesen erstrecken sich bis zum Horizont. Ganz selten sind Menschen zu sehen. Zeit und Raum verschwimmen.

In feuchten Flussauen fühlten sich schon immer Störche besonders wohl. So auch an der Elbe. Ein Umstand, der dem Ort Rühstädt den Beinamen Storchendorf bescherte. Über 40 Storchenpaare brüten jedes Jahr auf Rühstädter Schornsteinen und Strommasten. Jedes Haus listet auf einer Holztafel akribisch genau Ankunft, Abflug und Anzahl der Jungen auf. Wer die Störche sehen will, sollte bis Ende August kommen. Danach sind sie weg.

In Havelberg steuern wir die auf einem Hügel gelegene Altstadt an. Von hier oben hat man einen prächtigen Blick auf den tieferliegenden Stadtteil,

BASISORT
Ludwigslust

TOURLÄNGE
ca. 450 km (2 Tage)

ROADBOOK
Ludwigslust, Grabow, Mellen, Lenzen, Laaslich, Dergenthin, Perleberg, Weisen, Breese, Rühstädt, Havelberg, Sandau, Arneburg, Storkau, Tangermünde, Heeren, Stendal, Döbelin, Steinfeld, Messdorf, Krevese, Arendsee, Salzwedel, Lüchow, Gorleben, Dömitz, Ludwigslust

Die Tour führt durch schattige Alleen und nach Havelberg.

HIGHLIGHT

BESUCH BEI BISMARCKS

Vier Kilometer westlich von Stendal liegt direkt an der 188er das kleine Dorf Döbbelin. Man müsste es eigentlich gar nicht erwähnen, wäre da nicht seit 1736 das Gutshaus der Familie von Bismarck, und würde dort nicht Alexander von Bismarck wohnen. Der Nachfahre des Reichskanzlers lebt seit der Wende in Döbbelin und zeigt interessierten Besuchern gerne Haus und Hof. Einfach klingeln, eine Tasse Kaffee steht meist bereit.

Inselstadt genannt, und auf den Zusammenfluss von Havel und Elbe. Ein Stück B 107 folgt. In Sandau verlassen wir die Schnellstraße und fahren zur Elbfähre hinab. Auf der anderen Flussseite wartet eine echte Fahrwerks-Teststrecke: Von Rillen, Löchern und Pflastersteinen übersät, schlängelt sich ein Fahrweg durch das Sandauer Holz. Immer wieder zweigen offiziell befahrbare Feldwege ab und zielen entlang der Elbdeiche zu wildromantischen Picknickplätzen.

Leckere Hochzeitssuppe

Über Hindenburg kurven wir nach Arneburg. Der Tipp für Arneburg heißt Burgberg. Von dort oben bietet sich ein traumhafter Blick über die Elbe mit ihren Flussauen hinweg. Außerdem gibt es in der Burggaststätte eine altmärker Spezialität, die leckere Hochzeitssuppe.

Von Weitem winken die charakteristischen Türme von Tangermünde. Über das Pflaster mit seinen runden Katzenköpfen rattern wir in die Altstadt hinein. Die ehemalige Hansestadt präsentiert sich als lebendiges Bilderbuchstädtchen mit beeindruckenden Backsteinbauten und liebevoll restaurierten Fachwerkhäusern. Man parkt die Maschine am besten vor dem roten Gotik-Rathaus, macht es sich in einem Stuhl des Rathaus-Cafés bequem und genießt den schönen Blick.

Wir meiden die B 188, fahren über Heeren in die Kreishauptstadt Stendal und weiter nach Steinfeld und Kläden. Der Weg zum Arendsee führt direkt nach Norden aus Krevese hinaus. Zuerst Asphalt, dann der Ort Losse, dann

Störche in Rühstädt (oben) und ehemalige Grenze an der Elbe (rechts).

die B 190. Eine Traumstrecke. Mitten in der Natur, weit weg von jeglichem Verkehr. Motorrad fahren pur.

Eine dieser typischen altmärker Alleen führt am Arendsee vorbei. Man kommt sich vor wie irgendwo am Mittelmeer. Dichte Kiefernwälder und heller Sandboden flankieren die gut ausgebaute Straße. In dem Sand wächst übrigens ausgezeichneter Spargel, den man am besten zusammen mit Schnitzel und Salzkartoffeln isst. Am Arendsee warten gemütliche Strandbäder. Aber nicht nur deshalb lohnt sich ein Stopp: Die Villen aus der Jahrhundertwende sind ein optischer Leckerbissen.

Spezialität Baumkuchen

In Salzwedel steuern Naschkatzen direkt die Holzmarktstraße und das Café Kruse an (Motorradparkplatz im Innenhof). Wegen des Baumkuchens. Diese Salzwedeler Köstlichkeit wird vor den Augen der Gäste am offenen Feuer gebacken. Dabei wird auf einer waagerechten Holzwalze Schicht für Schicht Teig aufgegossen, sodass der Kuchen danach aufgeschnitten aussieht wie ein Baum mit seinen Jahresringen.

Auf der Rückfahrt streift die Route das Wendland. Ein Besuch der Rundlingsdörfer Satemin und Lübeln sind Pflicht. Über Lüchow fahren wir dann nach Gorleben, und von dort auf der aussichtsreichen Elbuferstraße weiter nach Dömitz. Hier überqueren wir auf einer neuen Brücke den Fluss. Die alte wurde bei Kriegsende gesprengt, und ihre Reste waren lange ein Symbol für die unüberbrückbaren Gegensätze zwischen Ost und West.

Ein Schlenker bringt uns auf verträumten und abgelegenen Nebensträßchen über Polz, Kaliß und Eldena zurück zur Bundesstraße. Jetzt sind es noch ein paar entspannte Kilometer, und der Kreis schließt sich. ◀

Die meisten Straßen präsentierten sich im besten Zustand.

ÜBERNACHTEN IN DER REGION

HOTEL STADTKRUG

Das Hotel besitzt eigene kostenfreie Parkplätze mit Unterstand für Motorräder. Im Frühstücksraum des Hotels mit angrenzende Terrasse könnt Ihr mit einem reichhaltigen, abwechslungsreichen Frühstücksbüfett den Tag beginnen. Unsere Gäste schätzen den persönlich-familiären Service.

Apothekenstr. 11-12 • 19370 Parchim
+49 (0) 38 71 / 6 23 00 • www.stadtkrug-parchim.de

TREND HOTEL

Unser Haus verfügt über 53 gut ausgestattete Doppel- bzw. Einzelzimmer mit Bad. Die parkähnliche Gartenanlage des Hotels lädt zum Entspannen und Verweilen ein. Gleichzeitig bietet die Stadt Schwerin viele Sehenswürdigkeiten. Gerne steht euch das Team des Trend Hotels beratend zur Seite.

Plater Str. 1 • 19079 Banzkow
+49 (0) 38 61 / 50 00 • www.trendhotel.de

TOUR 7 | Sachsen-Anhalt

DER HAUCH DES SÜDENS

TOURLÄNGE | 450 km

REGIONALE MOTORRADTREFFEN
KEINE

Weite Landschaften und
Top-Asphalt: So lässt es sich herrlich cruisen.

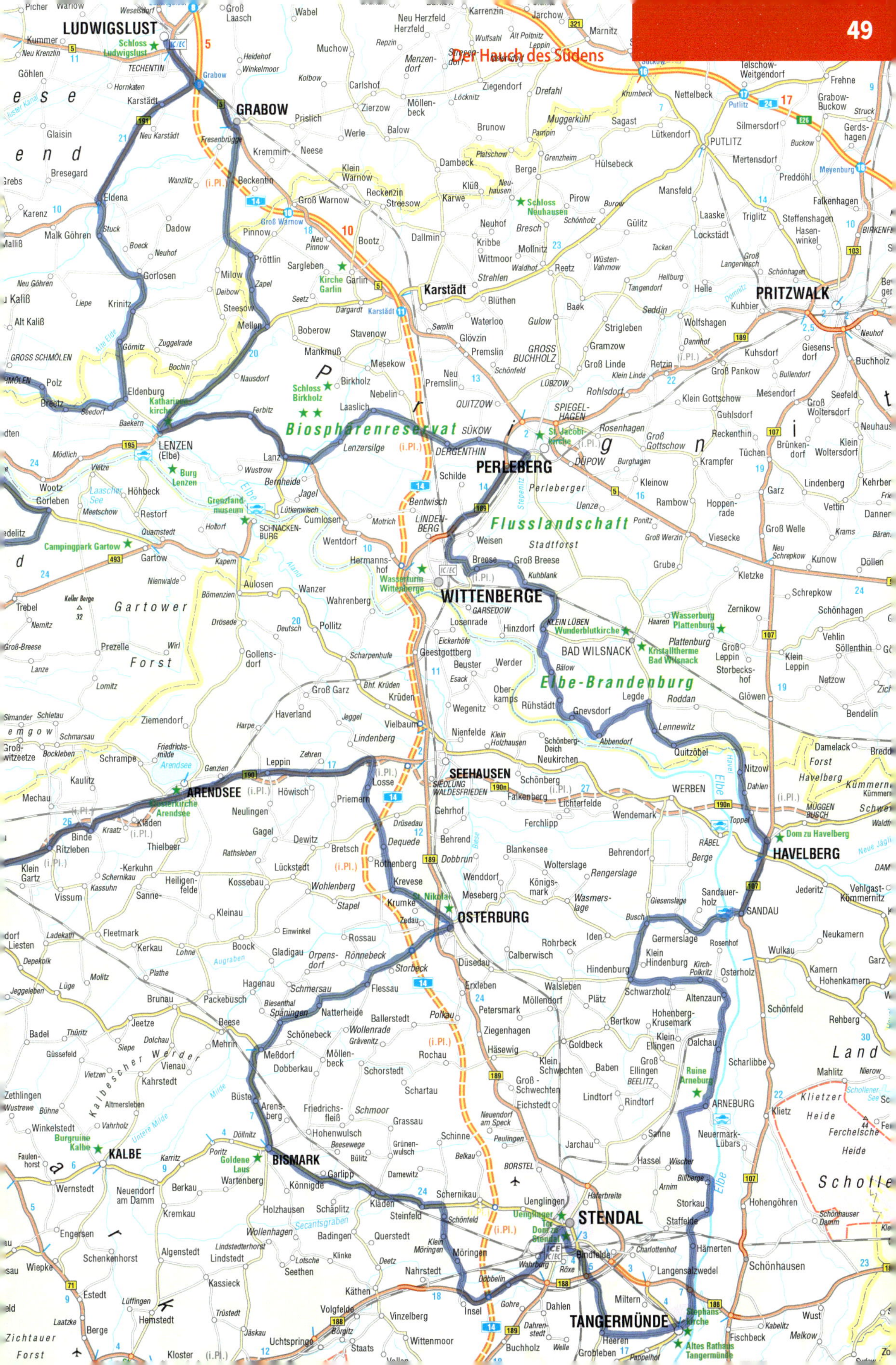
Der Hauch des Südens
LUDWIGSLUST
Schloss Ludwigslust
GRABOW
Karstädt
PRITZWALK
PUTLITZ
LENZEN (Elbe)
Burg Lenzen
Grenzland-museum
Campingpark Gartow
Gartow
Biosphärenreservat
Flusslandschaft
Elbe-Brandenburg
PERLEBERG
St. Jacobi-kirche
WITTENBERGE
Wasserturm Wittenberge
BAD WILSNACK
Wunderblutkirche
Wasserburg Plattenburg
Kristalltherme Bad Wilsnack
Gartower Forst
ARENDSEE
Klosterkirche Arendsee
SEEHAUSEN
HAVELBERG
Dom zu Havelberg
OSTERBURG
St. Nikolai
SANDAU
Ruine Arneburg
ARNEBURG
KALBE
Burgruine Kalbe
BISMARK
Goldene Laus
STENDAL
Uenglinger Tor
Dom zu Stendal
TANGERMÜNDE
Stephanskirche
Altes Rathaus Tangermünde
Schloss Neuhausen
Schloss Birkholz
Kirche Garlin
Katharinenkirche
Kalbescher Werder
Land Schollene

Tour 8 Lausitz

Entdeckungstour im Grenzgebiet

Im Osten der Republik, an der Grenze zu Polen, wartet ein motorradfahrerischer Geheimtipp darauf, entdeckt zu werden. Geobten werden wenig Verkehr und geschichtsträchtige Städte.

BASISORT
Cottbus

TOURLÄNGE
ca. 170 km (1 Tag)

ROADBOOK
Cottbus, Bagenz, Spremberg, Schwarze Pumpe, Hoyerswerda, Senftenberg, Welzow, Pritzen, Cottbus

Die Lausitz, die ist ganz weit drüben im Osten. Dort, wo sich Deutschland in Form eines Hakens nach Polen hineinschiebt. Klar, dass in dieser Grenzregion der Fortschritt stets eine langsamere Gangart anschlug. Aber: Auf diese Weise erhielt sich die Lausitz weitgehend ihre Ursprünglichkeit. Man trifft dort auf kaum besiedelte Landstriche, stattdessen tiefe Wälder, freundliche Menschen und mittelalterliche Städte. Und Straßen, die einem fast immer ganz alleine gehören.

Juwel Cottbus

Ein guter Einstieg per Motorrad ist die circa 150 Kilometer lange Runde von Cottbus aus über Senftenberg, Hoyerswerda und Spremberg. Sie bietet alles, was des Bikers Herz begehrt: verkehrsarme Landsträßchen, unzählige Kurven, Höhenunterschiede, viel Natur und jede Menge wunderhübscher Städte.

Zum Beispiel Cottbus, der Ausgangspunkt unserer Tour. Bautechnisch ein Juwel, zieht die „grüne Stadt" den Besucher mit ihren zahlreichen Parks und Grünanlagen und ihrem hübschen Markplatz sofort in ihren Bann. Die Giebelhäuser im sächsischen Barock sind liebevoll restauriert, die herrliche Löwenapotheke wurde bereits 1573 eröffnet. Cottbus war von 1868 bis 1918 Garnisonsstadt der preußischen Armee und gilt heute als Zentrum der sorbischen Minderheit in der Lausitz. Die Sorben sind eine slawische Ethnie, die sich im Mittelalter in der Region ansiedelten.

Links an der Talsperre Spremberg vorbei rollen wir gemütlich über Bagenz nach Spremberg hinein. Viel ist von der einstigen „Perle der Lausitz" durch den Krieg leider nicht übrig geblieben, weil gegen Kriegsende drei deutsche Divisionen glaubten, noch

Altstadt von Cottbus und Abendstimmung in der Lausitz.

HIGHLIGHT

VOM BRAUNKOHLEREVIER ZUM NATURPARK

Es ist Europas größte künstlich angelegte Wasserlandschaft werden und entstand durch die Flutung stillgelegter Braunkohlereviere: das Lausitzer Seenland. Schon zu DDR-Zeiten wurden hier alte Abbaulöcher regelmäßig mit Wasser gefüllt, im Laufe der Jahrzehnte entwickelte sich an ihren Ufern ein reger Freizeitbetrieb. Da sich die Seen durch Kontakt mit dem ehemaligen Tagebau ständig mit Pyrit vermischen, ist ihr Wasser relativ sauer.

Heldentaten vollbringen zu müssen und Spremberg hartnäckig gegen die anrückende Rote Armee verteidigten. Dennoch lohnt sich ein Besuch, alleine schon wegen des kleinen, aber feinen historischen Stadtkerns, des imposanten Schlosses und des Bismarck-Turms, von dem man eine tolle Aussicht hat.

Siedlung Schwarze Pumpe

Schwarze Pumpe fliegt rechter Hand vorüber. Die Sorbensiedlung geht auf das Jahr 1852 zurück, als dort nur ein Gasthof, ein Chauseehaus und eine Ziegelei standen. Dann folgte die Industrialisierung, und die Schwarze Pumpe wuchs zu einer richtigen Siedlung. Die DDR errichtete hier in den 1950er-Jahren ein Gaskombinat, das sich zum größten Braunkohle-Veredelungsbetrieb des Staates entwickelte. Heute ist die Anlage ein Industriepark.

Hoyerswerda, unser nächster Anlaufpunkt, liegt im Zentrum des Lausitzer Seengebietes und mauserte sich vom Braunkohlerevier zum Naturparadies. Obwohl im Zweiten Weltkrieg ebenfalls stark zerstört, hat Hoyerswerda seinen historischen Kern weitgehend erhalten. Zu sehen gibt es einen schönen Marktplatz, das Alte Rathaus und ein Schloss, das heute als Heimatmuseum dient. Beeindruckend: Mit dem Braunkohleabbau wuchs die Bevölkerungszahl nach dem Zweiten Weltkrieg von 7 000 auf 70 000 an.

Nach einem kurzen Stadtrundgang lenken wir das Motorrad auf verschlungenen Straßen zwischen den zahlreichen Seen rund um Senftenberg hindurch, bis wir auf dem hübschen Marktplatz der „Stadt am sanften Berg“ stehen. Senftenberg ist

Lausitzer Seenland (oben), einsame Wege (rechts) und bunte Fassaden in Hoyerswerda (rechte Seite).

kontrastreich, hier stehen romantische Bauwerke der Renaissance und des Barock neben Plattenbauten aus DDR-Zeiten. Ist es gerade das, was eine Rundfahrt durch die Stadt so interessant macht? Wie auch immer – keinesfalls entgehen lassen sollte man sich einen Abstecher zum Senftenberger See, dem gefluteten Krater des Braunkohletagebaus Niemtsch. Am Südufer steht ein 31 Meter hoher Aussichtsturm, der einen herrlichen Blick über die Seenlandschaft rund um Senftenberg ermöglicht.

Gigantische Erdlöcher

Wer mehr über den Tagebau wissen will, sollte ein paar Kilometer weiter bei Welzow den Blinker setzen. Hier sind Ausflüge in die Abbaugebiete möglich. Der Anblick der gigantischen Erdlöcher ist atemberaubend. Welzow-Süd nennt sich dieser Braunkohletagebau, der von der Lausitz Energie AG betrieben wird. 20 Millionen Tonnen Kohle werden jedes Jahr gefördert, begonnen wurde bereits im 19. Jahrhundert.

In Pritzen werfen wir einen Blick auf den idyllischen Altdöberner See. Der Ort hatte Glück, da seine 1973 beschlossene Vernichtung durch den Tagebau 1992 rückgängig gemacht wurde. Heute liegt Pritzen auf einer Halbinsel im gefluteten Altdöberner See, dem Restloch des ehemaligen Greifenhainer Tagebaus. Anschließend fahren wir um den Laasower See herum, überqueren die Autobahn und erreichen nach einer zügigen Überlandetappe schließlich wieder Cottbus, unseren Ausgangspunkt. ◀

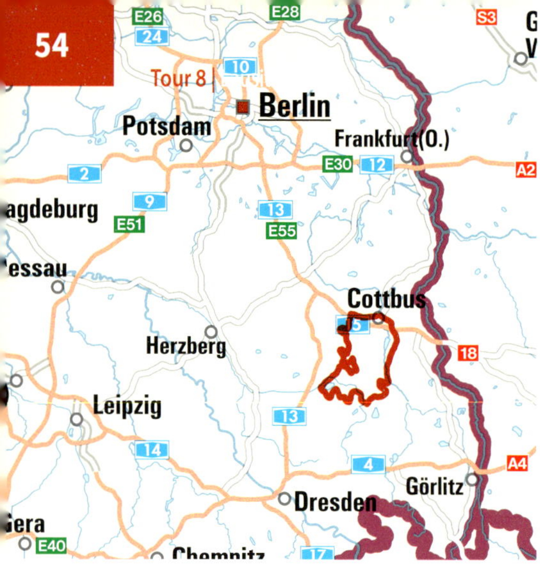

TOUR 8 | Lausitz

ENTDECKUNGSTOUR IM GRENZGEBIET

TOURLÄNGE | 170 km

REGIONALE MOTORRADTREFFEN

Calau: Bei Reinhard Bareinz wartet eine private Motorradsammlung mit einer kompletten mechanischen Werkstatt aus der Zeit um 1850.

Klein Klessow (Lübbenau): Die Oldtimer-Sammlung von Werner George ist ein Anziehungspunkt für Einspurige.

Schönerwalde: Man trifft sich am und im Motorradmuseum von Walter Mahl mit seinen Motorrädern aus den 40er-Jahren der alten DDR.

Klettwitz: Der Eurospeedway hat sich seit seiner Eröffnung im Jahr 2000 zum gut besuchten Treff entwickelt.

Braunkohletagebau in der
Lausitz.

Entdeckungstour im Grenzgebiet
COTTBUS
VETSCHAU
Kolkwitz
SPREMBERG
SENFTENBERG
HOYERSWERDA
WELZOW
LAUTA
GROSSRÄSCHEN
WITTICHENAU
DREBKAU
Altdöbern
Staatstheater Cottbus
Stadion der Freundschaft
Branitzer Schloss
Branitzer Park
Barockschloss Altdöbern
Schloss Spremberg
Bismarckturm Spremberg
Senftenberger See
Bergbaumuseum Knappenrode
Landrücken
Höhenrücken
Tagebau Welzow-Süd
Gräbendorfer See
Altdöbener See
Sedlitzer See
Partwitzer See
Speicherbecken Senftenberger See
Talsperre Spremberg
Neuwieser See
Geierswalder See
Schwarze Elster
Elster-heide
Südsee
Ilsesee
Erikasee
Scheibesee
Bernsteinsee
Silbersee
Großer Stockteich
Kleine Spree
Krieschow
Limberg
Glinzig
Wiesendorf
Wüstenhain
Brodtkowitz
Laasow
Casel
Pritzen
Greifenhain
Ressen
Lubochow
Leeskow
Lindchen
Neupetershain
Lieske
Sedlitz
Niemtsch
Laubusch
Spreetal
Spreewitz
Zerre
Sellessen
Koppatz
Kahren
Laubsdorf
Bergen
Seidewinkel
Schwarze Pumpe
Proschim
Bluno
Sabrodt
Terpe
Kiekebusch
Gallinchen
Groß Gaglow
Cottbus-West
Cottbus-Süd
Madlow
Sachsendorf
Ströbitz
Hänchen
Klein Gaglow
Klein Oßnig
Schorbus
Reinpusch
Oelsnig
Auras
Loeschen
Rehnsdorf
Jehserig
Papproth
Steinitz
Göhrick
Merkur
Raakow
Radensdorf
Golschow
Domsdorf
Laubst
Siewisch
Leuthen
Koschendorf
Illmersdorf
Briesen
Missen
Ogrosen
Buchwäldchen
Ranzow
Muckwar
Reddern
Peitzendorf
Göritz
Chransdorf
Cunersdorf
Woschkow
Dörrwalde
Allmosen
Lindenfeld
Bahnsdorf
Sibirien
Karlsfeld
Klein-Partwitz
Kleinkoschen
Großkoschen
Geierswalde
Tätzschwitz
Lauta Dorf
Lauta Nord
Hosena
Torno
Schwarzkollm
Bröthen
Klein Neida
Kosel-Bruch
Michalken
Dörgenhausen
Spohla
Neudorf-Klösterlich
Maukendorf
Knappenrode
Koblenz
Zeißig
Kühnicht
Nardt
Neuwiese
Burg
Burghammer
Burgneudorf
Leippe
Neukollm
Saxonia
Zeißholz
Dubring
Keula
Hohenbocka
Grünewald
Sella
Wiednitz
Schwarzbach
Freienhufen
Groß Räschen-Süd
Reppist
Senftenberg West
Buchwalde
Stradow
Müschen
Werben
Ruben
Sielow
Babow
Suschow
Märkisch-Heide
Göritz
Belten
Koßwig
Eichow
Kunersdorf
Milkersdorf
Papitz
Gulben
Zahsow
Dahlitz
Lobendorf
Repten
Reuden
Bolschwitz
Gahlen
Schmellwitz
Merzdorf
Dissenchen
Haasow
Branitz
Frauendorf
Neuhausen
Groß Oßnig
Klein Döbbern
Groß Döbbern
Bühlow
Muckrow
Haidemühl
Cantdorf
Groß Luja
Weskow
Georgenberg
Kochsdorf
Heinrichsfeld
Pulsberg
Slamen
Trattendorf
Weißkollm
Mortka
Litschen
E36
169
97
96
156
168
(i.Pl.)
(in Bau)

Tour 9 Erzgebirge

Dem Silber auf der Spur

Seit dem Mittelalter ist die Silberstraße in Sachsen ein Begriff. Sie führt kurvenreich mit ordentlichen Höhenunterschieden zu einer Vielzahl von bergbaulichen Anlagen.

START- / ZIELORT
Zwickau / Dresden

TOURLÄNGE
ca. 170 km (1 Tag)

ROADBOOK
Zwickau, Schneeberg, Aue, Annaberg-Buchholz, Wolkenstein, Marienberg, Olbernhau, Seiffen, Freiberg, Freital, Dresden

Start in Zwickau. Die Stadt erlebte ihre erste wirtschaftliche und kulturelle Blüte bereits im Mittelalter. Damals machten vor allem die Tuchherstellung und der Silberbergbau im benachbarten Schneeberg die Zwickauer Bürger reich. In unserer Zeit wurde Zwickau als Produktionsort des legendären „Trabbi" bekannt. Noch heute zeugt das Automobilmuseum von der spannenden Geschichte des Autobaus in Zwickau.

Wir verlassen die Stadt auf der B 93 nach Süden, kreuzen die Autobahn und erreichen nach rund 20 Kilometern entspannter Fahrt das barocke Schneeberg. 1477 wurde dort zum ersten Mal Silber gefunden, und die Blütezeit Schneebergs begann. Wer es genau wissen will: Im Bergbaumuseum und auf dem Bergbaulehrpfad können sich Interessierte in die Tiefen der Silberschürfung begeben.

Gut erhaltener Jugendstil

Auf der B 101 gelangen wir wenige Kilometern später nach Aue am Zusammenfluss von Zwickauer Mulde und Schwarzwasser. In dem Städtchen mit seinen teilweise noch gut erhaltenen Jugendstilhäusern wurde in erster Linie Zinn gefördert. Später kam das Kaolin hinzu, aus dem in Meissen Porzellan hergestellt wurde. Nach 1945 wurde in Aue Uran abgebaut. Die B 101 bringt uns in runden Bögen weiter nach Schwarzenberg. Die alte Bergwerkstadt glänzt durch ihre Pfarrkirche St. Georgen, einem außergewöhnlich schönen Barockbau. Drinnen kann man mehrere geschmückte Logen sehen, die den reichen Bürgern vorbehalten waren.

Allmählich gewinnt die Route an Höhe. Die Kurven werden enger, die Schräglagen intensiver. Was bleibt ist die gepflegte und griffige Fahrbahn der B 101. Auf 670 Metern erklimmt die Silberstraße ihre größte Höhe und kurvt am 800 Meter hohen Scheibenberg und seinen „Orgelpfeifen" vorbei.

Im Ortsteil Annaberg zeigt sich noch heute der Silberreichtum der Doppelstadt Annaberg-Buchholz. Im

Dichte Tannenwälder und die Metropole Dresden.

HIGHLIGHT

DER RECHENKÜNSTLER

Im 16. Jahrhundert lebte in Annaberg-Buchholz der Bergbeamte und kurfürstliche Hofarithmeticus Adam Ries. Um die Bergleute vor Betrug zu schützen, brachte er ihnen das Rechnen bei. Seine Lehrbücher waren bahnbrechend und fanden in der ganzen Welt Verwendung. Wer Adam Ries auf die Finger schauen möchte: In der Johannisgasse 3 steht sein Wohnhaus.

16. Jahrhundert lebten hier 12 000 Menschen und damit mehr als in Leipzig. Aus Hunderten von Gruben wurde Silbererz gefördert und machte die Stadt zu einer der reichsten Deutschlands.

Drei gewaltige Hämmer

Ein Stück außerhalb steht im gleichnamigen Ort der Frohnauer Hammer. Die Anlage, 1435 als Getreidemühle gebaut, war von 1650 bis 1905 ohne Unterbrechung als Eisenhammer in Betrieb. In der Werkstatt mit ihren drei gewaltigen Hämmern sieht es immer noch so aus wie vor ein paar hundert Jahren. Durch Wasserkraft angetrieben, schlugen die Hämmer die groben Eisenstücke zu handlichen Stücken, die dann in anderen Betrieben geformt, gewalzt, gezogen oder gestanzt wurden.

Nun wieselt die Strecke kurvenreich am Ufer des Flusses Zschopau entlang und gelangt nach Marienberg. 1519 wurde hier erstmals Silber gefunden, kurz darauf begann die planmäßige

Arbeit zur Errichtung einer Siedlung. Im Zentrum liegt der große quadratische Markt, von dem aus rechtwinklig die Straßen in Richtung Stadtmauer verlaufen. So wird ein Rundgang durch Marienberg zu einem Spaziergang durch die Bergbaugeschichte.

Ab dem Ortsende von Marienberg folgt die Route den herrlichen Kurven der B 171 in Richtung Zöblitz. Griffiger Asphalt, gute Übersicht, knackige Schräglagen. Erst der Ortseingang von Olbernhau setzt der flotten Kurverei ein Ende. Besichtigt werden können die Saigerhütte und der Althammer. Beide bilden zusammen ein technisches Open-Air-Museum, das als per-

Spielzeug in Seiffen (oben), Saigerhütte (rechts) und Frohnauer Hammer in Annaberg Buchholz (rechte Seite).

fektes Beispiel für ein frühes Buntmetall-Hüttenwerk gilt (mit Restaurants).

Jetzt verlässt unsere Tour kurz die offizielle Silberstraße, um den Klassiker in der Spielzeugwelt schlechthin zu besuchen: Seiffen. Seine Bewohner waren um 1700 die Ersten, die Holzspielzeug bastelten und auf den Märkten der Umgebung anboten.

Einen guten Überblick über die Seiffener Holzspielzeugproduktion erhält man im Museum an der Hauptstraße. Aber auch ein Besuch in den vielen Familienbetrieben lohnt sich. Fast wie vor 300 Jahren werden dort noch Holzfiguren geschnitzt und gedrechselt.

Zufälliger Silberfund

Auf direktem Weg geht es nun nach Freiberg, in die Stadt mit der längsten Tradition im sächsischen Silberbergbau. Man steuert am besten den Marktplatz von Freiberg an, stellt dort das Bike ab und bewundert bei einer Tasse Kaffee und einer Freiberger Spezialität, einer Eierschecke, die wunderschönen Bürgerhäuser ringsum. Angeblich verhalf ein zufälliger Silberfund der Stadt zum Reichtum: Kaufleute sollen im 12. Jahrhundert in den Spuren ihrer Fuhrwerke etwas hell Glänzendes gefunden haben – Silber. Bis ins 19. Jahrhundert hinein war der Freiberger Silberbergbau erfolgreich, bevor ihn die Konkurrenz aus Amerika und die Einführung der Goldwährung unrentabel machten.

Den Schlussspurt übernimmt die B 173, die uns über Tharandt und Freital in die Landeshauptstadt Dresden bringt. ◀

ÜBERNACHTEN IN DER REGION

HOTEL-CAFE FRIEDRICH

Es erwarten euch Menschen mit einem Herz für Biker, elf individuell eingerichtete Komfortzimmer, ein Restaurant mit 100 Plätzen, das beste Frühstück in Augustusburg, kostenlose Garagen für Motorräder u. v. m. Legendär ist das alljährliche Wintertreffen der Biker auf dem Schloss.

Hans-Planer-Str. 1 • 09573 Augustusburg
+49 (0) 372 91 / 66 66 • www.cafe-friedrich.de

HOTEL NEUE HÖHE***S

In herrlicher Natur der erzgebirgischer Landschaft gelegen und doch den Touristenmagneten wie Dresden, Meißen oder der Bergstadt Freiberg so nahe. Nach den Tagesaktivitäten lädt zum Entspannen die finnische Kelo- oder Bio-Sauna oder zu einem gemütlichen Abend die Panoramaterrasse ein.

Neuklingenberg 11 • 01774 Neuklingenberg
+49 (0) 352 02 / 509 00 • www.hotel-neuklingenberg.de

LANDHOTEL „FLÖHATAL"

Die Bikeradresse im Erzgebirge und Sächsische Schweiz. Das Tourenhotel ist schon seit Jahren ein Ziel vieler Motorradfahrer. Tilo, der Herr des Hauses oder einer seiner professionellen Tourguides werden euch gern auf Touren begleiten und für jedes Niveau die passende Strecke aussuchen.

Olbernhauer Str. 40 • 09526 Heidersdorf
+49 (0) 373 61 / 43 03 • www.hotel-floehatal.de

TOUR 9 | Erzgebirge

DEM SILBER AUF DER SPUR

TOURLÄNGE | 170 km

REGIONALE MOTORRADTREFFEN

Eibenstock: Talsperre Eibenstock, Gaststätte direkt an der Staumauer.

Augustusburg: Schloss und Motorradmuseum, jährliches Wintertreffen.

Grünhein-Beierfeld: Bike-PS-Station im Ortsteil Langenberg.

Oberwiesenthal: Der Parkplatz des Fichtelbergs ist der höchst gelegene Bikertreff Deutschlands.

Die bezaubernde Altstadt von Freiberg.

Dem Silber auf der Spur
ROSSWEIN
NOSSEN
SIEBENLEHN
Striegistal
HAINICHEN
Großschirma
Halsbrücke
Reinsberg
FREITAL
THARANDT
Kurort Hartha
Tharandter Wald
DIPPOLDISWALDE
Höckendorf
RABENAU
FREIBERG
Bobritzsch
BRAND-ERBISDORF
Lichtenberg
Mulda
FRAUENSTEIN
Großhartmannsdorf
OEDERAN
Langenau
FRANKENBERG
FLÖHA
CHEMNITZ
Niederwiesa
Augustusburg
Eppendorf
Leubsdorf
Gornau
ZSCHOPAU
Amtsberg
LENGEFELD
Pockau
OLBERNHAU
SAYDA
Neuhausen
Kurort Seiffen (Erzgeb.)
MARIENBERG
WOLKENSTEIN
EHRENFRIEDERSDORF
THUM
Gelenau
ANNABERG-BUCHHOLZ
Mildenau
Königswalde
Vejprty
OBERWIESENTHAL
KLÁŠTEREC nad Ohří (Klösterle)
KADAŇ (Kaaden)
CHOMUTOV (Komotau)
JIRKOV (Görkau)
MOST (Brüx)
LITVÍNOV (Leutensdorf)
Meziboří
Erzgebirge
Krušné hory
Naturpark Erzgebirge/Vogtland
DEUTSCHLAND
ČESKÁ REPUBLIKA

Tour 10 Thüringer Wald

Auf der Thüringer Achterbahn

Man nennt ihn auch gerne das grüne Herz Deutschlands, denn der Thüringer Wald liegt zentral in der Mitte der Republik – und ist ein echtes Motorradparadies.

START-ZIELORT
Saalfeld / Leutenberg

TOURLÄNGE
ca. 450 km (2 Tage)

ROADBOOK
Saalfeld, Neustadt, Schmücke, Oberhof, Ohrdruf, Tabarz, Eisenach, Ruhla, Brotterode, Tabarz, Kleinschmalkalden, Zella-Mehlis, Suhl, Schmiedefeld, Sonneberg, Gräfenthal, Leutenberg

Die Schleife startet in Saalfeld, der Stadt der Felsgrotten. 1914 dem Publikum zugänglich gemacht, halten sie ein farbenfrohes Tropfsteinerlebnis bereit. Ein Schlenker über die Saalfelder Höhe bringt uns nach Bad Blankenburg zum Einstieg ins Schwarzatal. Das hat es in sich: 20 Kilometer lang Kurve an Kurve. Radien aller Art, Schräglagen wie am Fließband. Der bucklige Belag fordert das Fahrwerk heraus.

Einstieg in den Rennsteig

Vier Kilometer hinter Mellenbach rechts ab nach Großbreitenbach und weiter nach Neustadt am Rennsteig. Die Fahrbahn wird schmaler, ihr Belag kaum besser. Neustadt mit seiner hübschen Schieferkirche ist einer der zahlreichen Einstiege in den berühmtesten Wanderweg Ostdeutschlands. 168 Kilometer lang führt der Rennsteig in 700 bis 900 Metern Höhe über den Kamm des Thüringer Waldes. Seinen Namen hat er von dem Wort Rain, was soviel wie Grenze heißt und die zwischen Thüringen und Franken meint.

In Schmücke biegen wir rechts ab und gelangen über Gehlberg hinauf zum 780 Meter hoch gelegenen Wintersportort Oberhof. Kurven im Überfluss, schmale Fahrbahn, ein nicht mehr enden wollender Motorradspaß.

Ab Ohrdruf rollen die Räder auf dem gepflegten Asphalt der B 88. Die Attraktion Ohrdrufs ist zweifellos der mit großem Aufwand rekonstruierte Tobiashammer. Die Anlage stammt aus dem Jahr 1482. Bei Führungen werden sämtliche Maschinen und Geräte in Betrieb gesetzt, sogar eine 12 000 PS starke Dampfmaschine.

Auf Tabarz folgt Eisenach. Durch Eisenach zu fahren, ohne auf der Wartburg gewesen zu sein, wäre Frevel. Also

Historisches Zentrum von Schmalkalden und Naturpark Thüringer Wald.

HIGHLIGHT

BMW, DIXI & CO.

Eisenachs Highlight Nummer Zwei neben der Wartburg ist das Automuseum. Es musste umziehen und residiert nun auf engstem Raum im Sparkassengebäude beim ehemaligen Werksgelände. Es zeigt am Beispiel ausgewählter Serienfahrzeuge die Geschichte der 90-jährigen Eisenacher Autoproduktion. Ob Dixi, BMW, Wartburg oder EMW – alles ist da. Dabei ruhen noch weitere 50 Oldtimer im Fundus des Museums. Aus Platzmangel können sie nicht ausgestellt werden.
www.ame.eisenachonline.de

klinken wir uns in den Strom der Besucher ein und erklimmen zu Fuß die Burg, auf der Luther zwischen 1521 und 1522 in nur zehn Monaten das Neue Testament ins Deutsche übersetzte. Die Wartburg selbst ist hervorragend restauriert, die Aussicht von den Mauern wunderschön, das Essen auf der Südterrasse gut und preiswert.

Zackige Kehren

Durch die malerische Drachenschlucht geht es auf der B 19 nach Etterwinden und von dort auf einem klitzekleinen Bergsträßchen hinauf nach Ruhla. Motorradspaß vom Feinsten. Schmale Fahrbahn, rauer Belag, zackige Kehren. Die Strecke führt durch dichten Wald, Lichtreflexe tanzen auf der Straße. Auf holperigem Asphalt kurven wir nach Süden, passieren den Rennsteig und kommen nach Brotterode.

Jetzt keinesfalls geradeaus weiter nach Kleinschmalkalden, sondern Blinker links, und ab nach Tabarz. Ein Kurventanz der Extraklasse. In Tabarz rechts, hinüber nach Friedrichroda und dort wieder rechts ab hinauf nach Kleinschmalkalden. Außer Atem? Kein Wunder – bei den vielen Kehren.

Die folgende Etappe bis Schmalkalden verläuft ruhiger. Doch dann geht es gleich wieder zur Sache: Wir zweigen nach Steinbach-Hallenberg ab, halten uns ein Stück Richtung Oberhof, überqueren dann den Ruppberg und fallen schließlich nach Zella-Mehlis ein. Sieben Kilometer weiter liegt Suhl. Klarer Fall: Hier lockt das Motorradmuseum des Simson-Werks. Rund 120 Motorräder, Roller, Fahrräder und Autos stehen bereit. Die komplette Simson-Palette ist ebenso dabei wie die Ur-Awo von 1949, nie produzierte Prototypen sowie die Sportbikes der Welt- und Europameister.

Wir legen die Maschine in eine Serie Kehren und Serpentinen und rauschen hinauf zum Rennsteigort Schmiedefeld. Dort verabschiedet sich die Route für die nächsten paar Stunden vom breiten Asphalt der Durchgangsstraßen und nimmt sich quasi die Inne-

Saalfeld Feengrotten (oben), Wartburg (unten) und Kurvenvergnügen (r. Seite).

reien des Thüringer Waldes vor. Dazwischen liegen ungezählte Kurven, herrliche Schräglagen und phantastische Landschafts-Panoramen. Denn bei allem Fahrspaß sollte man nie die optischen Reize des Thüringer Waldes aus den Augen verlieren.

Auf der B 89 lassen wir es ausrollen und steuern Sonneberg an. Der hübsche Ort ist seit dem 16. Jahrhundert berühmt für seine Spielzeugherstellung. Markenzeichen: das Sonneberger Reiterlein. Ein absolutes Muss ist deshalb der Abstecher ins Spielzeugmuseum.

Spannende Glasbläserei

Ab Sonneberg schlängelt sich die Route an der Steinach entlang nach Lauscha. Eine ruhige Etappe. Wer sich für Glasbläserei interessiert, sollte zwischen den schieferverkleideten Häusern von Lauscha den Zündschlüssel abziehen. In der dortigen Farbglashütte darf man den Bläsern über die Schulter sehen. Hinter Lauscha wird es dann noch mal richtig interessant: Kurvig und aussichtsreich windet sich die Strecke über Ernstthal und Spechtsbrunn hinüber nach Gräfenthal. Dort trifft sie auf die nach Probstzella führende Hauptstraße.

Ein Stück B 85 folgt, dann rechts ab nach Leutenberg. Dort wartet der gastronomische Höhepunkt der Tour: der Sormitzblick. Jana und Marc Dütthorn verwandelten das ehemalige FDGB-Ferienheim in eine gemütliche Biker-Herberge. Auf der Speisekarte stehen Auspuffrohr, Bremsklötze und Beschleuniger, das Bier fließt aus einem Boxermotor. ◀

TOUR 10 | Thüringer Wald

AUF DER THÜRINGER ACHTERBAHN

TOURLÄNGE | 450 km

REGIONALE MOTORRADTREFFEN

Leutenberg: Bikerherberge Sormitzblick, einer der ganz alten Treffs im Thüringer Wald.

Schleiz: Schleizer Dreieck, Treff am ehemaligen Fahrerlager der alten Rennstrecke.

Gehlberg am Schneekopf: Waldhotel Schmücke, rustikale Herberge, höchstgelegene „Zapfsäule" am Rennsteig.

Suhl: Die Bikerhütte ist nicht nur ein Motorradhotel, sondern auch ein beliebter Treff.

Grünes Panorama am Rennsteig.

Auf der Thüringer Achterbahn
ERFURT
WEIMAR
GOTHA
ARNSTADT
OHRDRUF
ILMENAU
STADTILM
KRANICHFELD
BLANKENHAIN
BAD BERKA
RUDOLSTADT
BAD BLANKENBURG
SAALFELD/ Saale
KÖNIGSEE
LANGEWIESEN
GEHREN
GROSS-BREITENBACH
NEUHAUS am Rennweg
LAUSCHA
STEINACH
SONNEBERG
NEUSTADT b.Coburg
EISFELD
HILDBURGHAUSEN
SCHALKAU
BAD RODACH b.Coburg
GRÄFENTHAL
LUDWIGSSTADT
Probstzella
Kaulsdorf
Unterwellenborn
Ichtershausen
Gräfenroda
Schleusegrund
Auengrund
Frankenblick
Föritz
Pressig
Steinbach a.Wald
Lautertal
Meeder
Veilsdorf
St. Kilian
Ilm-tal
REMDA-TEICHEL
Thüringer Wald
Thüringer Schiefergebirge
Naturpark
Biosphären-reservat Vessertal
Schwarzatal
Vordere Heide
Fahnersche Höhe
Rennsteig
Goethe-StadtMuseum
Klosterruine Paulinzella
Schloss Heidecksburg
Glasmuseum
Spielzeug-museum
Fröbelturm
Leipziger Turm
Gedenkstätte Buchenwald
Klassisches Weimar
Bauhaus-stätten

Tour 11 Lüneburger Heide

Zwischen Wacholder und Heidschnucken

Kaum Höhenunterschiede, wenig scharfe Kurven – wer in der Lüneburger Heide unterwegs ist, sucht anderes. Die Landschaft wirkt, als hätte sich jahrhundertelang nichts verändert.

BASISORT
Lüneburg

TOURLÄNGE
ca. 300 km (1 Tag)

ROADBOOK
Lüneburg, Bienenbüttel, Bad Bevensen, Uelzen, Hösseringen, Müden, Hermannsburg, Bergen, Soltau, Dorfmark, Hiddingen, Handeloh, Undeloh, Salzhausen, Winsen, Lüneburg

Die Tour beginnt in der alten Hansestadt Lüneburg, der Namensgeberin der Region. Ihre romantische Altstadt mit den erhabenen Giebeln der Bürgerhäuser, jede Menge Fachwerk und Backstein sowie einsame Gassen und verschwiegene Winkel zwingen uns quasi dazu, einen Stadtbummel einzulegen, bevor wir den Motor der Maschine starten. Der Marktplatz ist die gute Stube Lüneburgs. Dort warten hübsche Cafés auf Besucher, dort findet regelmäßig ein bunter, quirliger Markt statt.

Wir verlassen Lüneburg nach Süden, folgen dem Lauf der Ilmenau, klinken uns ein kurzes Stück auf die B 4 ein und erreichen über Bienenbüttel und Wichmannsburg auf einem kleinen Landsträßchen den Elbe-Seitenkanal. Der verbindet die Elbe mit dem Mittellandkanal und wurde 1976 in Betrieb genommen.

Gleich zwei Katastrophen

Über Bad Bevensen erreicht die Route das Städtchen Uelzen, nicht ohne zuvor mehrmals den Elbe-Seitenkanal überquert zu haben. Zweimal wurde Uelzen in seiner Geschichte zerstört: 1646 durch einen Brand, 1945 durch den Zweiten Weltkrieg. So blieb von seiner mittelalterlichen Substanz leider nicht mehr viel übrig. Von Holdenstedt geht es ein Stück auf der B 4 Richtung Braunschweig, dann biegen wir nach Hösseringen ab. Dort wartet mit dem Museumsdorf ein optischer Leckerbissen. 20 Gebäude zeigen anschaulich, wie die Menschen vor rund 200 Jahren lebten und arbeiteten.

Die Strecke führt nun durch herrlichen Mischwald zum Naturpark Südheide. Der reicht von Celle bis hinüber zum Truppenübungsplatz bei Munster. Das 50 000 Hektar große Naturschutzgebiet wurde 1963 eingeweiht. Weiter geht es über Faßberg und

Windmühle und Naturpark
in der Lüneburger Heide.

HIGHLIGHT

DAS SALZ IN DER SUPPE

Im Mittelalter gab es einen Rohstoff, der zeitweise teurer gehandelt wurde als Gold: Salz. Ohne Salz schmeckte das Essen nach nichts, und es war damals die einzige Möglichkeit, Nahrung zu konservieren. Entsprechend wertvoll war dieser Stoff, sogar Kriege wurden darum geführt. Da das Salz nicht überall verfügbar war, musste es quer durch Deutschland von Salinen und Bergwerken zu den Bestimmungsorten transportiert werden. Diese Routen nannte man Salzstraßen. Auch in der Lüneburger Heide wurde Salz gewonnen und auf der Alten Salzstraße von Lüneburg nach Lübeck transportiert. Auch andere Städte wir Soltau (Solt = Salz, au = Flusstal) waren involviert.

Hankenbostel nach Müden. Ob Müden tatsächlich das schönste Dorf der Lüneburger Heide ist, wie die Müdener gerne behaupten, sei dahingestellt. Ein Blickfang ist es allemal. Idyllisch liegt es am Ufer des Flüsschens Örtze.

Vorbei am 102 Meter hohen Wietzer Berg, dem „Mount Everest“ der Lüneburger Heide, auf dem das Hermann-Löns-Denkmal steht, gelangen wir nach Hermannsburg. Benannt nach dem Sachsenherzog Hermann Billung, der hier im 10. Jahrhundert eine Burg baute, verfügt das Städtchen heute über zahlreiche hübsche aus dem 19. Jahrhundert stammenden Gebäude. Herrliche Alleen führen uns anschließend nach Bergen. Dort gibt es Gelegenheit, einen Blick auf ein Stück dunkle deutsche Geschichte zu werfen: In der Nähe des Ortes liegt die Gedenkstätte des ehemaligen KZs Bergen-Belzen.

Nachlass Hermann Löns

Nach dem Passieren der Autobahn rollen wir nach Soltau hinein. Das „Herz der Heide“ besitzt einen sehenswerten Markplatz, der sich für eine ausgedehnte Pause geradezu aufdrängt. Dann fahren wir weiter nach Dorfmark, neben dessen Kirche ein einzelner hölzerner Kirchturm steht, und kommen nach Walsrode. Der Ort besitzt nicht nur einen bekannten Vogelpark, sondern die Reste eines um 900 gegründeten Klosters sowie ein gut gemachtes Heidemuseum mit Möbeln aus dem Nachlass von Hermann Löns.

Wer sich über Himmelfahrt in der Lüneburger Heide aufhält, sollte unbedingt dem Ort Hiddingen bei Visselhövede einen Besuch abstatten. Dann wird dort nämlich das Heidhauerfest gefeiert, und die alten Trachten und Bräuche bestimmen das Bild. Der nächste Ort, Schneverdingen, gilt als das Zentrum für den Handel mit Erzeugnissen aus der Heide. Ob Felle,

Schloss Winsen (oben), Lüneburg (rechts) und Walsrode (rechte Seite).

Fleisch oder Pflanzen – alles geht über Schneverdingen.

Jetzt beginnt der Naturpark Lüneburger Heide. Er wurde 1909 als erstes deutsches Naturschutzgebiet gegründet. Heute umfasst der Naturpark rund 20 000 Hektar Land, sein Mittelpunkt ist der 169 Meter hohe Wilseder Berg. Vom Parkplatz bei Oberhaverbeck aus sind es gut drei Kilometer zu Fuß bis dorthin. Man kann sich gut vorstellen, wie der Dichter Hermann Löns hier oben saß und seine Zeilen reimte.

Versteckte Kirche

Weiter geht es durch herrliche Alleen nach Handeloh, dessen Ortsbild von Heidehöfen und Ziehbrunnen geprägt wird. Ein Stück Wald, dann erreichen wir Undeloh, das vor allem wegen seiner versteckt stehenden Kirche bekannt ist. Das reizende mittelalterliche Kirchlein besitzt einen separaten hölzernen Glockenturm und wird gerne für Hochzeiten benutzt. Mit Egestorf und Salzhausen warten zwei weitere idyllische Heidedörfer, dann kommt Winsen an der Luhe in Sicht. Sein Schloss wurde bereits 1299 erstmals urkundlich erwähnt, weiterhin sehenswert sind die aus Backsteinen gebaute St. Marienkirche und der historische Marstall.

Eine Nebenstraße bringt uns wieder zurück zum Ausgangspunkt Lüneburg. Zuvor statten wir jedoch dem Dom von Bardowick einen Besuch ab. Das stolze Bauwerk erinnert an die Zeit zwischen den Jahren 1000 und 1200, als der Ort noch wichtiges Handelszentrum war. ◀

TOUR 11 | Lüneburger Heide

ZWISCHEN WACHOLDER UND HEIDSCHNUCKEN

TOURLÄNGE | 300 km

REGIONALE MOTORRADTREFFEN

Kaarßen: Bei Tania, an der Hauptstraße entlang der Elbe.

Uelzen: Grill Stop an der Celler Straße.

Metzingen / Göhrde: Bei Mama und Papa, Imbiss in landschaftlich reizvoller Lage.

Herrmann-Löhns-Denkmal am Wietzer Berg.

Zwischen Wacholder und Heidschnucken

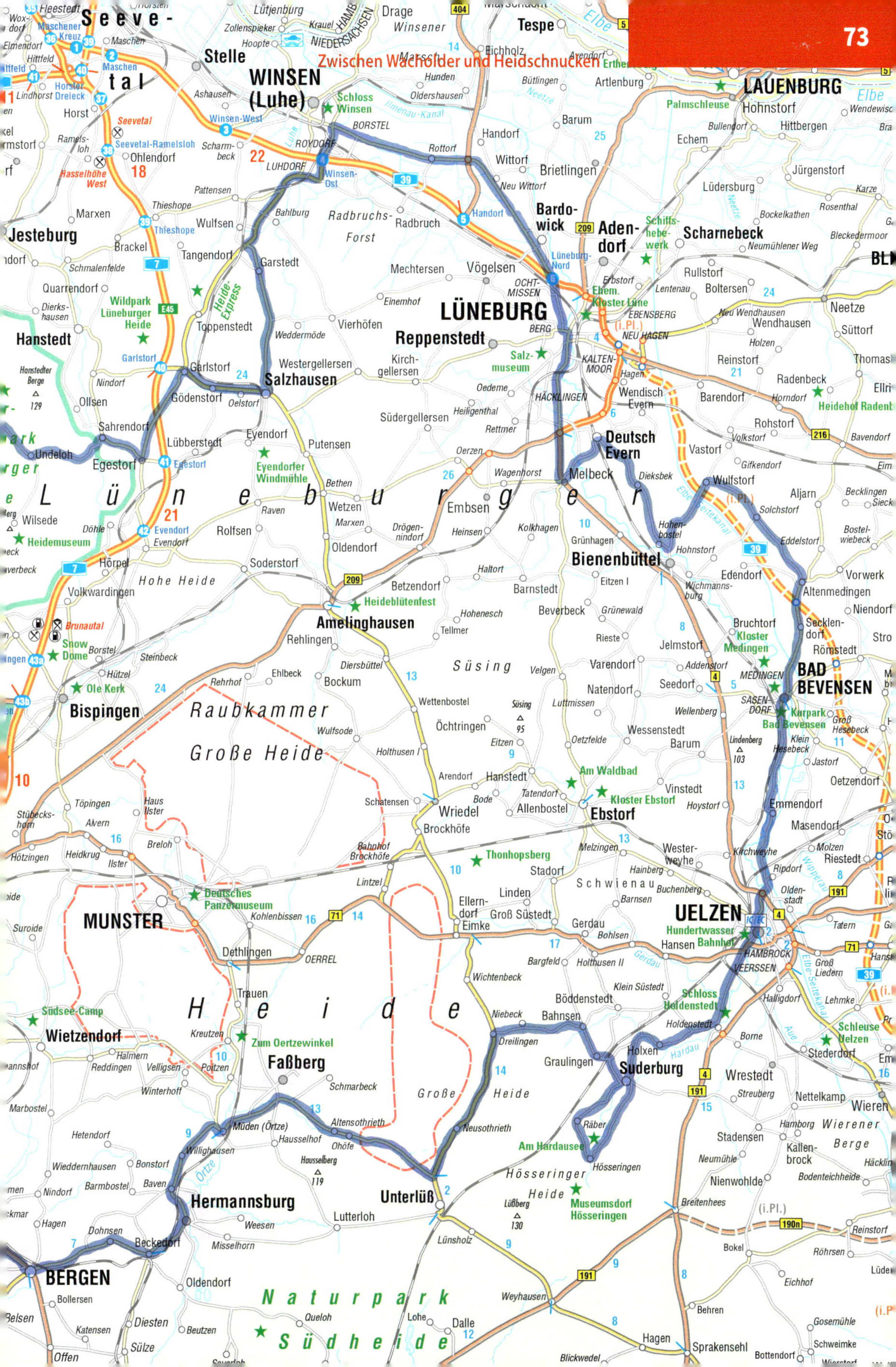

Tour 12 Harz

Harzer Spezialitäten

Deutschlands nördlichstes Mittelgebirge hält jede Menge kurvenreiche Bergsträßchen bereit. Die sind nämlich die Spezialitäten des Harzes.

BASISORT
Goslar

TOURLÄNGE
ca. 230 km (1Tag)

ROADBOOK
Goslar, Wernigerode, Blankenburg, Thale, Gernrode, Harzgerode, Zorge, Braunlage, St. Andreasberg, Osterode, Clausthal-Zellerfeld, Goslar

Die rund 230 Kilometer lange Rundtour lässt sich gut an einem Tag fahren. Wer unterwegs länger verweilen und sich die eine oder andere Stadt genauer ansehen will, der sollte zwei bis drei Tage einplanen. Die Route führt größtenteils über gut ausgebaute Straßen und hält viel Abwechslung bereit, von der breiten Bundesstraße bis zu schmalen Bergstraße ist alles verfügbar. Ob Anfänger oder Könner – die Harz-Rundfahrt bietet jedem seinen Fahrspaß.

Spaziergang durch Goslar

Die Kaiserstadt Goslar am Nordrand des Harzes eignet sich sehr gut als Startort und ist über die Autobahn A 7 zu erreichen. Nach dem obligatorischen Spaziergang durch die Altstadt geht es Richtung Osten über den Industrievorort Oker nach Bad Harzburg. Breite Straße, sanfte Kurven, ein ruhiger Auftakt. Auch in Bad Harzburg heißt es wieder: Maschine abstellen, Helme in die Seitenkoffer, eine Runde zu Fuß gehen.

Das lang gestreckte Kurstädtchen verfügt zwar über keine besondere Sehenswürdigkeit, doch ist alleine seine entspannte Atmosphäre einen Abstecher wert. Die Fußgängerzone entlangschlendern, einen Kaffee trinken und anschließend ein paar Meter durch den Kurpark flanieren – das ist die Gebrauchsanweisung für Bad Harzburg.

Wir vermeiden die schnelle Verbindung nach Wernigerode über die B 6 und nehmen stattdessen lieber die Landstraße. Des Kurvenspaßes wegen. Zuerst nach Stapelburg, dann weiter nach Ilsenburg und Drübeck. Schließlich kommt Wernigerode in Sicht. Ein Tipp: Am besten gleich einen Parkplatz am Stadtrand ansteuern und dort das Motorrad abstellen. Die Suche in der historischen Altstadt gleicht der Suche nach der Stecknadel im Heuhaufen und endet garantiert mit einem Knöllchen.

Mystische Stimmung in Goslar und im Gebiet des Brockens.

HIGHLIGHT

BERG DER HEXEN

Der Brocken wurde 1540 erstmals als Treffpunkt der Hexen und als einer ihrer Tanzplätze genannt. Ominöse Gestalten sollen zum Gipfel gegangen und dort ihre Versammlungen abgehalten haben. Zu den Sagen trug auch bei, dass an der Brockenspitze an über 300 Tagen im Jahr Nebel auftritt. Dadurch sind seltene optische Effekte wie das sogenannte Brockengespenst zu beobachten, das den Wanderern Schrecken einjagt. Beschrieben wurde dieses Phänomen unter anderem von Goethe, der dreimal den Brocken bestieg.

Der Dichter Hermann Löns nannte Wernigerode die „bunte Stadt am Harz". Wieso? Sieht man die wunderschönen farbigen Fachwerkhäuser, kennt man die Antwort. Wer gut zu Fuß ist, kann zum Schluss des Bummels den kurzen Fußweg hinauf zum Schloss nehmen und die Aussicht von dessen Terrasse genießen.

Herrliche Kurverei

Jetzt schwenkt die Route nach Süden und zielt mitten ins Herz des Harzes. Das bedeutet – genau: kräftige Höhenunterschiede, viele Kurven. Was sich da als Bundesstraßen 244 und 27 vors Vorderrad wirft, verdient durchaus das Prädikat „motorradgeeignet". So manche Landstraße kann dagegen einpacken. So genießen wir die Kurverei, kommen an Rübeland mit seinen beiden Tropfsteinhöhlen vorbei und erreichen nach einigen letzten Schräglagen das an einem Hang gelegene Städtchen Blankenburg. Besondere Kennzeichen: Renaissance-Rathaus und Barock-Schloss. Sollte man anhalten? Unbedingt!

Thale, der nächste Ort, liegt romantisch am Eingang des Bodetales. Von

hier aus bietet sich ein Abstecher zum Hexentanzplatz an (einige Kilometer in südlicher Richtung). Von dieser steil aufragenden Felsplatte sollen einst die Hexen in der Walpurgisnacht zu ihrem Flug zum Brocken gestartet sein.

Auf kurviger Mittelgebirgsstraße geht es weiter nach Gernrode und Harzgerode. Danach nehmen uns die lang gezogenen Bögen der B 242 auf. Entspanntes Gleiten auf gut ausgebautem Asphalt. Tiefer dunkler Wald links und rechts der Fahrbahn. Etwa sechs Kilometer hinter Hasselfelde links ab Richtung Benneckenstein. Und sofort bekommen Bremsen, Getriebe und Fahrwerk Arbeit. Ein schmales verschlungenes Sträßchen

Stiftskirche von Quedlinburg (oben) und der mittelalterliche Kern von Wernigerode (rechts).

zirkelt hinüber nach Hohegeiß, in dieses früher direkt an der Zonengrenze gelegene Städtchen, das sich inzwischen zu einem schmucken Fremdenverkehrsort entwickelt hat.

Raues Klima

Aussichtsreich geht es weiter. Über Zorge am Ebersberg vorbei nach Braunlage. Als Wintersportort und Sommerfrische hat sich Braunlage einen Namen gemacht. Sein Kern wird geprägt von dunklen holz- oder schieferverkleideten Häusern. Der Grund für diese Isolierung ist das raue Klima hier oben im Oberharz. Kurz hinter Braunlage rechts ab nach St. Andreasberg. Die Zufahrt zur höchstgelegenen Stadt im Harz gefällt durch Kurven wie am Fließband. Ein Traum. Kurz darauf treffen wir wieder auf die B 242, die seit Braunlage den Namen „Harz-Hochstraße" trägt.

An der Sösetalsperre vorbei erreichen wir auf kurviger und waldreicher Straße Osterode. Kaffeepause und Stadtbummel sind hier Pflicht. Denn der Markplatz mit dem Steinturm der Kirche St. Ägidien bildet ein optisches Glanzlicht.

Die breite und gut ausgebaute B 241 bringt uns zügig nach Clausthal-Zellerfeld. Die Bergwerksstadt mit dem Doppelnamen wurde erst 1924 zusammengefasst. Besonders interessant: Die Kirche in Clausthal ist mit 2 200 Plätzen eine der größten Holzkirchen Europas.

Also auch hier runter vom Bike und ab in die Stadtkerne. Danach folgt der kurvenreiche Schlussakkord zurück nach Goslar. ◀

ÜBERNACHTEN IN DER REGION

HOTEL SEELA

Das Hotel Seela mit Beautyfarm ist ein persönlich geführtes Haus und seit Gründung in Familienbesitz. Behagliche und ungezwungene Urlaubsstimmung in traditioneller Gastlichkeit erwarten euch hier. Vielfalt und eine exzellente Küche zeichnen das Haus aus.

Nordhäuser Str. 5 • 38667 Bad Harzburg
+49 (0) 53 22 / 79 60 • www.hotel-seela.de

HOTEL STUBENBERG

Da die Inhaber selbst begeisterte Motorradfahrer sind, können sie sich ganz auf eure Ansprüche einstellen. Tourenvorschläge und Tipps stehen zur Verfügung. Teilweise auch auf Karte vorbereitet, die Gästen gratis zur Verfügung gestellt wird. Es werden auch geführte Touren angeboten.

Stubenberg 1 • 06485 Quedlinburg
+49 (0) 3 94 85 / 91 91 51 • www.hotel-stubenberg.de

HOTEL-PENSION BERGKRANZ

Das Haus liegt zentral und trotzdem ruhig. Alle Zimmer mit Dusche / WC, Kabel-TV und gemütlicher Sitzecke und zum Teil mit Balkon. Reichhaltiges Frühstücksbuffet. Halb-Vollpension nach Wahl. Für Motorradfahrer stehen Garagen und Trockenräume kostenlos zur Verfügung.

Lederhecke 5 • 38700 Braunlage
+49 (0) 55 20 / 6 31 • www.hotelbergkranz.de

TOUR 12 | Harz

HARZER SPEZIALITÄTEN

TOURLÄNGE | 230 km

REGIONALE MOTORRADTREFFEN

Bad Harzburg-Torfhaus: Torfhaus, Parkplatz mit Gastronomie.

Kelbra: Denkmal Kyffhäuser, ehemalige Bergrennstrecke.

Zilly: Harzer Biker-Schmiede an der Hauptstraße.

Schulenburg: Café Okerterrasse an der Talsperre.

Rappbode-Stausee: Treff an der Staumauer.

Neudorf: Herz-Biker-Oase.

Trinkpause am Nationalpark Harz.

Harzer Spezialitäten
Börßum
Achim
Hedeper
Roklum
Winnigstedt
Beierstedt
Mattierzoll
Seinstedt
Steinmühle
Großer Graben
Dedeleben
Osterode
Veltheim
Rohrsheim
Pabstorf
Aderstedt
Neudamm
Wulferstedt
Schloss Westerburg
Westerburg
Vogelsdorf
Schlanstedt
Großer Fallstein
Rhoden
Hessen
Hessenbau
Eilsdorf
Göddeckenrode
Bühne
Hoppenstedt
Deersheim
Badersleben
Anderbeck
Arbkethal
Eilenstedt
Haus Nienburg
Wülperode
Dardesheim
Dingelstedt
Röderhof
Huysburg
SCHWANEBECK
OSTERWIECK
Huy-Neinstedt
Suderode
Vienenburg
Lüttgenrode
Berßel
Buchenberg
Mönchshai
Kloster Huysburg
Huy
Osterwieck/Vienenburg-Süd
Schauen
Zilly
Sonnenburg
Athenstedt
Sargstedt
Groß Quenstedt
Dreieck Vienenburg
Odorf
Aspenstedt
Neu Runstedt
Klein Quenstedt
Emersleben
Lochtum
Abbenrode
Wasserleben
Mulmke
Langeln
Danstedt
Sargstedter Siedlung
Vorwerk Emersleben
Bettingerode
Ströbeck
Dom zu Halberstadt
Westerode
Stapelburg
Veckenstedt
Heudeber
Wehrstedt
HALBERSTADT
WEGELEBEN
BAD HARZBURG
Schmatzfeld
Mahndorf
B. Lehmann Museum
ILSENBURG
Reddeber
Minsleben
DERENBURG
Spiegelsberge
Wilhelmshöhe
Harsleben
Märchenwald Harz
Zwißelkopf
Altenrode
Silstedt
Böhnshausen
Langenstein
Klussiedlung
Drübeck
Darlingerode
Heidberg
Ecker Stausee
Gedenkstätte Langenstein-Zwieberge
WERNIGERODE
Schloss Wernigerode
Benzingerode
Heimburg
Ruine Regenstein
Börnecke
Münchenhof
Nöschenrode
Hasserode
Westerhausen
Brocken
Michaelstein
Siedlung Gehren
QUE
Ortberg
BLANKENBURG
Bornholz Wegsiedlung
Schloss Quedlinburg
Nationalpark
Rübelandbahn
Timmenrode
Warnstedt
Harzer Hexenstieg
Drei Annen Hohne
ELBINGERODE
Cattenstedt
Wienrode
Weddersleben
Quarmbeck
Hüttenrode
Kreuztal
Neuwerk
Bennecken-rode
THALE
Neinstedt
Schierke
Wurmberg
Rübeland
Rosstrappe
Bergtheater
Stecklenberg
Königshütte
Bode
Bodetal
Hexentanzplatz
Bad Suderode
GERNR
Elend
Rappbode-Stausee
Altenbrak
Stiftskirche Gernrode
Rauher Jacob
Hoppelberg
Treseburg
Glashüttenkopf
Viktorshöhe
UNLAGE
Warme Bode
Pullman City II
Selketalbahn
Tanne
HASSELFELDE
Oderhaus
Sorge
Trautenstein
Friedrichsbrunn
Harz
Rotacker
Allrode
Hammer
Vorderer Ebersberg
Hohegeiß
BENNECKENSTEIN
Selketalbahn
Stiege
Bärenrode
Mägdesprung
GÜNTERSBERGE
Siptenfelde
Alexisbad
Stöberhai
Zorge
Leckenkopf
Albrechtshaus
Hänichen
HARZ
Wieda
Großer Ehrenberg
Rothesütte
Sophienhof
Friedrichshöhe
Breitenstein
Silberhütte
Großer Staufenberg
Christianenhaus
Straßberg
Neudorf
Birkenkopf
Sülzhayn
Netzkater
Naturpark
Kloster Walkenried
Poppenberg
Dankerode
ELLRICH
Schloss Stolberg
Großer Auerberg
Walkenried
Werna
Appenrode
Ilfeld
Wiegersdorf
Hayn
Neuhof
Obersachswerfen
Hohnstein
Neustadt
STOLBERG
Altstadt
Branderode
Osterode
Schwenda
Wolfsberg
Paßbruch
Gudersleben
Woffleben
Karlsrode
Klettenberg
Liebenrode
Harzungen
Niedersachswerfen
Herrmannsacker
Rodishain
Breitenbach
Holbach
Maude-rode
Hörningen
Buchholz
Hohenedungen
Ichte
Krimderode
Rüdigsdorf
Petersdorf
Stempeda
Dietersdorf
Günzerode
Herreden
Pützlingen
Werther
Kleinwechsungen
SALZA
NORDHAUSEN
Steigerthal
Rottleberode
Breitungen

Tour 13 Weserbergland

Bei Rapunzel und Schneewittchen

Die Deutsche Märchenstraße führt durch eines der attraktivsten deutschen Mittelgebirge: das Weserbergland. Entspannte Flusskilometer wechseln sich ab mit knackigen Bergpassagen.

Eigentlich startet und endet die Deutsche Märchenstraße nicht im Weserbergland. Sie beginnt in Hanau, der Geburtsstadt der Gebrüder Grimm, der weltberühmten deutschen Märchenonkel, und geht in Bremen am Denkmal der Stadtmusikanten ins Ziel. Unterwegs legt sie jedoch einen beträchtlichen Teil ihrer Route entlang der Weser zurück. Man trifft dort auf den Lügenbaron Münchhausen, den Rattenfänger von Hameln und das Dornröschen. Weshalb also nicht das Weserbergland mit dem Motorrad auf den Spuren der deutschen Märchen durchqueren?

Umstrittener Doktor

Los geht es in Hannoversch Münden, dort wo Fulda und Werra zusammenfließen und die Weser bilden. Ein Bummel durch die fachwerkgesäumten Gassen der Altstadt ist ein Muss. Man braucht sich ja nicht gleich vom berüchtigten Wunderheiler Doktor Eisenbarth ohne Betäubung einen Zahn ziehen lassen. Eisenbarth war erfolgreich, aber umstritten und starb hier im Jahr 1727.

Ein Stück weiter wartet ein weiteres Relikt aus dem dunklen Mittelalter: die Gierseilfähre von Veckerhagen. Zum ersten Mal im Jahr 1322 erwähnt, hat sich an ihrer Funktionsweise bis heute nichts geändert: Die Fähre hängt an einem über den Fluss gespannten Kabel und wird vom Fährmann je nach gewünschter Richtung in die Strömung gedreht. Den Rest besorgt der Fluss und drückt den Kahn entweder nach links oder nach rechts. Perfekt – leise, sauber, umweltfreundlich und ganz ohne aufwendige Technik. Heute gäbe es dafür sicher den Nobelpreis.

In weiten Bögen folgt die Straße den Windungen der Weser und sorgt so für entspanntes Gleiten. Man hat viel Zeit, um sich der herrlichen Flusslandschaft zu widmen. Meditatives Motorradfahren so-

START- / ZIELORT
Hannoversch Münden / Minden

TOURLÄNGE
ca. 250 km (1 Tag)

ROADBOOK
Hannoversch Münden, Veckerhagen, Gieselwerder, Bad Karlshafen, Sababurg, Beverungen, Höxter, Kloster Corvey, Köterberg, Bevern, Bodenwerder, Hameln, Bückeburg, Minden

Weserbergland bietet viel
Landschaft und den Köterberg.

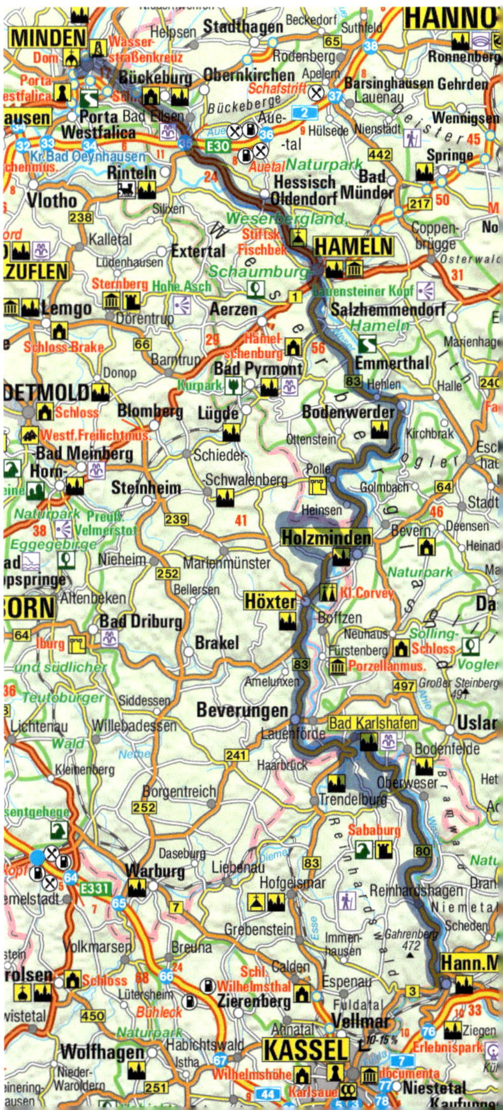

HIGHLIGHT

HEIMAT DER MÄRCHEN

Das Weserbergland ist nicht nur für die sogenannte Weserrenaissance bekannt, eine ganz spezielle Art der Stilepoche, sondern vor allem für die vielen Märchen, die in der Region spielen. Die bekanntesten sind der Rattenfänger von Hameln, Münchhausen, Doktor Eisenbarth, Schneewittchen, Rapunzel und Dornröschen. Das Märchen von Schneewittchen spielte angeblich in Alfeld, Rapunzel soll ihr langes Haar vom Turm der Trendelburg herabgelassen haben, und Dornröschen soll auf der Sababurg vom Prinzen aus seinem Schlaf geküsst worden sein.

zusagen. Gieselwerder, Lippoldsberg, dann taucht Bad Karlshafen auf. Unbedingt anhalten sollte man am Hafenbecken, das von prächtigen Renaissancehäusern umgeben wird. Hier mündet das Flüsschen Diemel in die Weser. Bad Karlshafen geht auf eine Hugenottensiedlung zurück. Das waren Glaubensflüchtlinge aus Frankreich, die Ende des 17. Jahrhunderts Schutz beim hessischen Landgrafen fanden.

Sehenswerte Ruine

Lust auf fahrerische Abwechslung? Dann nichts wie hinauf zur Sababurg. Auf einer Basaltkuppe liegt mitten im Wald die Ruine des ehemaligen Jagdschlosses der Landgrafen von Hessen. Man erreicht es über ein schmales, griffiges Sträßchen, das mit Kurven nur so gespickt ist. Zum Teil hängen die Farne so weit in die Fahrbahn hinein, dass man sie mit der Hand greifen kann. Übrigens ist auch die nahe gelegene Trendelburg einen solchen Abstecher wert.

Zurück am Weserufer verlangsamt sich die Schlagzahl wieder deutlich. Großer Gang, mittlere Geschwindigkeit, in der Ruhe liegt die Kraft. Be-

verungen taucht auf. In dem hübschen Fachwerkstädtchen laden vor allem die Uferanlagen zu einem Spaziergang am Fluss ein. Dann rollen wir nach Höxter hinein. Auch hier ein mittelalterliches Stadtbild mit wunderschönen alten Häusern aus dem 16. und 17. Jahrhundert. Ein Muss ist der kurze Ausflug von Höxter aus hinüber zum Kloster Corvey. Und natürlich zum Köterberg, der mit knapp 500 Metern höchsten Erhebung des sogenannten Lipper Berglandes.

Über Bevern erreichen wir Bodenwerder, das aufs Engste mit dem Lügenbaron von Münchhausen verbunden ist. Dessen Geburtshaus, ein um 1600 gebauter Herrensitz, dient heute als Rathaus. Ein Brunnen davor zeigt Münchhausen auf seinem berühm-

Denkmal des Lügenbarons in Bodenwerder (oben), Gierseilfähre (rechts) und Schloss Corvey (rechte Seite).

ten halben Pferd, mit dem er in der Schlacht gerade noch dem Feind entkam. Im Inneren des Gebäudes wartet ein Münchhausen-Museum

Wir genießen die wundervolle Flussatmosphäre, bewundern die bewaldeten Hügel links und rechts der Weser und erreichen so entspannt die Rattenfängerstadt Hameln. Im Jahr 1284 soll der Bösewicht 130 Kinder mit seinem Flötenspiel aus der Stadt gelockt haben, nachdem ihm der Lohn für seine Arbeit verweigert wurde. Vor dem Hochzeitshaus, einem der zahlreichen schönen Renaissancehäuser Hamelns, wird die Geschichte im Sommer jeden Sonntag gegen 12.00 Uhr aufgeführt. Unbedingt ansehen, es lohnt sich.

Nichts für Heizer

Weiter geht es auf perfekt ausgebautem Asphalt Richtung Norden. Sanfte Bögen, leichte Schräglagen. Nichts für Heizer. In Bückeburg ist das Hubschrauber-Museum ein Eldorado für Technikbegeisterte. Den Besuch in dem ausgezeichnet gemachten Museum sollte man sich nicht entgehen lassen. Weiterhin sehenswert: das prachtvolle Schloss sowie das Rathaus.

In Minden läuft das Weserbergland allmählich in die norddeutsche Tiefebene aus. Vom Glanz dieser einst reichen Handelsstadt ließen die Bomben des Zweiten Weltkrieges nichts mehr übrig. Umso interessanter ist das Wasserstraßenkreuz vor der Stadt. Der Mittellandkanal überbrückt hier in einem 375 Meter langen Trog die Weser. Eine Autobahnbrücke für Schiffe quasi. Ungelogen, kein Märchen! ◀

ÜBERNACHTEN IN DER REGION

VILLA LÖWENHERZ ... SEIT 1978

Die Villa Löwenherz gehört zu den ersten Motorradfahrer-Hotels in Deutschland und noch immer ist sie einzigartig. Motorradbegeisterte Gäste lassen sich gerne von genau ausgearbeiteten Tourenvorschlägen - auch für GPS - an die schönsten Plätze des Weserberglandes führen.

Würgasser Str. 5 • 37697 Lauenförde
+49 (0) 52 73 / 75 67 • www.villa-loewenherz.de

HOTEL HELLERS KRUG

Das 3-Sterne-Komfort-Hotel bietet 38 Zimmer. Motorräder finden ihren sicheren Platz auf dem asphaltierten Innenhof.
Es gibt eine „kleine Tankstelle“ mit einer Dose Kettenspray, Werkzeug, Ladegerät und Starthilfe, Putz- und Trockentücher.

Altendorfer Str. 19 • 37603 Holzminden
+49 (0) 55 31 / 20 01 • www.hellerskrug.de

HOTEL CORVEYER HOF

Der „Corveyer Hof“ bietet für jeden Gast das Beste: Übernachtungen mit Frühstück, Teil- oder Vollpension, Zimmer mit behaglicher Ausstattung, erlesene Speisen, vom Chef persönlich zubereitet, in gemütlichen Gaststuben oder auch den im Innenhof gelegenen Biergarten, hinter dem Haus.

Westerbachstr. 29 • 37671 Höxter
+49 (0) 52 71 / 9 77 10 • www.hotelcorveyerhof.de

TOUR 13 | Weserbergland

BEI RAPUNZEL UND SCHNEEWITTCHEN

TOURLÄNGE | 250 km

REGIONALE MOTORRADTREFFEN

Bad Münder: Nienstedter Pass, zwischen Nienstedt und Eimbeckhausen.

Lauenförde: Villa Löwenherz, Traditionsherberge und Treff auf einmal.

Lügde-Köterberg: Köterberg, Berghotel mit Parkplatz und Gastronomie.

Extertal: Die Kurve mit Wohlfühlatmosphäre.

Höxter-Albaxen: Tonnenburg, Treff und Hotel, ein Klassiker im Weserbergland.

Wahlsburg: Bikerhotel Zum Anker, direkt an der Weser, tolle Stimmung und Aussicht.

Die Weser bei Bodenwerder.

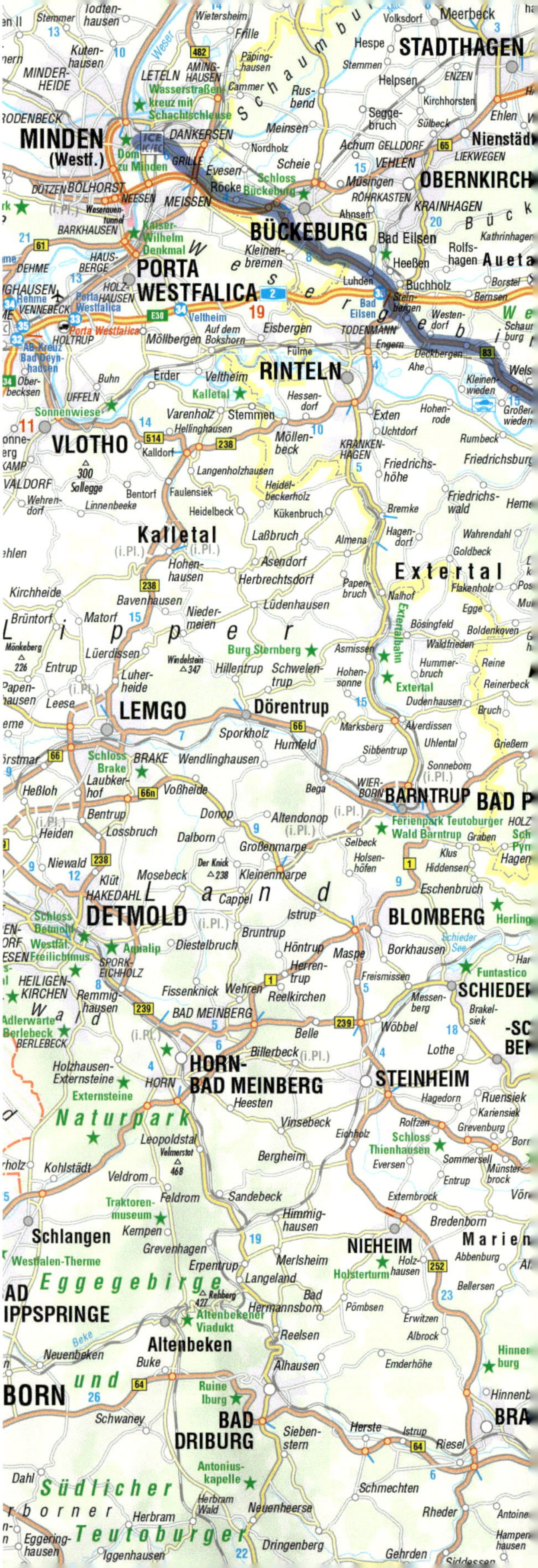

Bei Rapunzel und Schneewittchen

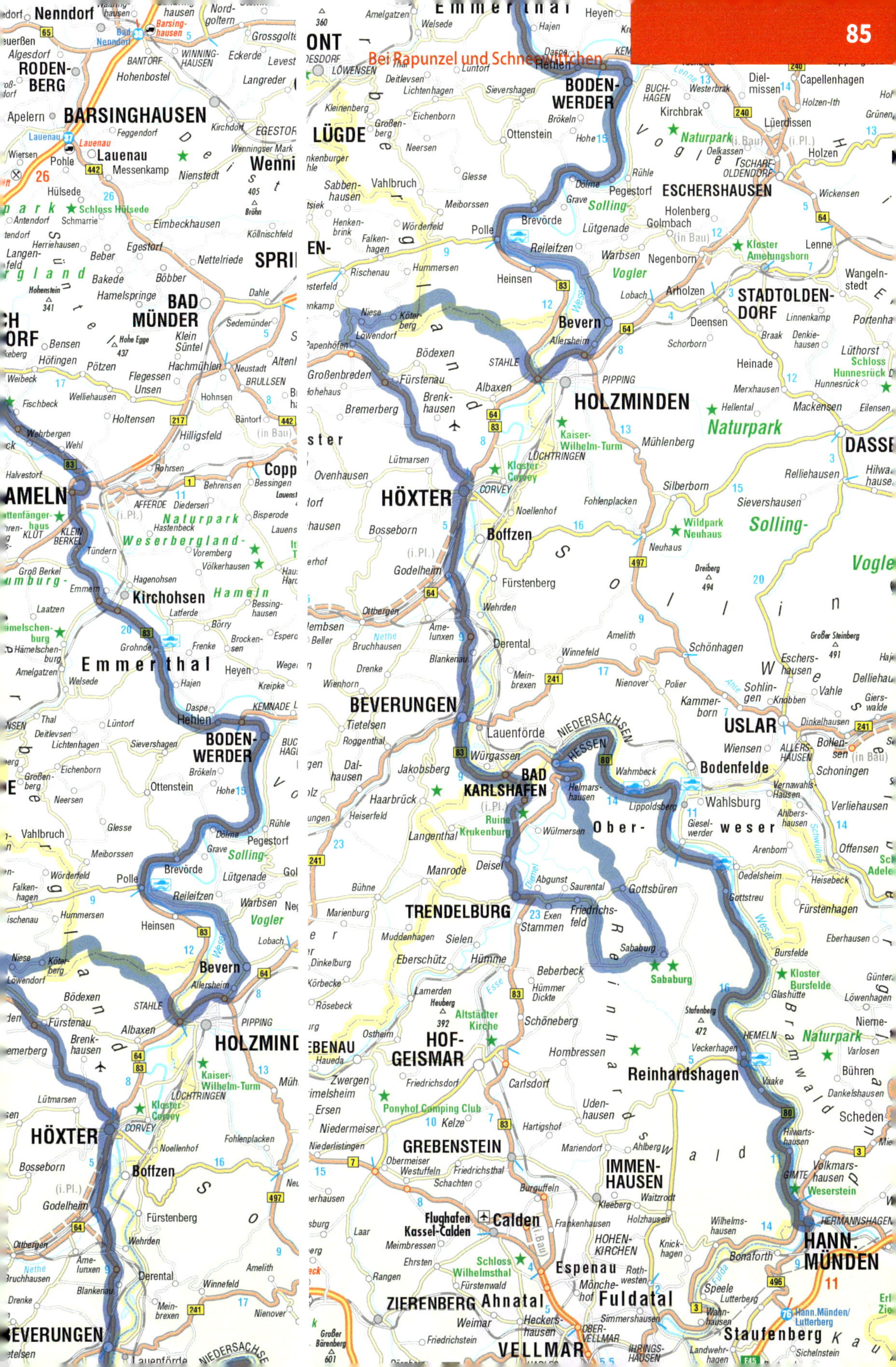

Tour 14 Teutoburger Wald

Alles eine Frage der Technik

Die Fahrtechnik, die die verschlungenen Sträßchen dieser Runde verlangen, macht diese Tagestour durch das Tecklenburger Land so interessant.

BASISORT
Glandorf

TOURLÄNGE
ca. 150 km (1 Tag)

ROADBOOK
Glandorf, Bad Laer, Hilter, Kloster Oesede, Georgsmarienhütte, Bad Iburg, Lienen, Lengerich, Leeden, Tecklenburg, Ibbenbüren, Saerbeck, Ladbergen, Glandorf

Wir starten am südlichsten Punkt der Runde in Glandorf. Eine breite, vernünftig ausgebaute Straße trägt uns in Richtung Bad Laer. Der Asphalt wird mit einem Mal schmaler und schlechter. Der Teutoburger Wald naht. Am Ortsrand von Hilter sind schon die ersten dunkelgrünen Höhenzüge zu erkennen. Schwungvoll geht es den Berg hinauf, einzelne Gehöfte liegen am Straßenrand. Geschmeidig wuselt die Fahrbahn zwischen ihnen hindurch. Öffnet runde und übersichtliche Kurven, vermeidet so gut wie jeglichen Gegenverkehr und setzt uns einen griffigen Belag unter die Räder.

Die sporadisch auftauchenden Tempo-70-Schilder schmälern das Vergnügen minimal. In Borgloh weisen Schilder mit der Aufschrift Osnabrück und Kloster Oesede den weiteren Weg. Neues Ziel, derselbe Fahrspaß. Lässiges und lockeres Kurvenschwingen.

Eisen wird zu Stahl

Nächster Ort Georgsmarienhütte. Was für ein Name. Fast so lang wie die Ortsdurchfahrt. Das Wort Hütte weist darauf hin, dass hier früher Eisen verarbeitet wurde. Die Hütten schmolzen das aus dem Boden geförderte Eisenerz, veredelten das Eisen zu Stahl und belieferten damit Fabriken, die den Stahl walzten, pressten, schnitten und hämmerten. Heute ist die schmutzige der sauberen Industrie gewichen. Weiß gestrichene Gewerbebauten säumen die Straße. Nur noch die Namen der Industrieparks deuten auf die frühere Nutzung hin.

Die Gedanken sollten nun wieder von der Eisen verarbeitenden zur Motorrad fahrenden Technik wandern. Denn die Waldstrecke nach Bad Iburg schießt ein wahres Feuerwerk von Bögen, Kurven und Kehren ab. Berg rauf, Berg runter. Der Asphalt weist einige

Auf dem Weg nach Saerbeck gibt es feine Straßen und Sonnenblumenfelder.

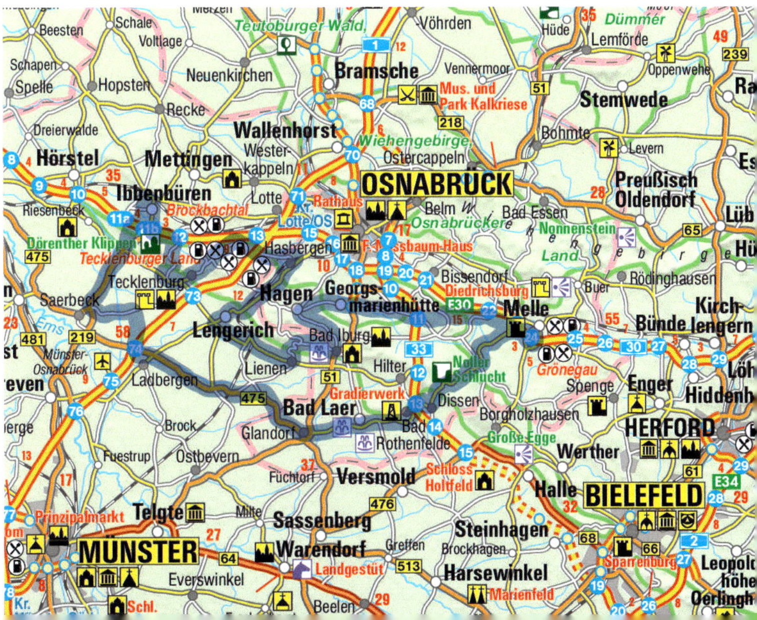

HIGHLIGHT

MOTORRADMUSEUM STOCKMANN

In der alten Ibbenbürener Schule stellen Vater und Sohn Stockmann in fünf Räumen insgesamt 170 zwei- und dreirädrige Motorräder aus. Ob Wankel-Bike, DDR-Relikt oder Münch-Mammut – die komplette deutsche und auch europäische Motorradgeschichte steht hier beieinander. Blickfang unter den Gespannen ist das Zündapp KS 750 Wehrmachtsgespann. Wie sämtliche Ausstellungsstücke glänzt auch dies in perfektem Erhaltungszustand und sieht aus, als hätte es erst gestern die Fabrik verlassen.

böse Löcher und Flicken auf und bevorzugt Motorräder mit weichem Fahrwerk.

Preußische Dampfloks

Abzweig Holperdorp. Ein gepflegtes Sträßchen visiert in beeindruckenden Kehren und Serpentinen den Ort Lienen an. Spitzkehren so weit oben im Norden? Wer hätte das gedacht? Von Lienen nach Lengerich geht es dann ein Stück geradeaus. Wir folgen dem Hinweis zum Zentrum von Lengerich und rollen eine Weile entlang der Bahngleise. Sie werden sowohl von der Bundesbahn als auch von der TWE, der Teutoburger-Wald-Eisenbahn, benutzt. Die private TWE schaukelt mit ihren preußischen Dampfloks aus dem Jahr 1915 im Sommerhalbjahr Anwohner und Urlauber von einem Bahnhof zum nächsten.

Nach der Bahnunterführung kommt rechts der Abzweig nach Lotte. Er führt zu einem Waldsträßchen, das in der für diese Tour typischen Art und Weise zuerst den Rücken des Teutoburger Waldes erklimmt, um danach wieder das Flachland anzupeilen. Das nördlichste aller großen deutschen

Mittelgebirge erstreckt sich ja bekanntlich recht schmal von Nordwesten nach Südosten. Man durchquert es also am besten der Länge nach und schwingt dabei ständig wie ein Skifahrer beim Parallelschwung von Links nach Rechts.

An einer Kreuzung ist Tecklenburg beschildert. Blinker links und hinein in einen Traum von einer Motorradstrecke. Zügig zu fahren, mit wenig Verkehr und viel Übersicht versehen, schneidet die Fahrbahn durch die Landschaft wie das Messer durch die Butter. Wechselkurven werfen das Bike von einer Schräglage in die nächste.

Tecklenburg mit seiner von Fachwerk gesäumten Fußgängerzone ist ein echtes Kleinod. Denkmalgeschützte Bürgerhäuser gruppieren

Fachwerk in Tecklenburg (oben) und Bad Lear (rechts).

sich um den Marktplatz mit seinem Brunnen. Man kann herrlich in Kleinkunstläden und Töpfereien stöbern, zur Burg gehen und dort die Aussicht bewundern oder – und das ist ein Muss – im Café Rabbel ein Stück Kuchen vernaschen.

Kilometerlange Allee

In Richtung Ibbenbüren verlassen wir Tecklenburg. Auf der linken Seite bietet der Parkplatz Münsterlandblick interessante Aussichten auf Gegend und Technik: Sonntags versammeln sich hier die Kollegen von der Zweiradfraktion. Mit einem Abschwung lässt die Route das Gebirge hinter sich und nähert sich zügig Ibbenbüren. Auf der B 219 geht es anschließend nach Saerbeck. Nach der Teutoburger Kurverei eine Erholung für Mensch und Mechanik. Im Zentrum von Saerbeck zweigt die Straße nach Lengerich ab. Eine kilometerlange Allee, die genau am Dortmund-Ems-Kanal endet. Gleich hinter der Brücke führt ein Fahrweg zum Wasser hinab. Das ideale Fleckchen, um sich in aller Ruhe den Kanal und seinen Schiffsverkehr zu betrachten. 1899 wurde die 280 Kilometer lange Wasserstraße gebaut, um die Kohlehalden des Ruhrgebietes mit der Nordsee zu verbinden. Ihr Bett ist 30 Meter breit und nimmt Schiffe von einer Tragkraft bis 600 Tonnen auf. Die müssen auf dem Weg von Dortmund nach Emden insgesamt 18 Schleusen überwinden.

Über die Imkerstadt Ladbergen geht es zurück nach Glandorf. Schneller Asphalt mit flüssigen Kurven. Und auch hier gilt: die Technik macht's. ◀

ÜBERNACHTEN IN DER REGION

HOTEL KLUTE

Das familiengeführte Hotel liegt fußläufig zur Osnabrücker Altstadt. Eure Bikes sind sicher in den Garagen untergebracht und Ihr genießt den Abend in der Umgebung des Hotels in einer urigen Bierkneipe, bei Pasta und Tapas oder in einer gepflegten Szenebar.

Lotter Straße 30 • 49078 Osnabrück
+49 (0) 5 41 / 40 91 20 • www.hotel-klute.de

LANDIDYLL-HOTEL GASTHOF FREDEN

Am Teutoburger Wald bildet das Haus den perfekten Rahmen für individuelle Erholung und attraktive Arrangements. Übernachtet in einem der modernen Zimmer, genießt die feinen Kreationen der Gastronomie und entdeckt auf dem Motorrad die Schönheit der Region.

Zum Freden 41 • 49186 Bad Iburg
+49 (0) 54 03 / 40 50 • www.hotel-freden.de

GASTHAUS WIEMANN-SANDER

Routenvorschläge schöner Insider-Strecken – ausgewählt vom Chef persönlich – erwarten euch im Haus, um die Umgebung zu erkunden. Abends schaltet Ihr in geselliger Runde auf der sonnigen Terrasse ab. Garage, Putz- und Schrauberecke sowie Heizungskeller sind vorhanden.

Kirchstrasse 7 • 49186 Bad Iburg
+49 (0) 54 03 / 24 75 • www.wiemann-sander.de

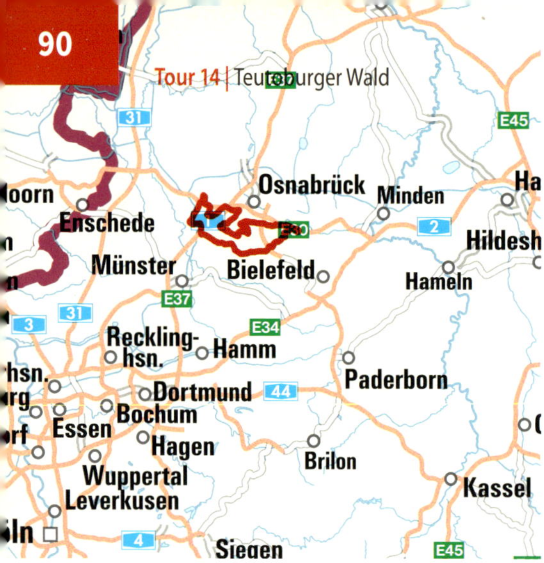

TOUR 14 | Teutoburger Wald

ALLES EINE FRAGE DER TECHNIK

TOURLÄNGE | 150 km

REGIONALE MOTORRADTREFFEN

Herzebrock-Clarholz: Bikertreff an der Brocker Mühle.

Tecklenburg: Parkplatz Münsterlandblick, an der L 504 Am Weingarten.

Lienen: Café Pellemeier, am Beginn des Holperdorper Tals, schöne Terrasse. Waldwirtschaft Malepartus.

Altes Schätzchen im Motorradmuseum Stockmann.

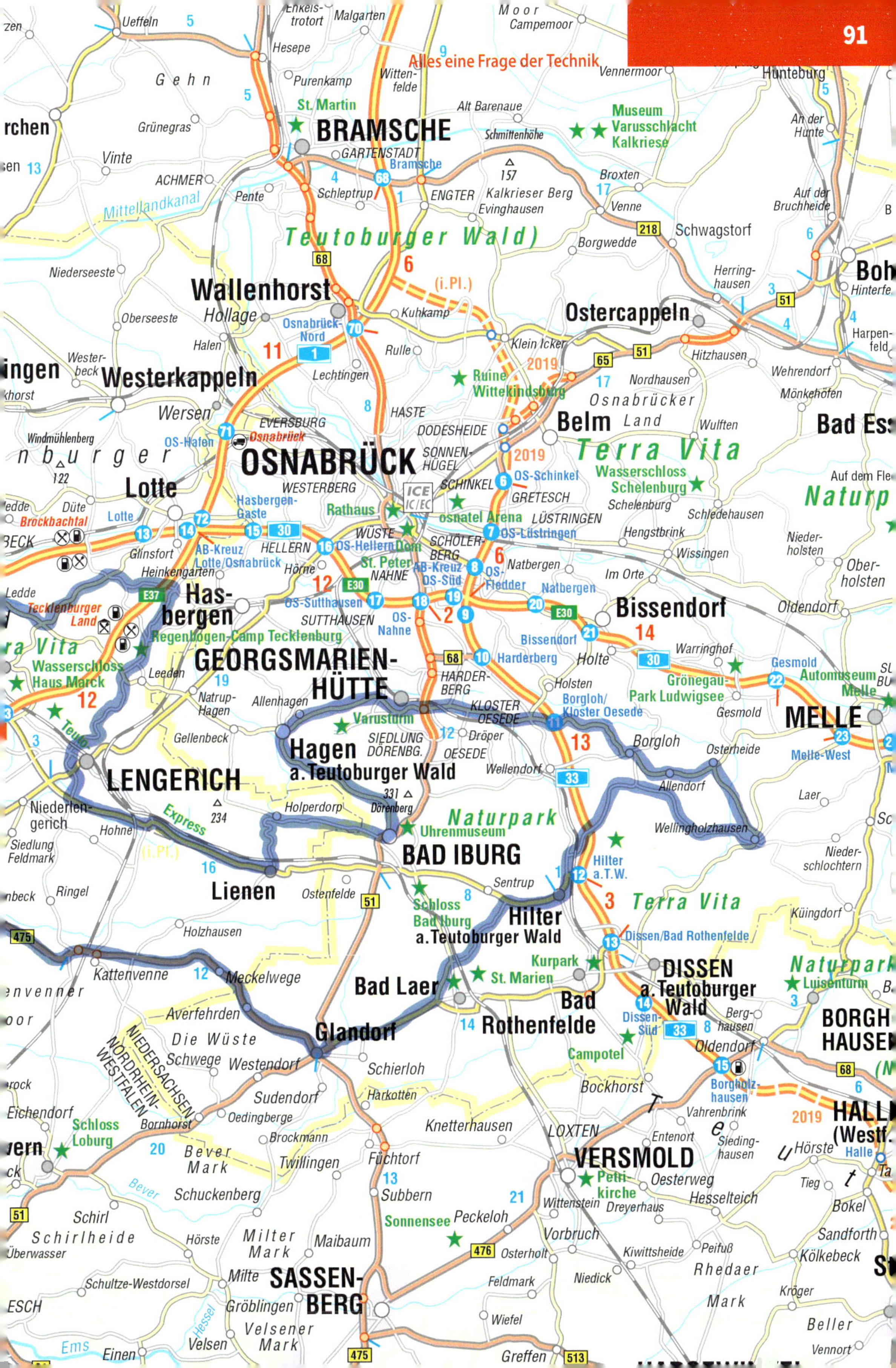
Alles eine Frage der Technik
Uffeln
Enkels-trotort
Malgarten
Moor
Campemoor
Hesepe
Purenkamp
Witten-felde
Vennermoor
Hunteburg
Gehn
St. Martin
BRAMSCHE
Alt Barenaue
Museum Varusschlacht Kalkriese
Schmittenhöhe
An der Hunte
Grünegras
Vinte
GARTENSTADT
Bramsche
157
ACHMER
Pente
Schleptrup
ENGTER
Kalkrieser Berg
Evinghausen
Broxten
Venne
Auf der Bruchheide
Mittellandkanal
Teutoburger Wald)
Schwagstorf
Borgwedde
Niederseeste
Herring-hausen
Wallenhorst
Hollage
(i.Pl.)
Kuhkamp
Ostercappeln
Boh
Hinterfe
Oberseeste
Osnabrück-Nord
Halen
Rulle
Klein Icker
Hitzhausen
Harpen-feld
Wester-beck
Westerkappeln
Lechtingen
2019
Nordhausen
Wehrendorf
Ruine Wittekindsburg
Mönkehöfen
Wersen
HASTE
Osnabrücker Land
EVERSBURG
Osnabrück
DODESHEIDE
Belm
Wulften
Bad Es
Windmühlenberg
OS-Hafen
SONNEN-HÜGEL
Terra Vita
OSNABRÜCK
2019
122
WESTERBERG
SCHINKEL
OS-Schinkel
Wasserschloss Schelenburg
Auf dem Fle
Lotte
GRETESCH
Schelenburg
Naturp
Düte
Hasbergen-Gaste
ICE IC/EC
Rathaus
Schledehausen
Brockbachtal
Lotte
osnatel Arena
LÜSTRINGEN
WÜSTE
OS-Lüstringen
Hengstbrink
Nieder-holsten
Glinsfort
AB-Kreuz Lotte/Osnabrück
HELLERN
OS-Hellern
Dom
SCHÖLER-BERG
Wissingen
St. Peter
Natbergen
Ober-holsten
Heinkengarten
Hörne
NAHNE
AB-Kreuz OS-Süd
OS-Fledder
Natbergen
Im Orte
Ledde
Tecklenburger Land
Has-bergen
OS-Sutthausen
Bissendorf
Oldendorf
SUTTHAUSEN
OS-Nahne
Regenbogen-Camp Tecklenburg
Bissendorf
Terra Vita
Warringhof
Holte
Wasserschloss Haus Marck
GEORGSMARIEN-HÜTTE
Harderberg
Gesmold
Automuseum Melle
Leeden
HARDER-BERG
Holsten
Grönegau-Park Ludwigsee
Natrup-Hagen
Allenhagen
KLOSTER OESEDE
Borgloh/Kloster Oesede
Gesmold
MELLE
Varusturm
Teuto
SIEDLUNG DÖRENBG.
Dröper
Borgloh
Osterheide
Gellenbeck
Hagen a. Teutoburger Wald
OESEDE
Melle-West
LENGERICH
Wellendorf
Allendorf
Laer
331
Dörenberg
Niederlen-gerich
234
Holperdorp
Express
Naturpark
Uhrenmuseum
Wellingholzhausen
Hohne
Siedlung Feldmark
(i.Pl.)
BAD IBURG
Nieder-schlachtern
Hilter a.T.W.
Lienen
Ostenfelde
Sentrup
Terra Vita
Ringel
Schloss Bad Iburg
Hilter a. Teutoburger Wald
Küingdorf
Holzhausen
Dissen/Bad Rothenfelde
Kattenvenne
Meckelwege
Kurpark
St. Marien
DISSEN a. Teutoburger Wald
Naturpark
Luisenturm
Bad Laer
Averfehrden
Bad Rothenfelde
Dissen-Süd
Berg-hausen
BORGH HAUSE
Die Wüste
NIEDERSACHSEN
NORDRHEIN-WESTFALEN
Glandorf
Schwege
Westendorf
Oldendorf
Campotel
Schierloh
Sudendorf
Bockhorst
Borgholz-hausen
Harkotten
Teuto
Vahrenbrink
Eichendorf
Schloss Loburg
Bornhorst
Oedingberge
Knetterhausen
LOXTEN
Entenort
Sieding-hausen
2019
HALL (Westf.)
Brockmann
Bever Mark
Füchtorf
VERSMOLD
Hörste
Halle
Twillingen
Petri-kirche
Oesterweg
Tieg
Bever
Schuckenberg
Subbern
Wittenstein
Dreyerhaus
Hesselteich
Bokel
Schirl
Sonnensee
Peckeloh
Vorbruch
Sandforth
Schirlheide
Hörste
Milter Mark
Maibaum
Osterholt
Kiwittsheide
Peifuß
Kölkebeck
Überwasser
Milte
SASSENBERG
Niedick
Rhedaer Mark
Schultze-Westdorsel
Feldmark
Kröger
ESCH
Gröblingen
Wiefel
Beller
Hessel
Velsener Mark
Ems
Einen
Velsen
Greffen
Vennort

Tour 15 Münsterland

Lebendige Schlösser und grüne Tunnel

Ganz im Westen des Münsterlandes findet kein Schlösser-Tourismus statt. Dort gibt es Adelssitze, in denen das ganz normale Leben gelebt wird.

BASISORT
Velen

TOURLÄNGE
ca. 170 km (1 Tag)

ROADBOOK
Velen, Reken, Wulfen, Lembeck, Rhade, Raesfeld, Heiden, Borken, Aalten, Winterswijk, Vreden, Stadtlohn, Gescher, Velen

Einen passenderen Ausgangspunkt für die Tour als Schloss Velen gibt es nicht. Denn nirgendwo anders im Münsterland wird deutlicher, wie schwierig es ist, altes Kulturgut am Leben zu erhalten. Die Anlage stammt ursprünglich aus dem 13. Jahrhundert, wurde im Laufe der Epochen immer wieder umgebaut, zerstört und wieder aufgebaut und gehört seit 1765 dem adligen Geschlecht derer von Landsberg-Velen. In den vergangenen Jahrzehnten diente das Schloss unter anderem als Altersheim und Bundeszollschule, heute beherbergt es ein komfortables Sporthotel.

Durch Wald und Wiesen

Wir verlassen Velen in Richtung Reken. Die breite Straße mit ihren lang gezogenen Bögen kommt der morgendlichen Trägheit entgegen. Voller Bauch studiert bekanntlich nicht gern und fährt auch nicht gern Kurven. Am Kreisverkehr von Reken geradeaus weiter in Richtung Dorsten.

Danach wird es interessant: Eng, holperig und kurvenreich huscht das Sträßchen durch Wald und Wiesen. Es unterquert die Bahntrasse und biegt in Klein Reken rechts nach Sythen ab. Wieder Kurven, wieder Bäume und Felder. Die Radien werden enger.

Am nächsten Abzweig geradeaus der Beschilderung Lippramsdorf folgen. Alle Sensoren auf Empfang, denn nun folgt der erste, der berühmten grünen Tunnel dieser Runde. Und gleichzeitig wohl auch der schönste. Rund sechs Kilometer lang dauert die Fahrt unter dem grünen Dach. Regenwald, Dschungel, ein anderer Kontinent.

Hinter Wulfen wartet das Schild zu Schloss Lembeck. Gleich wirft sich der nächste Tunnel vor das Vorderrad. Nicht ganz so dicht wie der erste, aber ganz ansehnlich. Der Asphalt ist

Eine schnurgerade Allee führt zum Schloss Lembeck.

HIGHLIGHT

KÄMPFERISCHE DICHTERIN

Im Jahr 1797 wurde in der malerischen Wasserburg Hülshoff rund zehn Kilometer westlich von Münster die berühmte deutsche Dichterin Annette von Droste-Hülshoff geboren. Hier verbrachte sie ihre Kindheit und Jugendzeit. In der Abgeschiedenheit erlebte sie den Wandel der Natur in den vier Jahreszeiten. Ihre Wahrnehmungen und Beobachtungen haben sie zu ihren Erzählungen und Gedichten inspiriert. Sie war nicht nur Dichterin, sie kämpfte auch entschlossen für die Gleichberechtigung der Frau – damals eine Ungehörigkeit!

schmal und unruhig, das Tempolimit 50 jedoch stark übertrieben. 70 Sachen verträgt die Strecke locker. Man muss nur aufpassen, falls sich ein Trecker etwas zu breit macht.

Zum Schlosshof

Die Einfahrt nach Schloss Lembeck biegt links ab. Ein geräumiger Parkplatz, daneben ein nettes Café. Ein schönes Plätzchen, um sich Schloss Lembeck in Ruhe anzusehen. Merkmal der von ausgedehnten Gräften, den Wassergräben, umgebenen Anlage ist die sogenannte durchdringende Achse. Schon weit vor der Anlage beginnt eine Allee, durchstößt die Vorburg, überquert den Schlosshof, unterquert die Hauptburg, setzt sich dahinter in einem heute nicht mehr bestehenden Park fort und verliert sich schließlich in den herrschaftlichen Wäldern. Der Reiz dieser Architektur liegt darin, dass sie dem Auge eine immense Weitläufigkeit vorspiegelt.

Im Ort Lembeck ist nach links Rhade ausgeschildert. Dort weiter nach Raesfeld und Heiden. Nach abwechselnd langsamen und schnellen Passagen visiert die Route den Kern von Borken an. Auf einer Brücke geht es über den Stadtbach, dann taucht schon die Fußgängerzone mit davor liegendem Parkplatz auf. Anlaufstelle Nummer Zwei in Borken ist Schloss Gemen.

Wie bei den meisten münsterländer Burgen haben auch am Wasserschloss

Es gibt sie doch: Kurven im Münsterland (oben und rechte Seite). Die Winterswijk Mühle steht schon auf holländischem Gebiet (rechts).

von Gemen diverse Stilepochen ihre Spuren hinterlassen. Eng drängen sich seine Mauern auf der Insel der Hauptburg zusammen und verdeutlichen den seinen eher militärischen Charakter.

Zügige Landetappe

Die B 67 führt uns in Richtung Rhede/Bocholt aus der Stadt hinaus, bis ein Wegweiser mit der Aufschrift Vardingholt eine zügige Landetappe einleitet. In Barlo ist das holländische Städtchen Winterswijk beschildert. Eine kurze, kurvenreiche Passage folgt, dann empfängt uns der EU-Partner. Wie abgeschnitten die Straße. Von einem Meter auf den anderen verengt sie sich und wird so rau wie ein Kies-

bett. Wir rollen von nun an auf der „Slinge Route2“, wie die Hamaland-Straße auf Holländisch heißt. Dichter Laubwald umgibt uns. Sonnenstrahlen tanzen auf dem groben Asphalt hin und her und malen verwirrende Licht- und Schattenspiele in die Landschaft.

Der Slinge-Route folgend, erreichen wir Aalten. Einen Ort mit rotem Straßenpflaster und Märklin-Häusern. Dort biegen wir auf die N 318 ein und dürfen das Motorrad auf 80 Stundenkilometer beschleunigen. Für holländische Verhältnisse ist das schnell.

Schloss Velen stammt aus dem 13. Jahrhundert.

Aufgelockerte Alleenbäume fliegen vorüber. Die Wegweiser nach Vreden führen uns um Winterswijk herum auf die nächste Allee. Zehn Kilometer lang und schmaler als schmal. Schon ohne die obligatorischen Radwege links und rechts quetschen sich zwei Autos gerade so aneinander vorbei. Addiert sich ein Radler dazu, benötigen alle Teilnehmer eiserne Nerven und Geduld.

Über Vreden und Stadtlohn erreicht die Route auf schnellen, unspektakulären Landstraßen die Glockengießerstadt Gescher. Eine letzte Cola in BieBie's Bikertreff, dann geht es zurück nach Velen. ◂

TOUR 15 | Münsterland

LEBENDIGE SCHLÖSSER UND GRÜNE TUNNEL

TOURLÄNGE | 170 km

REGIONALE MOTORRADTREFFEN

Sythen/Haltern: Drügen Pütt.

Gescher: BieBie's Bikertreff neben der AVIA-Tankstelle.

Marl: Motorradtreff Vogel.

Nordkirchen: Bikertreff Nordkirchen.

Metelen-Ochtrup: Felsenmühle, Kallis Motorradtreff.

Isselburg: Daddys Bikertreff

Schöppingen: Jugel's Brüningmühle.

Borken: Biker Village Marbeck.

In die Vergangenheit geht es im Museumsdorf in Vreden.

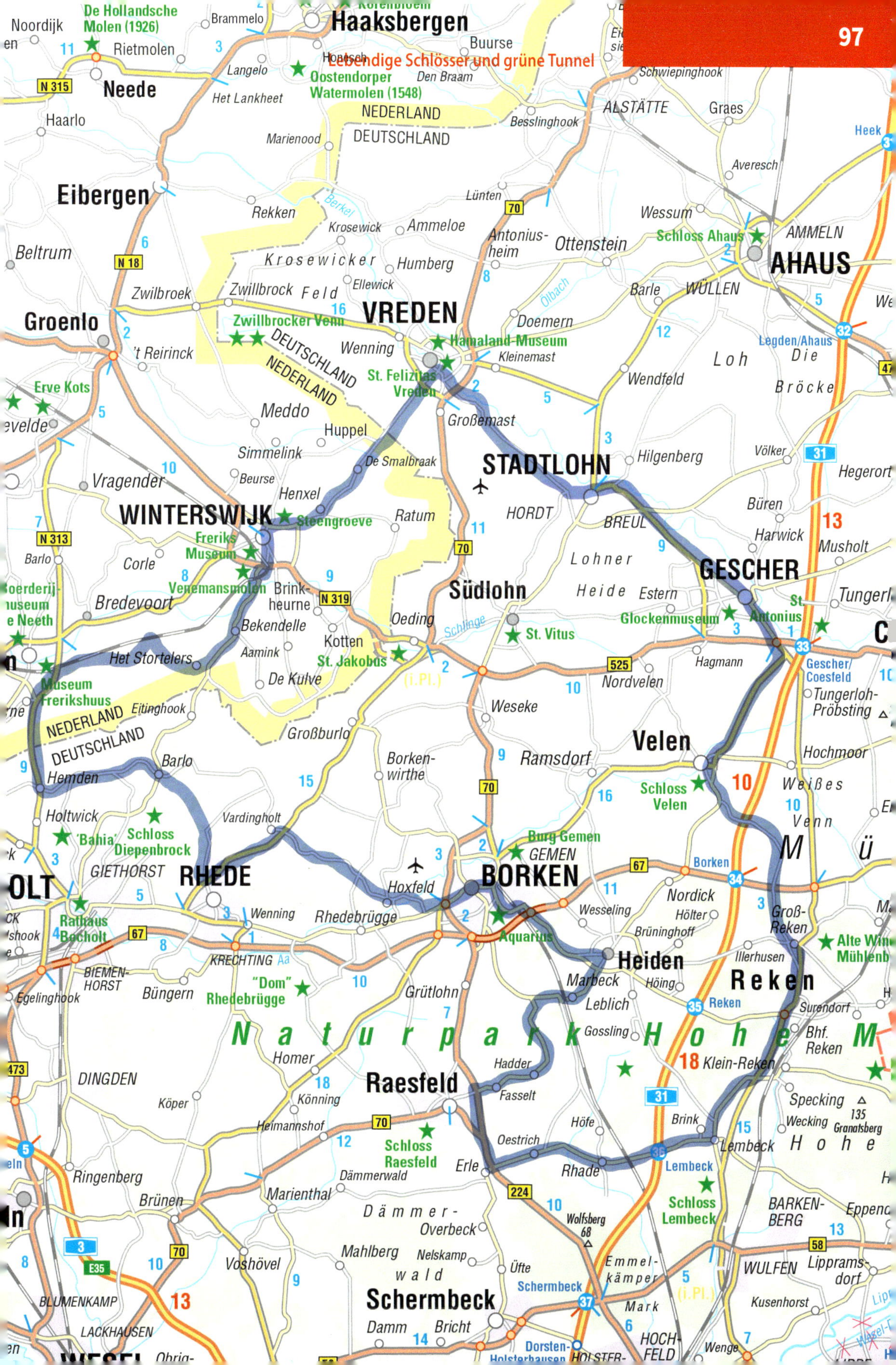
Lebendige Schlösser und grüne Tunnel
Haaksbergen
Buurse
Noordijk
De Hollandsche Molen (1926)
Brammelo
Rietmolen
Neede
Langelo
Oostendorper Watermolen (1548)
Den Braam
Het Lankheet
Haarlo
NEDERLAND
DEUTSCHLAND
Schwiepinghook
ALSTÄTTE
Graes
Besslinghook
Marienood
Heek
Averesch
Eibergen
Rekken
Berkel
Krosewick
Ammeloe
Lünten
Wessum
Schloss Ahaus
AMMELN
AHAUS
Beltrum
Krosewicker Feld
Humberg
Antonius-heim
Ottenstein
Ellewick
Zwilbroek
Zwillbrock
Barle
WÜLLEN
Groenlo
Zwillbrocker Venn
VREDEN
Doemern
Ölbach
't Reirinck
DEUTSCHLAND
NEDERLAND
Wenning
Hamaland-Museum
Kleinemast
Legden/Ahaus
Die Bröcke
Loh
St. Felizitas Vreden
Wendfeld
Erve Kots
Meddo
Großemast
Huppel
Simmelink
De Smalbraak
STADTLOHN
Hilgenberg
Völker
Hegerort
Vragender
Beurse
Henxel
WINTERSWIJK
Steengroeve
Ratum
HORDT
BREUL
Büren
Harwick
Musholt
Freriks Museum
Barlo
Corle
Lohner Heide
GESCHER
Vennemansmolen
Brink-heurne
Südlohn
Estern
Tungerloh
Bredevoort
Bekendelle
Oeding
Schlinge
St. Vitus
Glockenmuseum
St. Antonius
Kotten
St. Jakobus
Aamink
Het Stortelers
De Kulve
(i.Pl.)
Hagmann
Nordvelen
Gescher/Coesfeld
Tungerloh-Pröbsting
Museum Frerikshuus
Eitinghook
Weseke
NEDERLAND
DEUTSCHLAND
Großburlo
Velen
Hochmoor
Borken-wirthe
Ramsdorf
Barlo
Hemden
Schloss Velen
Weißes Venn
Holtwick
Schloss Diepenbrock
'Bahia'
Vardingholt
Burg Gemen
GEMEN
Borken
GIETHORST
RHEDE
BORKEN
Nordick
Hoxfeld
Wenning
Rhedebrügge
Wesseling
Hölter
Groß-Reken
Alte Windmühle
Rathaus Bocholt
Brüninghoff
Aquarius
Illerhusen
KRECHTING
Aa
Heiden
BIEMEN-HORST
Büngern
"Dom" Rhedebrügge
Grütlohn
Marbeck
Höing
Reken
Egelinghook
Leblich
Reken
Surendorf
Naturpark Hohe Mark
Gossling
Bhf. Reken
Homer
Hadder
Klein-Reken
DINGDEN
Raesfeld
Fasselt
Specking
Köper
Könning
135 Granatsberg
Heimannshof
Wecking
Schloss Raesfeld
Höfe
Brink
Oestrich
Lembeck
Hohe
Ringenberg
Dämmerwald
Erle
Rhade
Lembeck
Schloss Lembeck
Brünen
Marienthal
BARKEN-BERG
Eppendorf
Dämmer-Overbeck
Wolfsberg 68
Mahlberg
Nelskamp
Üfte
Emmel-kämper
WULFEN
Lippramsdorf
Voshövel
wald
Schermbeck
Mark
(i.Pl.)
BLUMENKAMP
Schermbeck
Kusenhorst
LACKHAUSEN
Damm
Bricht
HOCH-FELD
Dorsten-Holsterhausen
HOLSTER-
Wenge
N 315
N 18
N 313
N 319
70
525
67
224
58
473
31
3
E35

Tour 16 Meißner / Kaufunger Wald

Bei Frau Holle Kirschen essen

Obwohl nur 753 Meter hoch, gilt der Hohe Meißner als einer der herausragendsten Berge Deutschlands, denn er überragt in einem Umkreis von fast 60 Kilometer alle umstehenden Gipfel.

BASISORT
Bad Sooden-Allendorf

TOURLÄNGE
ca. 180 km

ROADBOOK
Bad Sooden-Allendorf, Reichensachsen, Abterode, Frankenhain, Hausen, Küchen, Waldkappel, Eltmannsee, Schwarzhassel, Spangenberg, Hessisch Lichtenau, Kaufungen, Witzenhausen, Bad Sooden-Allendorf

Ab durch die Mitte. Wie bitte? Na ja, besser gesagt: fast durch die Mitte. Denn der Startpunkt zu dieser Tagestour heißt Bad Sooden-Allendorf und liegt geografisch so gut wie im Mittelpunkt Deutschlands. Berühmt ist der gemütliche Kurort für seine heilenden Salzquellen, um die sich laut dem römischen Geschichtsschreiber Tacitus schon die germanischen Stämme der Chatten und Hermunduren stritten.

Im Mittelalter gehörte der Ort zum Kloster Fulda, das aus den Soodener Salzquellen und Salzpfannen viel Geld machte, indem es das Salz auf dem eigenen Markt verkaufte und obendrein von den Händlern Tribut und Zoll verlangte. Nach der Aufhebung des Salzmonopols im Jahr 1866 verfielen die Preise, doch entdeckte man zur selben Zeit die heilende Wirkung der Salzquellen und baute ein Badehaus.

Neue Epoche

Damit begann eine neue Epoche, die dem Ort den Wohlstand erhielt und 2005 mit dem Bau der Werratal-Therme ihren vorläufigen Höhepunkt fand. Touristisch interessant ist der Ortsteil Allendorf mit seinem historischen Kern. Dort kippen wir deshalb als Starter für den Tag in einem der reizenden Cafés am Markt einen kurzen Schwarzen. Natürlich ohne Salz, dafür mit viel Zucker.

Gemächlich rollen die ersten Kilometer auf der B 27 an der Werra entlang Richtung Süden. Linker Hand kommt die Spitze des Turmes von Schloss Rothestein in Sicht. Das sieht zwar gotisch aus, ist es aber nicht. Erst in den 1890er Jahren erbaut, erinnert sein Name an den roten Sandstein der Region. Bei Reichensachsen ist mit dem ruhigen Dahingleiten erst mal Schluss. Blinker rechts und hinein in

Sowohl Straßen als auch Landschaften im Werratal sind ein Genuss.

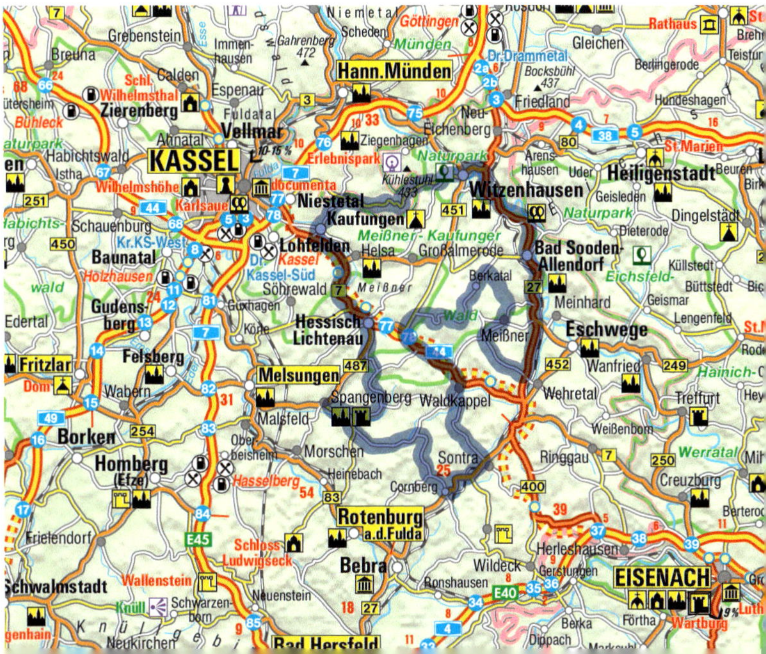

HIGHLIGHT

STINKSTEINWAND

Wer am östlichen Hang des Hohen Meißners am Parkplatz Schwalbenthal anhält, hat sofort einen schwefelähnlichen Geruch in der Nase. Hat da jemand …? Nein. Vor etwa 300 Jahren war beim Untertagebau die Braunkohle in Brand geraten und schwelt seitdem vor sich hin. Sämtliche Versuche, diesen Flözbrand zu löschen, schlugen bislang fehl, da Braunkohle bei Kontakt mit Sauerstoff zur Selbstentzündung neigt. Im Volksmund heißt der Ort Stinksteinwand.

die Berg- und Hügellandschaft des Hohen Meißners. Schmaler Asphalt, wenig Verkehr, griffige Fahrbahn, runde Kurven, Steigungen und Gefälle. So muss das sein. Deutlich sticht nun das Hochplateau des Hohen Meißners aus der Landschaft heraus. Wir umkurven es über Abtrode und Frankenhain, hinter dem wir links zum Gipfelspurt abbiegen. Sauber gezogene und übersichtliche Kurven hieven uns in die Höhe und lassen die eine oder andere gewagte Schräglage zu.

Frau Holles Reich

Vor dem Erreichen des Hochplateaus ankern wir. Und zwar am Frau-Holle-Teich. Dieses kleine Gewässer ist nach der Sage unendlich tief und bildet den Eingang zum Reich von Frau Holle. Die soll in einem silbernen Schloss mit Garten wohnen und angeblich jeden Tag zur Mittagszeit nackt im See baden. Wer zu falschen Zeit kommt, begnügt sich mit der Frau-Holle-Statue am Waldrand südlich des Teichs.

Die wurde 2004 aufgestellt und hält in der Hand ein Kissen, aus dem sie bekanntermaßen die Federn schüttelt, wenn sie es auf der normalen Welt schneien lassen will.

Auf schneefreier Straße erreichen wir kurz darauf den Abzweig zum Berggasthof Hoher Meißner. Dort warten eine traumhafte Aussicht auf Kellerwald, Habichtswald und Kaufunger Wald sowie eine sonnenbeschienene Terrasse mit leckerer Gastronomie.

Gut gestärkt verlassen wir die Höhen des Meißners und fahren über Hausen und Küchen hinab nach Waldkappel. Dort Blinker rechts und hinein in eine schwungvolle, sportliche Überlandetappe. Die bringt uns, versehen mit vielen Kurven und Höhenunterschieden, nach Spangenberg. Ein reizendes Städtchen mit kriminellen Wurzeln. Zumindest in der Fiktion. Denn in Spangenberg spielt der Motorradkrimi „Kurbelwellen weinen nicht“ aus dem Highlights-Verlag.

Schloss Rothestein (rechts) und denkmalgeschütztes Fachwerk in Helsa (rechte Seite).

Märchenhaft friedlich geht es glücklicherweise wieder in Hessisch Lichtenau zu. 1899 erhielt der Ort per königlichem Dekret den Zusatz „Hessisch", um der ständigen Verwechslung mit anderen Orten gleichen Namens ein Ende zu setzen. Ein Spaziergang führt durch den lauschigen Frau-Holle-Park zu einer Statue der Dame.

Tolle Kurvenstrecke

Ein Stück auf der Bundesstraße 7 folgt, dann rollen die Räder durch Nieder- und Oberkaufungen. Das 1970 zusammengeführte Doppelstädtchen profitierte 1970 von der Umwandlung des ehemaligen Braunkohle-Tagebaus in den Freizeit- und Erholungspark Steinertsee. Wir hingegen profitieren von der beeindruckenden Kurvenstrecke, die anschließend mitten durch den Kaufunger Wald über Nieste nach Witzenhausen zirkelt. Da werden die Angstnippel an so manchen Fußrasten angeschliffen.

Das Städtchen an der Werra steht ganz im Zeichen der Ökologie: 1983 wurde in Witzenhausen die Biotonne erfunden, und die Universität Kassel bietet hier den bundesweit einzigartigen Studiengang Ökologische Landwirtschaft an. Etwas mit gesunder Ernährung zu tun hat auch eine weitere Spezialität Witzenhausens: die Kirsche.

Das Umland gilt als das größte zusammenhängende Kirschenanbaugebiet Europa und wird jedes Jahr im Juli mit der Kesperkirmes gewürdigt. Ob die dabei gewählte Kirschenkönigin tatsächlich einen kirschroten Mund hat? ◄

ÜBERNACHTEN IN DER REGION

GASTSTÄTTE & PENSION „ZUR LINDE"

Mitten im Kaufunger Wald gelegen, bietet sich das Haus als idealer Ausgangspunkt für viele interessante Touren durch das nordhessische Bergland sowie das angrenzende Thüringen und Südniedersachsen an.

Untere Bachstr. 4 • 37216 Witzenhausen-Rossbach
+49 (0) 55 42 / 16 38 • www.gasthaus-zur-linde-rossbach.de

WALDHOTEL SOODENER HOF

Urlaub im „Klein Venedig" Bad Sooden-Allendorf: toll erhaltene Straßenzüge mit den schönsten Fachwerkhäusern Deutschlands. Genießet die attraktive Gegend um das Waldhotel. Durchquert kurvenreiche Berg- und Tallandschaften in einer der schönsten Ferienregionen Deutschlands.

Hardtstrasse 7 • 37242 Bad Sooden – Allendorf
+49 (0) 56 52 / 9 19 30 • www.soodener-hof.de

LANDHOTEL-RESTAURANT MEISSNERHOF

Das Haus ist der ideale Ausgangspunkt für Motorradtouren rund um den Hausberg, den Meißner, ins Werratal und in den Thüringer Wald. Euer Motorrad steht in einer Scheune, Trockenraum und etwas Werkzeug sind vorhanden. Komfortabel und modern ausgestattete Zimmer mit Dusche / WC, TV.

Im Rasen 12 • 37290 Germerode
+49 (0) 56 57 / 2 34 • www.meissnerhof.de

TOUR 16 | Meißner / Kaufunger Wald

BEI FRAU HOLLE KIRSCHEN ESSEN

TOURLÄNGE | 180 km

REGIONALE MOTORRADTREFFEN

Meinhard: Gasthaus Leib und Seele. Wunderschöne Lage in einem Waldgebiet mit Blick ins Werrtal. Das Gasthaus ist ganzjährig geöffnet und bietet Übernachtungsmöglichkeiten.

Kassel: Hotel Roter Kater. An der Straße nach Hannoversch Münden, Treffpunkt jeden Sonntag bei schönem Wetter.

Am Ufer der Werra entlang.

Bei Frau Holle Kirschen essen
Friedland
HANN. MÜNDEN
WITZENHAUSEN
BAD SOODEN-ALLENDORF
ESCHWEGE
Meinhard
Wehretal
Ringgau
SONTRA
Nentershausen
ROTENBURG a.d.Fulda
BEBRA
Alheim
Morschen
SPANGENBERG
WALDKAPPEL
HESSISCH LICHTENAU
Helsa
GROSS-ALMERODE
Meißner
Berkatal
Kaufunger Wald
Naturpark Meißner-Kaufunger Wald
Burg Berlepsch
Erlebnispark Ziegenhagen
Ruine Hanstein
Ruine Bilstein
Ruine Reichenbach
Schloss Spangenberg
Schloss Rittershain
Kloster Haydau
Schloss Rotenburg
KNAUS Camping
Weserstein
NIEDERSACHSEN
HESSEN
Werra
Fulda
Volkmarshausen
Meensen
Barlissen
Klein Schneen
Groß Schneen
Dahlenrode
Wiershausen
HERMANNSHAGEN
Laubach
Hedemünden
Mollenfelde
Hermannrode
Hübenthal
Gertenbach
Neu-Eichenberg
Eichenberg
Berge
Hebenshausen
Hohengandern
Arenshausen
Uder
Rohrberg
Freienhagen
Bischhagen
Schachtebich
Mengelrode
Burgwalde
Rustenfelde
Kirchgandern
Marth
Steinheuterode
Rengelrode
St. Martin
Rumerode
Hessenau
Birkenfelde
Unterstein
Oberstein
Thalwenden
Schönhagen
Lenterode
Lutter
Röhrig
Wüstheuterode
Fürstenhagen
Gerbershausen
Bornhagen
Werleshausen
UNTER-RIEDEN
Wendershausen
Carmshausen
Oberrieden
Rückerode
Lindewerra
Ellershausen
Fretterode
Vatterode
Eichstruth
Mackenrode
Dieterode
Dietzenrode
Altenstein
Wahlhausen
Schwobfeld
Ahrenberg
Hessel
Wiesenfeld
Volkerode
Pfaffschwende
Hitzelrode
Kella
Motzenrode
Weiden
Albungen
Neuerode
Jestädt
GREBENDORF
Schwebda
NIEDERHONE
OBERHONE
Oberdünzebach
Niederdünzebach
Reichensachsen
Langenhain
Oetmannshausen
Datterode
Lautenbach
Röhrda
Netra
KRAUTHAUSEN
Grandenborn
Rittmannshausen
Weißenborn
Breitau
Renda
Rittersberg
Altefeld
Holzhausen
Hohenhaus
Ulfen
Lindenau
Unhausen
Wölfterode
Blankenbach
Herleshausen
Neustädt
Richelsdorfer Hütte
Richelsdorf
Wildeck-Obersuhl
Gerstungen
Süß
Bauhaus
Machtlos
Gunkelrode
Iba
Imshausen
Solz
Friedrichshütte
Asmushausen
LISPENHAUSEN
Rautenhausen
Menglers
Cornberg
Rockensüß
HORNEL
Weißenhasel
Berneburg
Heyerode
Wellingerode
Urlettig
Stadthosbach
Thurnhosbach
Mitterode
Wichmannshausen
Kirchhosbach
Bischhausen
Hoheneiche
Friemen
Mäckelsdorf
Hetzerode
Eltmannsee
Gehau
Schemmern
Vierbach
Hartmuthsachsen
Rodebach
Germerode
Vockerode
Abterode
Weidenhausen
Mönchhof
ELTMANNSHAUSEN
NIDDAWITZHAUSEN
Frankershausen
Frankenhain
Hitzerode
Bransrode
Schwalbenthal
Dudenrode
Kammerbach
Weißenbach
Hilgershausen
Trubenhausen
Hundelshausen
Bilstein 641
Dohrenbach
Roßbach
Kleinalmerode
Ellingerode
Hubenrode
Ermschwerd
Freudenthal
Stiedenrode
Ziegenhagen
BLICKERSHAUSEN
Neufriemen
Nieste
Oberkaufungen
Wickenrode
Hergesbachtal
Faulbach
Laudenbach
Rommerode
Waldhof
Eschenstruth
Friedrichsbrück
Hirschhagen
Velmeden
Walburg
St. Ottilien
Fürstenhagen
Quentel
Hausen
Hopfelde
Hollstein
Küchen
Glimmerode
Retterode
Reichenbach
Wickersrode
Eisberg 583
Günsterode
Schnellrode
Vockerode-Dinkelberg
Bischofferode
Pfieffe
Landefeld
Nausis
Bergheim
Metzebach
Eubach
Herlefeld
Dankerode
Obergude
Niedergude
Heinebach
Alheimer 549
Seifertshausen
Erkshausen
SCHWARZEN-INSEL
Erdpenhausen
Hergershausen
Niederellenbach
Baumbach
Braach
ATZELRODE
Dammskopf 521
Wüstefeld
Dickenrück
Lüdersdorf
Sichelnstein
Benterode
Nienhagen
Escherode
Uschlag
Dahlheim
Helsa-Ost (2018)
Hess. Lichtenau-West
Hess. Lichtenau-Mitte
Hess. Lichtenau-Ost
Waldkappel
Werra-Meißner
Hann. Münden/Lutterberg
Hann. Münden-Hedemünden
Arenshausen
Friedland

Tour 17 Ederbergland

Gold, Wasser und Fachwerkhäuser

Etwas Gold, sehr viel Wasser, noch mehr romantisches Fachwerk und zirka 160 runde und äußerst angenehm zu fahrende Motorradkilometer – das sind die Charakteristika dieser Tour.

BASISORT
Korbach

TOURLÄNGE
ca. 160 km (1 Tag)

ROADBOOK
Korbach, Herzhausen, Vöhl, Asel-Süd, Buchenberg, Rhadern, Dalwigksthal, Frankenberg, Somplar, Hallenberg, Allendorf, Battenberg, Dodenau, Elsoff, Medebach, Korbach

Deren Einwohner rechnen die Kreisstadt Korbach zu den schönsten Städten Deutschlands. So ganz falsch liegen sie damit nicht. Auf Schritt und Tritt begegnet man den perfekt restaurierten Zeugen einer 1000-jährigen Geschichte. Nahe Korbach befindet sich außerdem Deutschlands reichste Goldlagerstätte. Seit dem Mittelalter versuchen hier Goldgräber und Glücksritter, der Erde ein wenig von dem Edelmetall abzutrotzen. Noch heute werden in der Region Probeschürfungen durchgeführt, da manche Experten meinen, die Vorkommen vor den Toren Korbachs seien noch lange nicht erschöpft.

Hessens größter See

Wir verlassen Korbach auf der B 252 in südliche Richtung. Die gut ausgebaute Bundesstraße mit ihren eleganten Bögen ist genau das Richtige zur Einstimmung. Mensch und Technik haben Zeit, zum warm werden. Der Streckenverlauf folgt den Windungen der Itter nach Herzhausen. Der Ort liegt am westlichen Ende des Edersees, den wir uns genauer ansehen sollten. Der größte See Hessens gilt als Freizeitzentrum dieses Bundeslandes, sein Wasser dient der Energiegewinnung und regelt den Pegel der Eder. An schönen Wochenenden sind die Sträßchen rund um den See fest in der Hand der Einspurigen.

Abstecher Nummer Eins führt nach Vöhl. Eine sechs Kilometer lange Etappe mit Kurven allererster Sahne bringt uns zum Motorradtreff Werber-Eck. Der zweite Abstecher führt ans südliche Ufer des Edersees. Auf einer wunderschönen Uferstraße mit herrlichen Aussichten geht es nach Asel-Süd. Am Ende dieser Sackgasse laden eine Liegewiese zum Sonnenbaden und die Fluten der Talsperre zum kühlenden Bad ein.

Die Region wird von idyllischer Natur und Fachwerk wie in Korbach geprägt.

HIGHLIGHT

GOLD IN GOLDHAUSEN

Der Ort Goldhausen trägt seinen Namen zu Recht, denn der Eisenberg in seiner Nähe weist Deutschlands reichste Goldlagerstätte auf. Aber der Berg hält seinen Schatz fest und gibt ihn nur krümelweise ab. Es sind ganz winzige Goldstückchen, die in den dünnen Gesteinsschichten gefunden werden. Seit über 500 Jahren graben sich die Goldsucher in den Berg hinein. Heute immer noch.

Hinter Herzhausen geht es nun mitten in die Hügel des Waldecker Landes hinein. Die nächsten Kilometer werden ein motorradfahrerisches Erlebnis: Einsam, schmal und zigfach gekrümmt kringelt sich das Sträßchen durch dichten Laubwald. Schräglagen am laufenden Band. Danach überqueren wir eine Hochebene, die weite Panoramablicke über die Kuppen des Waldecker Landes bereithält. Getriebe und Bremsen haben eine kurze Pause. Doch schon hinter Fürstenberg geht der Tanz wieder los. Die zum Teil sehr engen Kehren der Straße nach Rhadern verlangen höchste Konzentration.

Aktion Kurvenspaß

Von Rhadern nach Dalwigksthal, dort weiter nach Orke und Sachsenberg. Teil zwei der Aktion Kurvenspaß im Waldecker Land folgt. Tolle Landschaftspanoramen paaren sich mit lang gezogenen Kurven, die aufgrund der gut ausgebauten Landstraße zügig durchfahren werden können. Der Verkehr hält sich in dieser Ecke in Grenzen, und wir können die Schräglagen unbeschwert genießen.

Das romantische Städtchen Frankenberg gehört auf einer Rundfahrt durch das Waldecker Land zum absoluten Muss. Ein Stadtbummel ist wie eine Zeitreise ins Mittelalter. Die Liebfrauenkirche als Wahrzeichen Frankenbergs thront hoch oben über der Stadt. Rund um den Marktplatz stehen jede Menge Restaurants und Cafés. Da fällt die Entscheidung, noch eine Weile zu bleiben, nicht schwer.

In Somplar überqueren wir das Flüsschen Nuhne und halten auf Hallenberg zu. Obwohl Hallenberg mehrfach zerstört wurde und eini-

Hessens größter See: Edersee (rechts) und das schmucke Frankenberg. (rechte Seite).

gen Feuersbrünsten zum Opfer fiel, blieb der historische Ortskern mit seinen äußerst sehenswerten Fachwerkhäusern erhalten.

Heimat englischer Lords

Die Route peilt nun Richtung Süden und steuert auf Battenberg zu. Der hoch über der Eder liegende Ort hat seinen Namen bis ins englische Königshaus getragen und den Lords of Mountbatten ihren Titel gegeben. In Elsoff wird es richtig eng. Dicht gedrängt stehen die Fachwerkhäuser an der ohnehin schon engen Dorfstraße und machen die Ortsdurchfahrt zur Gefühlssache. Weiter im Sporttempo. Immer wieder sorgen Bodenwellen für Unruhe im Fahrwerk. Lange Federwege und ein gutmütiges Fahrverhalten sind für diese Strecke die besten Voraussetzungen. Wegen des geringen Verkehrs und der guten Voraussicht kommt unter dem Strich trotz miserabler Fahrbahn ein flotter Schnitt heraus.

Ab Hallenberg, das wir heute zweimal passieren, folgt eine kurze Bundesstraßenetappe. Dann schraubt sich zwischen Liesen und Hesborn die Fahrbahn in vielen knackigen Kurven den 757 Meter hohen Bollerberg hinauf. Oben schweift der Blick weit über die Medebacher Bucht. Nach einigen Kilometern treffen wir auf die Orke und begleiten sie eine Zeit lang. Dann kommt Medebach in Sicht. Die 800 Jahre alte Stadt war einst Mitglied der Hanse und lebt heute noch ganz gut von dieser Zeit. Über Goldhausen, das seinen Namen zurecht trägt, erreichen wir wieder Korbach, den Ausgangspunkt der Tour.

ÜBERNACHTEN IN DER REGION

LANDGUT WALKENMÜHLE

Vor den Toren Frankenbergs, am Eingang zum Nationalpark Kellerwald, liegt die historische Walkemühle. Ob nach einer Ausfahrt mit dem Motorrad oder zur kleinen Pause zwischendurch: Bei schönem Wetter lockt der Hofgarten der Walkemühle zu Kaffee und Kuchen oder einem deftigen Imbiss.

Ederstraße 20 • 35066 Frankenberg
+49 (0) 6451/2302640 • www.walkemuehle.de

LANDHAUS VESPER

Die familiäre Pension liegt zwischen Winterberg und Edersee und ist der ideale Ausgangspunkt für Touren im Ederbergland sowie im Sauerland. Abends nach eurer Tour werdet Ihr im gemütlichen Speiseraum mit Kamin mit leckeren Mahlzeiten verwöhnt. Garage und Trockenraum sind vorhanden.

Dalwigksthaler Str. 5 • 35104 Lichtenfels-Münden
+49 (0) 6454/859 • www.landhaus-vesper.com

REITERLANDHOF KAMM

In ruhiger Lage gelegen, erwartet den Biker hier eine herzliche und freundliche Atmosphäre. Von hier aus hat man einen idealen Startpunkt für Touren ins Hessischen Bergland und ins Sauerland. Nach der Tour könnt ihr im Hotel verschiedene Sport- und Wellnessangebote wahrnehmen.

Zum Vogelbusch 4 • 35104 Lichtenfels-Neukirchen
+49 (0) 6454/812 • www.reiterlandhof.de

TOUR 17 | Ederbergland

GOLD, WASSER UND FACHWERKHÄUSER

TOURLÄNGE | 160 km

REGIONALE MOTORRADTREFFEN

Edersee: Der Treff an der Staumauer ist nicht nur am Wochenende gut besucht. Im Gasthaus Zündstoff und im Bistro am See gibt es stets etwas Leckeres auf den Teller.

Dodenau: Motorradhotel Sassor, ein Klassiker unter den Bikerhotels.

Der Edersee ist ein beliebtes Biker-Eldorado.

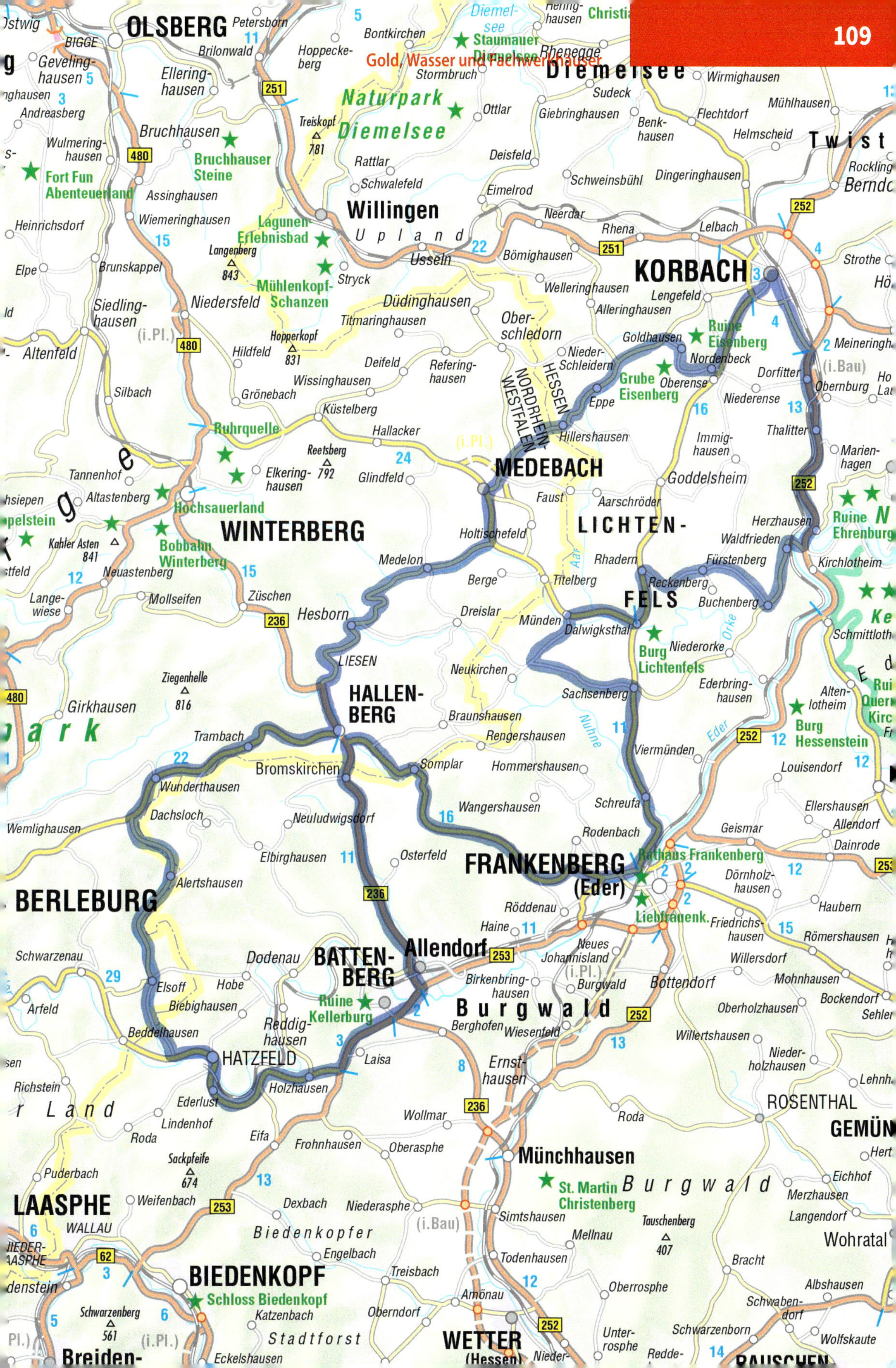
OLSBERG
Gold, Wasser und Fachwerkhäuser
Naturpark Diemelsee
Diemelsee
Staumauer Diemelsee
Bruchhauser Steine
Fort Fun Abenteuerland
Willingen
Upland
Lagunen-Erlebnisbad
Mühlenkopf-Schanzen
KORBACH
Ruine Eisenberg
Grube Eisenberg
Ruhrquelle
MEDEBACH
NORDRHEIN-WESTFALEN
HESSEN
Hochsauerland
WINTERBERG
Bobbahn Winterberg
LICHTENFELS
Burg Lichtenfels
Ruine Ehrenburg
HALLENBERG
LIESEN
Burg Hessenstein
FRANKENBERG (Eder)
Rathaus Frankenberg
Liebfrauenk.
BERLEBURG
BATTENBERG
Allendorf
Ruine Kellerburg
HATZFELD
Burgwald
ROSENTHAL
Münchhausen
St. Martin Christenberg
LAASPHE
BIEDENKOPF
Schloss Biedenkopf
Biedenkopfer Stadtforst
WETTER (Hessen)
Wohratal

Tour 18 Sauerland

Eisen, Wasser und Bier

Was fällt uns auf Anhieb zum Sauerland ein? Talsperren. Gut. Bierbrauereien. Auch gut. Erzbergwerke. Sehr gut. Und nicht zu vergessen: Spannende, kurvenreiche Motorradstrecken.

BASISORT
Warstein

TOURLÄNGE
ca. 200 km (1 Tag)

ROADBOOK
Warstein, Hirschberg, Meschede, Eversberg, Nuttlar, Olsberg, Gevelinghausen, Westernbödefeld, Bremke, Dorlar, Bad Fredeburg, Ebbinghof, Cobbenrode, Eslohe, Calle, Henne-Stausee, Warstein

Warstein bietet sich als Ausgangspunkt für diese Tour geradezu an. Die gepflegte Kleinstadt liegt auf einer zugigen Kalkhochfläche und ist wegen ihres würzigen Bieres in ganz Deutschland bekannt. Seit 1973 hat die Warsteiner Brauerei dort ihren Sitz in einem idyllischen Waldgebiet. Wer tiefer in die Geheimnisse des Bierbrauens eindringen will, kann an einer Führung teilnehmen. Die findet an Wochentagen stündlich statt und kostet rund fünf Euro. Im Preis enthalten sind Essen, Getränke und ein Bierglas.

Viel Wald im Sauerland

Wir streifen Hirschberg und biegen kurz hinter dem Ortsausgang links ab nach Meschede. Dicht an dicht stehen die Bäume neben der Straße. Das sollte uns daran erinnern, dass drei Fünftel des Sauerlandes aus Wald bestehen. Der perfekte Fahrbahnbelag und die übersichtlichen Bögen verlocken zum Gas geben. Hinter der Ruhr taucht Meschede auf. Die Geburtsstadt des Malers August Macke lag im Mittelalter direkt an der wichtigen Heerstraße Hagen – Brilon – Marsberg und besaß eine große strategische Bedeutung. Nach der Zerstörung im Zweiten Weltkrieg wurde Meschede neu aufgebaut.

Weiter mit Kurs auf Brilon. Von Wehrstapel aus empfiehlt sich ein kleiner Umweg nach Eversberg. Das hübsche Fachwerkdorf besitzt eine verfallene Burgruine mit einem Wehrturm, der einen herrlichen Blick über das Sauerland bereithält. Dazu ist ein wenig Kondition nötig, da der Turm zu Fuß erobert werden muss.

Zurück auf der B 7 geht es über Velmede, Bestwig und Nuttlar nach Olsberg. Dann nehmen wir auf der B 480 sozusagen Anlauf für die kommende Kurvenetappe. Die naht nach dem Abzweig in Richtung Siedlinghausen. Von einem Meter zum nächsten wird aus topfebenem Asphalt ein Flickenteppich.

Mit den vielen Bodenwellen und Schlaglöchern hat das Fahrwerk eine

Über grüne Hügel geht es nach Schmallenberg.

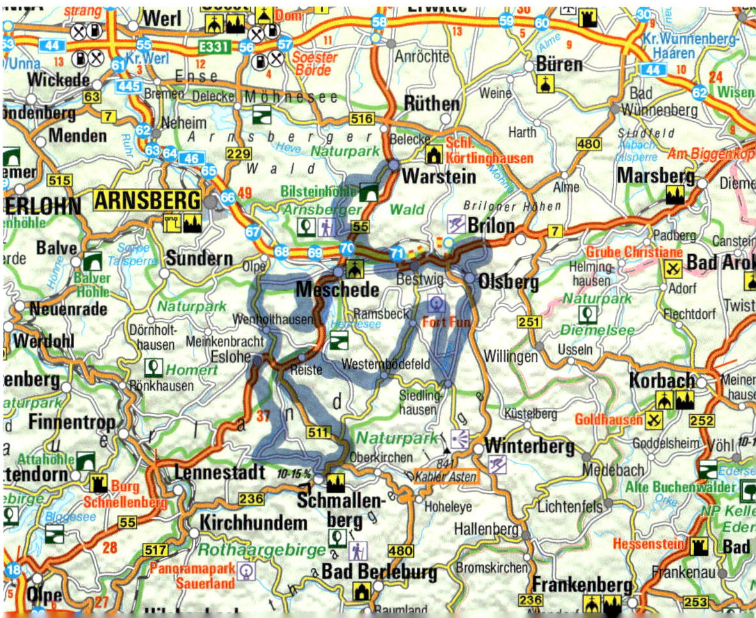

HIGHLIGHT

GESUNDER STOLLEN

In früheren Zeiten wurde im Kilianstollen in Marsberg Kupfer abgebaut. Inzwischen sind die Kumpel längst verschwunden. Die Menschen, die heute das Bergwerk aufsuchen, leiden an Asthma, Bronchitis oder Allergien. Die gute Luft in den feuchten Gewölben verschafft den Kranken Linderung. Und das mit Erfolg: Der Kilianstollen ist einer von zwölf anerkannten Heilstollen in Deutschland.

Menge Arbeit. Die Landschaft ändert sich ständig. Hügelketten reihen sich aneinander, Wälder und Wiesen wechseln sich ab. Brunskappel liegt verträumt im Tal des Flüsschens Neger. Ein Blick zurück ins Negertal, dann rollen wir den Berg hinab nach Elpe.

Freizeit und Arbeit

Wir fahren rechts ab auf Gevelinghausen zu. Linker Hand steht der Freizeitpark Fort Fun. Die Anlage ist ein gutes Beispiel für einen gelungenen Strukturwandel. Sie entstand auf dem Gelände einer ehemaligen Erzgrube und gibt nun zahlreichen Menschen der Region Arbeit.

Herrliche Kurven geben den Takt bis Gevelinghausen vor. Der Fahrbahnbelag ist ruppig und verlangt Aufmerksamkeit. In Ramsbeck wurde schon im Mittelalter Erz abgebaut. Mehrere Jahrhunderte lang ernährte der Berg die Menschen im Ort. 1974 fuhren die Kumpel dann zur letzten Schicht ein, und im Dörnberg gingen die Lichter aus. Glücklicherweise nicht für lange. Bald darauf machte man aus dem Ramsbecker Erzbergwerk eine Besuchergrube mit Museum.

Das Teilstück von Westernbödefeld nach Kirchrarbach entpuppt sich als landschaftlicher Leckerbissen. Es führt über einen Höhenzug und bietet weite Einblicke ins Bödefelder Land. Saftig grüne Wiesen und dichte Nadelwälder huschen vorüber.

Die B 511 bringt nach dem ganzen Klein-Klein der zurückliegenden Kilometer eine willkommene Erholung. Allerdings nur bis Dorlar. Hier navigieren wir auf Altenilpe und Bad Fredeburg zu. Ein Abschnitt, um die Seele baumeln zu lassen. Grün so weit das Auge reicht. Das schmale Sträßchen von Bad Fredeburg Richtung Schmallenberg mit seinem holperigen

Naturverbundene Motorradfahrer kommen im Sauerland auf ihre Kosten.

Untergrund scheint eine Insiderstrecke zu sein, da uns nur einheimische Kennzeichen entgegenkommen. Ein Bahnübergang, dann bessert die Fahrbahn ihre Manieren und serviert uns gepflegten Untergrund. Von nun an geht es in einer ständigen Berg- und Talfahrt über die Höhenlagen des zentralen Hochsauerlandes. Spektakuläre Ausblicke auf die gesamte Region sind die Folge.

Vom Mehl zum Brot

Weiter auf Eslohe zu. In Cobbenrode erwartet uns eine Gaumenfreude. Die alte Mühle im Ort wurde von einigen Bewohnern in jahrelanger, mühevoller Arbeit restauriert und wieder in Betrieb genommen. Heute wird dort wie eh und je Korn gemahlen. Das Mehl gelangt zum ebenfalls historischen Backhaus, um dort zu Brot verarbeitet zu werden.

Kurz hinter Calle biegen wir rechts ab nach Schüren. Eine kleine, aber feine Allee geleitet uns über Schüren und Enkhausen zum Henne-Stausee. Enge Kurven, holperiger Belag – man sollte sein Augenmerk nicht nur auf die reizende Umgebung richten. Der Weg windet sich hinunter zum Hennesee und trifft auf die B 55. Jetzt geht es nach links an der knapp 40 Millionen Kubikmeter fassenden Henne-Talsperre entlang. Das Ufer säumt ein schöner Badestrand.

Auf der Rückfahrt nach Warstein statten wir dem westlich von Meschede stehenden Schloss Laer einen Besuch ab. Das weiße Wasserschloss mit seinem grauen Schieferdach stammt aus dem 17. Jahrhundert.

TOUR 18 | Sauerland

EISEN, WASSER UND BIER

TOURLÄNGE | 200 km

REGIONALE MOTORRADTREFFEN

Möhnetalsperre: Traditionstreff an der Staumauer, verschiedene Gastronomie.

Möhnesee / Delecke: Café Geronimo, amerikanisch angehauchtes Restaurant mit Bar.

Hennetalsperre: Bekannter Treff an der Staumauer, mit Gasthof.

Winterberg: Bikers Herrloh, zünftige Hütte mit Terrasse.

Größtenteils sind die Straßen im Sauerland im ordentlichen Zustand.

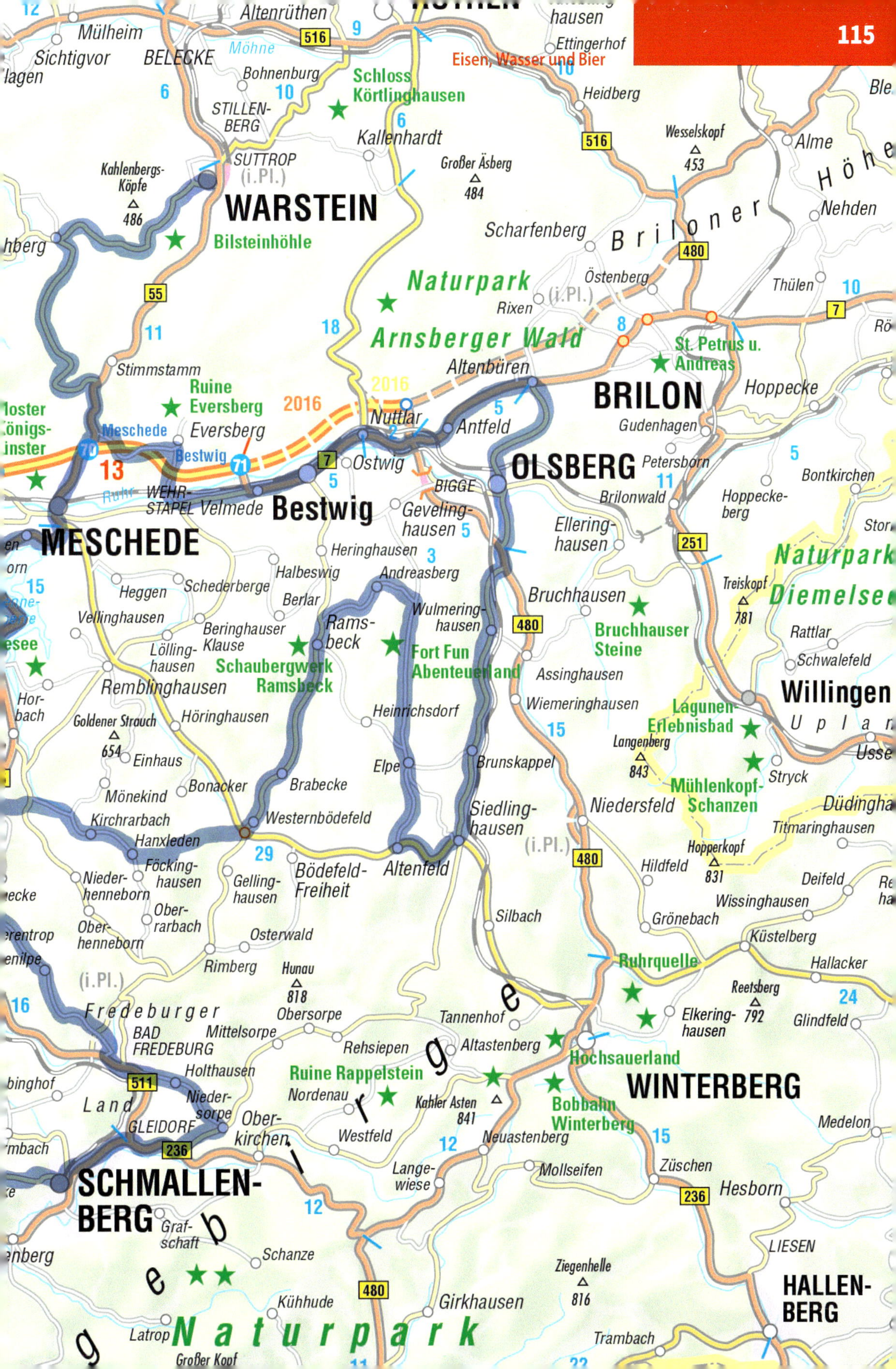
WARSTEIN
BRILON
OLSBERG
MESCHEDE
Bestwig
WINTERBERG
SCHMALLEN-BERG
Willingen
HALLEN-BERG
Naturpark Arnsberger Wald
Naturpark Diemelsee
Briloner Höhe
Rothaargebirge
Schloss Körtlinghausen
Bilsteinhöhle
Ruine Eversberg
St. Petrus u. Andreas
Bruchhauser Steine
Schaubergwerk Ramsbeck
Fort Fun Abenteuerland
Lagunen-Erlebnisbad
Mühlenkopf-Schanzen
Ruhrquelle
Hochsauerland
Bobbahn Winterberg
Ruine Rappelstein
Kahler Asten 841
Fredeburger Land
BAD FREDEBURG
Altenrüthen
Mülheim
BELECKE
Möhne
SUTTROP
Kallenhardt
Nuttlar
Antfeld
Ostwig
Altenbüren
Hoppecke
Eversberg
Bestwig
Meschede
Velmede
BIGGE
Gevelinghausen
Heringhausen
Andreasberg
Ramsbeck
Siedlinghausen
Altenfeld
Bödefeld-Freiheit
Niedersfeld
Brunskappel
Elpe
Heinrichsdorf
Assinghausen
Wiemeringhausen
Remblinghausen
Altastenberg
Neuastenberg
Züschen
Hesborn
Gleidorf
Oberkirchen
Westfeld
Nordenau
Girkhausen
Latrop
Naturpark

Tour 19 Bergisches Land

Zu Besuch bei den Revoluzzern

BASISORT
Eckenhagen

TOURLÄNGE
ca. 150 km (1 Tag)

ROADBOOK
Eckenhagen, Sinspert, Bruchermühle, Wiehl, Röttgen, Waldbröl, Windeck, Wissen, Volperhausen, Morsbach, Crottorf, Wildbergerhütte, Eckenhagen

Wenn einst die Menschen im Oberbergischen Land mal wieder einen misslungenen Aufstand angezettelt hatten, flüchteten sie vor der Obrigkeit in das unwegsame Gelände rund um Waldbröl.

Start in Eckenhagen, Richtung Sinspert. Der Belag lässt einen flotten Strich zu. In Sinspert folgen wir dem Schild Brüchermühle, unterqueren die Autobahn und ziehen gemächlich durch die weiten Bögen einer gut ausgebauten Straße, die an der Wiehltalsperre entlangführt. Weite Blicke über die bewaldeten Kuppen des Bergischen Landes tun sich auf. Kuhweiden flankieren die Route.

Überall stehen typisch bergische Häuser: mit weißen Fensterrahmen und grünen Läden. In Brüchermühle rechts ab nach Wiehl. Eine landschaftlich reizvolle Strecke folgt dem Lauf eines Baches. Der sucht sich in unzähligen Windungen seinen Weg durch eine feuchte Talwiese, an deren Rändern bewaldete Hänge dem Himmel entgegenstreben.

Kleine Nebenstraßen

Auf den nächsten Kilometern hinter Wiehl schlägt die Route einen Haken um das Städtchen Nümbrecht und visiert Waldbröl an. Dabei benutzt sie ausschließlich kleine Nebenstraßen, deren Beschilderung mitunter etwas lückenhaft ist. Die schleichen zwischen Wiesen und Feldern hindurch und geben immer wieder einen Blick auf kleine verträumte Ortschaften frei.

Einige ruhige Kilometer am hier entspringenden Brölbach entlang folgen. Dann taucht in Röttgen ein Schild mit dem Hinweis Waldbröl, 14 Kilometer auf. Und dieses Schild bedeutet 14 Kilometer grandiosen Fahrspaß. Die immer schmaler werdende Straße vollführt eine Kurve nach der anderen. Fällt in Senken ab, steigt auf Anhöhen empor und bietet das komplette Spektrum an motorradfahrerischen Variationen. Die Fahrbahndecke bleibt immer leicht wellig und verlangt

Berge gibt es trotz des Regionennamens keine, dafür aber originelle Städte wie Freudenberg.

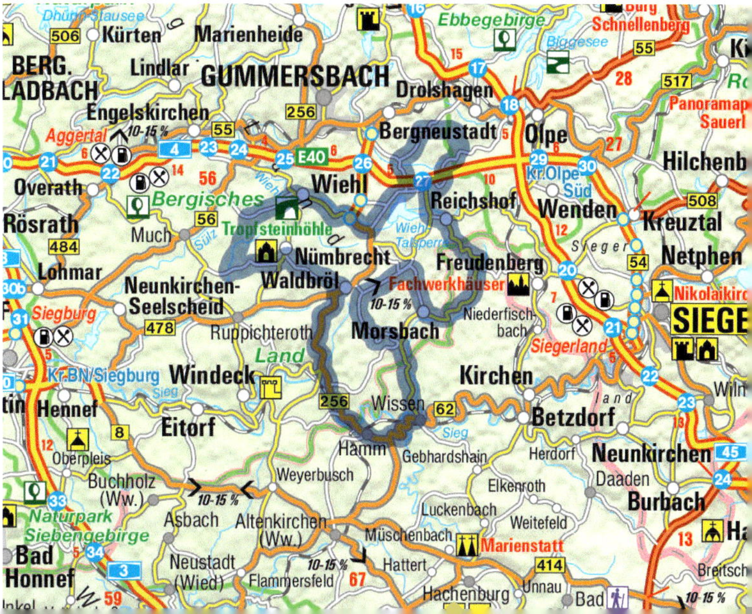

HIGHLIGHT

GRÜN, WEISS, GRAU

Mit seinen typischen bergischen Häusern (grüne Fensterläden, weiße Fensterrahmen und graue Schieferfassaden) ist Waldbröl ein echtes Juwel. Zwar erlangte das Städtchen früher als Marktflecken eine gewisse Bedeutung, doch blieben seine Einwohner immer arm. Wildschweine vernichteten oft die Saat. Und wenn die Bauern das den Herren von Windeck gehörende Wild verfolgten, drohte ihnen die Todesstrafe. Kein Wunder, dass sich unter solchen Umständen schon früh der Widerstand gegen die Obrigkeit regte.

ständige Aufmerksamkeit. Verkehr? Nicht der Rede wert.

Das hübsche Städtchen Waldbröl liegt im Prinzip links und rechts einer langen Hauptstraße. Die Fassaden seiner Häuser sind gut in Schuss und geben ihm einen adretten Anstrich. Vor der Weiterfahrt ein Päuschen gefällig? Dann im Bikertreff „Zur Klus“. Das rustikale Lokal mit seinem Biergarten liegt an der Straße in Richtung Bröl (am östlichen Ausgang von Waldbröl links ab).

Nicht an Wochenenden

Der Abzweig Richtung Windeck bringt uns zu einer sieben Kilometer langen Etappe, der seit Jahren ein Ruf als Rennstrecke vorauseilt. Angesichts der herrlichen Kurven und des sehr guten Belages kein Wunder. An einem sonnigen Wochenende legt sich hier ein Motorrad hinter dem anderen in Schräglage. Wer jedoch unter der Woche kommt, hat den Asphalt meist für sich. Im oberen Bereich der Etappe übertrieben es wohl einige Hausstreckenheizer etwas, und die Staatsmacht sah sich gezwungen, ein kurzes Teilstück an Samstagen, Sonntagen und

Feiertagen umzuleiten (Ausschilderung über Seifen).

Wir fahren am Abzweig nach Windeck vorbei und folgen dem Lauf der Sieg in Richtung Wissen. Die Kurven werden weiter, die Schräglagen entspannter, ein ruhigerer Rhythmus kommt auf. In Wissen verlassen wir die breite Bundesstraße und biegen an der rosafarbenen Kirche in Richtung Morsbach ab. Jetzt verengt sich die Fahrbahn zwar, behält jedoch ihren ruhigen Charakter. In lang gezogenen Bögen folgt sie dem Lauf eines Flüsschens, das sich in unzähligen Mäandern seinen Weg durch dieses Tal bahnt. Wie eine grüne Landebahn inmitten eines dichten Waldes breitet sich die Auenlandschaft vor uns aus.

In Volperhausen ist dann Schluss mit gemütlich. Das Bergsträßchen, das nun

Grün ist die beherrschende Farbe im Bergischen Land. Lohnenswertes Ziel ist das Schloss Crottorf (rechte Seite).

nach links in Richtung Waldbröl abzweigt, hat es nämlich gehörig in sich. In den unterschiedlichsten Kurven und Kehren zackt es bergauf in einen Wald hinein. Saubere, runde Radien. Wir überqueren eine Kuppe und stürzen uns auf die Abfahrt, die in puncto Fahrspaß dem Aufstieg kaum nachsteht. Dieses Kurvengewitter dauert zwar – leider – nicht sehr lange, wirkt dafür aber umso intensiver. Auf dem Kamm einer Hügelkette geht es anschließend weiter bis zu einer Kreuzung, an der wir rechts nach Morsbach abbiegen.

Geraden und Kurven

„Unsere Republik" nennen seine Einwohner diesen Ort und zeigen damit unmissverständlich, dass sie auf die Regierenden nicht gut zu sprechen sind. Wir biegen nach links ab und fahren ins Wissertal hinein, geben uns zuvor an der Eisdiele am Kreisverkehr die Kugel. Grobe Richtung Freudenberg. Die nun folgende Etappe ist eine Traumstrecke. Landschaftlich und fahrerisch. Als Landstraße schlängelt sie sich durch eine romantische Gegend, die nur aus Wäldern, Bachwiesen und Alleen zu bestehen scheint. Geraden wechseln ab mit Kurvenkombinationen.

Wir lassen den Abzweig nach Freudenberg rechts liegen und steuern den Weiler Crottorf an. Hier steht das urige Schloss Crottorf. Mehrere enge Kurven führen anschließend zu einem 400 Meter hoch gelegenen Sattel hinauf, von dem es ähnlich verschlungen in den Ort Wildbergerhütte hinabgeht. Dort zunächst links in Richtung Waldbröl, dann am Ortsende rechts ab zurück nach Eckenhagen. ◄

ÜBERNACHTEN IN DER REGION

HAUS WALDBLICK
Schöne Landschaft, tolle Strecken: Ihr plant eure Bike-Tour alleine oder in der Gruppe, für einen Tag oder auch länger? Im Haus Waldblick sind Motorradfahrer herzlich willkommen. Die Region erfüllt alle Voraussetzungen für wunderschöne Tages- oder Halbtagestouren.

Zur Mühle 2 • 51580 Dreschhausen
+49 (0) 22 97 / 5 57 • www.waldblick-reichshof.de

VICTOR'S RESIDENZ HOTEL****
Das komfortable 4-Sterne-Hotel ist der ideale Ausgangspunkt für Aktivitäten im umliegenden Oberbergischen Land mit zahlreichen Seen und Talsperren oder im Großraum Köln. Alle Zimmer und Studios, auf Wunsch mit Küchenzeile, bieten sämtliche Annehmlichkeiten eines First-Class-Hotels.

Brückenstr. 52 • 51643 Gummersbach
+49 (0) 22 61 / 8 01 09 • www.victors.de

HOTEL-RESTAURANT „HAUS AM MÜHLENBERG"
Vierbuchermühle ist der ideale Ausgangspunkt für schöne Motorradtouren ins Oberbergische, ins benachbarte Sieger- und Sauerland, in den Westerwald sowie an den Rhein und Mosel. Wenn Ihr euer Zelt mitbringt, könnt Ihr auch auf dem kleinen Zeltplatz die Nacht verbringen.

Vierbuchermühle 2 • 51545 Waldbröl
+49 (0) 22 91 / 70 52 • www.vierbuchermuehle.de

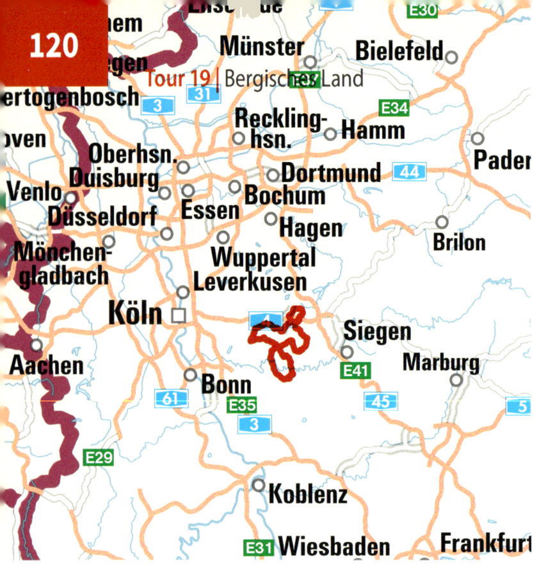

TOUR 19 | Bergisches Land

ZU BESUCH BEI DEN REVOLUZZERN

TOURENLÄNGE | 150 km

REGIONALE MOTORRADTREFFEN

Waldbröl-Bröl: Bikergaststätte Zur Klus, stimmungsvoller Traditionstreff.

Schönenberg: Futterkrippe im Brölbachtal, lecker Fritten.

Attendorn: Bigge-Grill am Biggesee.

Gummersbach-Unnenberg: Turmgaststätte Unnenberg, höchster Treff im Bergischen.

Nümbrecht: Pfannkuchenhaus, sonntags Bikerfrühstück. Biker-Station Berkenroth, an der B 478.

Dattenfeld: Bikers Rast, einer der ältesten Treffs im Bergischen.

Die Wiehltalsperre ist ein Freizeitparadies.

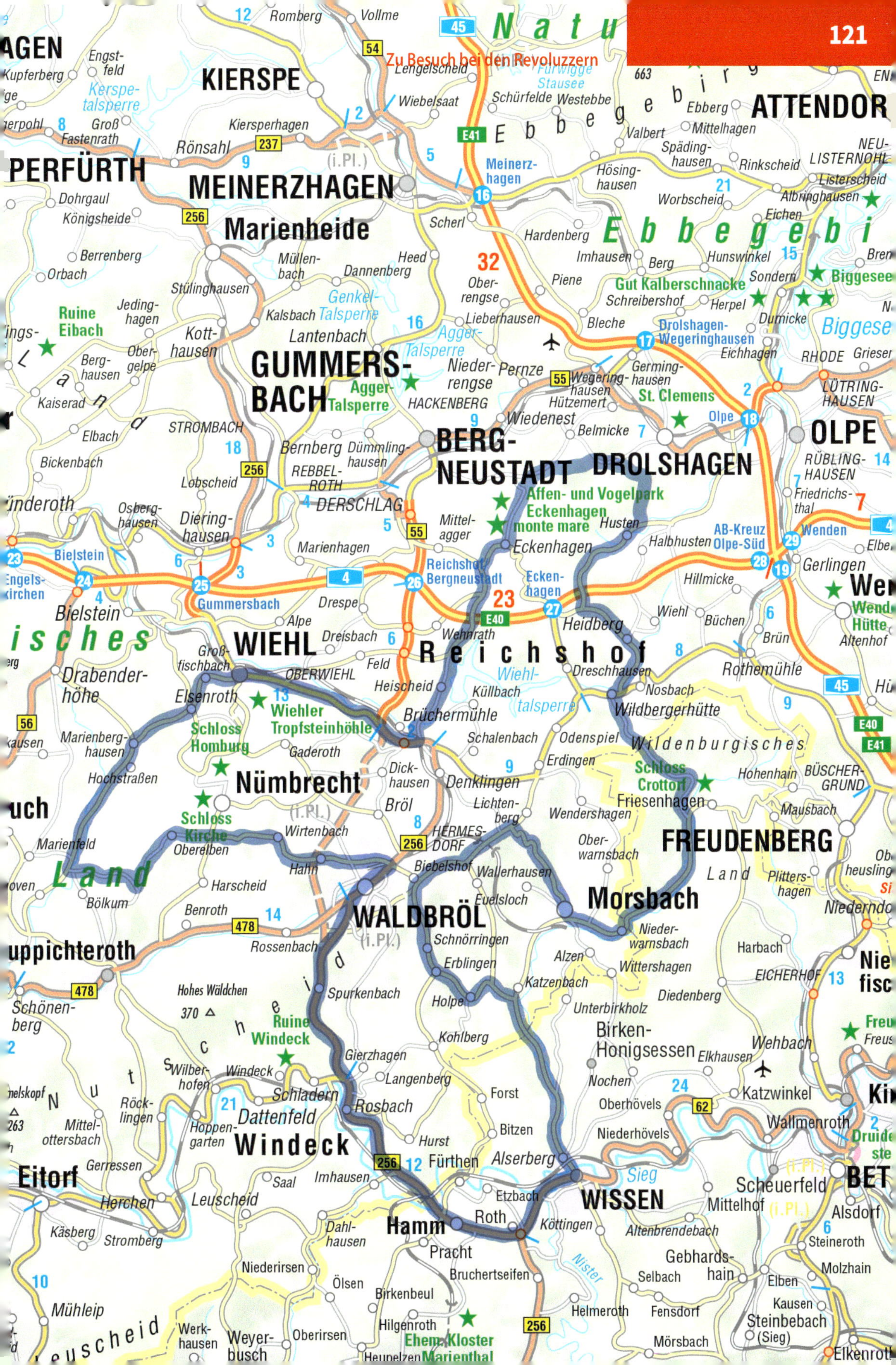

Zu Besuch bei den Revoluzzern

Tour 20 Westerwald

Im Land der Winde und Wälder

Ob der Wind im Westerwald wirklich so kalt pfeift, wie es ein Lied beschreibt, sei dahingestellt. Enorm sind die Klimaunterschiede zwischen seinen Höhenlagen und Flusstälern schon.

BASISORT
Montabaur

TOURLÄNGE
ca. 230 km (1 Tag)

ROADBOOK
Montabaur, Selters, Hachenburg, Steinebach, Wissen, Waldbröl, Windeck, Eitorf, Asbach, Neustadt/Wied, Neuwied, Bendorf, Ransbach-Baumbach, Montabaur

Der Ausgangspunkt dieser 230 Kilometer langen Rundtour ist schon von Weitem sichtbar – das prachtvolle gelbe Schloss von Montabaur. Stolz überragt die um 1700 erbaute Anlage die Schieferdächer des Städtchens. Einst im Besitz der Herzöge von Nassau, dient Schloss Montabaur seit 1978 den deutschen Volks- und Genossenschaftsbanken als Akademie und Hotel. Ein kurzer Bummel durch Montabaurs Gassen mit seinen stilvoll renovierten Fachwerkhäusern aus dem 16. und 17. Jahrhundert ist daher vor dem Start zur Tour ein absolutes Muss.

Lang gezogene Bögen

Bevor sich die Maschine nun in die schönen lang gezogenen Bögen des westerwälder Straßennetzes legen darf, steht noch ein Abstecher nach Wirzenborn auf dem Programm. Etwa zwei Kilometer östlich von Montabaur wartet mit der „Wirzenborner Liss" ein urgemütliches Gasthaus, das seit 1982 als Motorradtreff und –museum genutzt wird. Dass sich dabei alles um die alten Schätzchen aus sieben Jahrzehnten dreht, ist klar. Ein zweites Frühstück oder eine Tasse Kaffee gefällig? Immer!

Jetzt aber endlich auf die Piste. Auf schmalen, wenig befahrenen Landstraßen führt unsere Route nach Nordosten Richtung Selters. Selters? Das Mineralwasser? Nicht ganz. Denn unser Selters liegt im Westerwald. Nicht zu verwechseln mit dem Ort Selters an der Lahn. Dort sprudelt seit 1908 das gesunde Wasser aus einer Queller und gibt einer ganzen Getränkegattung ihren Namen.

Hinter Selters legt sich das Bike in die sanften Bögen der nach Norden führenden Landstraße. Die Dächer von Hachenburg tauchen auf, gekrönt von den verschieferten

Dichte Wälder und viel Wasser prägen den Westerwald.

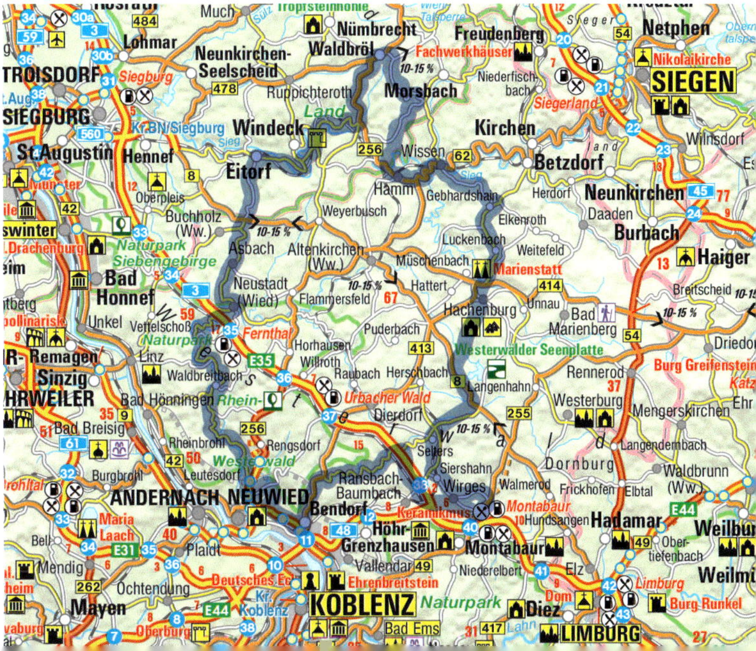

HIGHLIGHT

WIRZENBORNER LISS

Seit 1894 befindet sich das Landgasthaus im Besitz der Familie, und seit 1982 betreiben es Christel und Helmut Müller als Gasthaus, Motorradtreff und Motorradmuseum. Die „Liss", das war Helmuts Großmutter, wegen ihrer Schlagfertigkeit weit über den Westerwald hinaus bekannt. Immer am letzten Juli-Wochenende findet hier ein Veteranentreffen statt.

Giebeln des wunderschönen Barockschlosses. Es beruht auf einem Bau aus dem Jahr 1212 und wurde später, der Mode entsprechend, barockisiert. Seit 1974 ist es im Besitz der Deutschen Bundesbank, die es als Fachhochschule nutzt. Eine Besichtigung von innen ist daher leider nicht möglich, ein Spaziergang durch den Park jedoch immer eine gute Idee. Auch Hachenburg selbst gefällt mit seinen Fachwerkhäusern und seinem historischen Kern. Ein kleines Juwel ist der Marktplatz mit Brunnen. Der Versuchung auf Kaffee und Kuchen zu widerstehen, fällt dort schwer.

Oldtimer-Liebhaber

Kaum im Sattel, ist schon der nächste Stopp fällig. Und zwar in Steinebach, wo Agnes und Gerhard Weller seit 1993 mit großem Engagement das Westerwälder Technik- und Motorradmuseum betreiben. Die beiden Oldtimer-Liebhaber zeigen nicht nur eine Menge fahrbereiter alter Maschinen, sondern bieten auch einen Teile- und Reparaturservice an.

Eine ganze Reihe flotter Wechselkurven folgen, dann tauchen

wir hinab ins Tal der Sieg und erreichen das links und rechts des Flusses gebaute Wissen. 1952 wurden die beiden bis dahin selbstständigen Gemeinden zu einer Stadt zusammengelegt. Wir verlassen die Sieg gleich wieder und peilen in einem Bogen mittels entlegener Bauernsträßchen Waldbröl an. Ein lang gestreckter Ort mit einer Hauptstraße voller Läden, Kneipen, Cafés und grünweißer Häuser – das ist Waldbröl. Mag das Städtchen auch nicht so perfekt gestylt sein wie einige seiner Nachbarn, so versprüht es doch den ganz eigenen Charme der bergischen Ortschaften mit ihren grauen Schieferfassaden, weißen Fenstern und grünen Fensterläden.

Die folgende rund acht Kilometer lange Strecke nach Windeck ist ein echter Motorradtraum: Kurven jeg-

Hachenburg ist ein staatlich anerkannter Erholungsort (rechts) und Montabaur ein weithin sichtbares Hotel (rechte Seite).

lichen Kalibers, griffiger Asphalt, Radien wie mit dem Zirkel gezogen. Das verleitet dazu, am Quirl zu drehen. Wohl zu heftig, weshalb die Strecke an Feiertagen und Wochenenden für Motorräder gesperrt ist. Ab Windeck nimmt die Straße die Fährte der Sieg auf, folgt gelassen ihren Windungen und sorgt für Entspannung. Elegante Bögen, gepflegter Asphalt, dichtes Blätterdach – diese Etappe ist Balsam für die gestresste Seele.

Zackige Kurven

In Eitorf Blinker links, und ab geht es über die Erhebungen des Leuscheid Richtung Asbach. Diese auf der Landkarte so harmlos aussehende Etappe entpuppt sich in der motorradfahrerischen Realität als richtiges Schmankerl mit zünftigen Höhenunterschieden und zackigen Kurven. Aufatmen kann man erst wieder ab Neustadt/Wied, einer Ortsgemeinde mit 56 Dörfern, Weilern und Wohnplätzen. In kleinen und großen Radien folgt die Straße dem Lauf der Wied und gibt zauberhafte Blicke auf schnuckelige Dörfer und weite Wälder frei.

Von Neuwied bis Bendorf folgen wir ein Stück dem Lauf des Rheins, um dann auf erst breiter, danach schmaler Fahrbahn ins Kannenbäckerland einzufallen. Ihren Namen verdankt die Region dem größten Tonvorkommen Europas. Aus diesem Material wurde ab dem 16. Jahrhundert das typische graublaue Westerwälder Steinzeug hergestellt. Auf kurvenreichen, verkehrsarmen Landstraßen geht es schließlich über Ransbach-Baumbach zurück nach Montabaur. ◄

TOUR 20 | Westerwald

IM LAND DER WINDE UND WÄLDER

TOURLÄNGE | 230 km

REGIONALE MOTORRADTREFFEN

Montabaur: Gasthaus Wirzenborner Liss, am Motorradmuseum Montabaur.

Isenburg: Gaststätte Zur Isenburg, an der Hauptstraße.

Steinebach: Haus am See.

Nistertal: Gasthaus zur Quelle.

Der Rhein bei Neuwied.

Im Land der Winde und Wälder
Nümbrecht
Much
Land
Ruppichteroth
WALDBRÖL
Morsbach
FREUDENBERG
Nieder-
fischbach
Kirchen
Windeck
Eitorf
WISSEN
BETZDORF
Hamm
Ruine
Windeck
Schloss
Kirche
Ehem. Kloster
Marienthal
Leuscheid
Buchholz
(Westerwald)
Asbach
ALTENKIRCHEN
(Westerwald)
Kloster
Marienstatt
HACHENBURG
Landschaftsmus.
Westerw.
Schl.
Hachenburg
Neustadt
(Wied)
Puderbach
Westerwälder
Seenplatte
Hartenfels
Schloss
Walburg
DIERDORF
Rengsdorf
monte
mare
Burg
Wied
Isenburg
Limes
Kloster
Rommersdorf
Ruine
Grenzau
RANSBACH-
-BAUMBACH
WIRGES
MONTABAUR
Schl. Montabaur
NEUWIED
WEISSENTHURM
Urmitz
BENDORF
Schloss
Sayn
HÖHR-
GRENZHAUSEN
Keramik-
museum
VALLENDAR
Naturpark
Rhein-
Westerwald
Runder
Turm
Selters
(Westerwald)
Maxsain
Siershahn
Plaidt

Tour 21 Taunus

Kurvengeschlängel mit Höhen und Tiefen

Der Taunus ist rund 70 Kilometer lang, wird von Main und Lahn begrenzt und ist mit dichten Laub- und Nadelwäldern bewachsen. Außerdem gilt er als das Eldorado der Main-Rhein-Biker.

Ja, ja, die Hessen. Sie sind ruppig, nassforsch und rotzig. Das behauptet jedenfalls der inzwischen verstorbene großartige Kabarettist Matthias Beltz von seinen Landsleuten. „Hesse und Hessin gelten gemeinhin, aber fälschlicherweise als dumm", so Beltz, „was wirklich Dumme aus dem verblüffend schlicht wirkenden hiesigen Dialekt ableiten.". Die Sprache der Hessen. Ihr Lieblingswort ist „Schnäppsche", was bereits einiges über ihren Charakter aussagt. Sie „schwätze", „küddern", „brabbeln" und „saache" sich was von „Abbelkrotze" bis „Zuckerbeppsche". Ein Volk, laut Beltz „umzingelt von lauter Deutschen und ohne direkten Zugang zu Meer und Alpen". Dafür mit einigen der faszinierendsten Motorradstrecken Deutschlands vor der Haustür.

Altes Kurbad

Eine von ihnen beginnt in Wiesbaden, der hessischen Landeshauptstadt. Die ist nicht nur eine der hübschesten deutschen Hauptstädte, sondern mit 15 Thermalquellen auch eines der ältesten Kurbäder Europas. Hauptsehenswürdigkeit Wiesbadens ist sein Schlossplatz. Der Mittelpunkt des historischen Fünfecks der Altstadt war einst die Keimzelle der mittelalterlichen Stadt. Wie wäre es vor der Tour mit einem Frühstück in einem der dortigen Cafés? Absolut zu empfehlen ist auch ein Spaziergang durch den Park des barocken Schlosses Biebrich, das etwas außerhalb von Wiesbaden liegt.

Am Rhein entlang geht es nach Eltville, von wo wir einen Schlenker hinauf zu Kloster Eberbach und zu Schloss Johannisberg machen. Dort oben auf den Höhen des Rheingaugebirges warten nicht nur einige der bes-

BASISORT
Wiesbaden

TOURLÄNGE
ca. 240 km (1 Tag)

ROADBOOK
Wiesbaden, Kiedrich, Oestrich-Winkel, Rüdesheim, Assmannshausen, Lorch, Wispertal, Bad Schwalbach, Kettenbach, Taunusstein, Idstein, Schmitten, Feldberg, Königstein, Niedernhausen, Wiesbaden

Entlang der Weinreben winden sich die Straßen hinab nach Assmannshausen am Rhein.

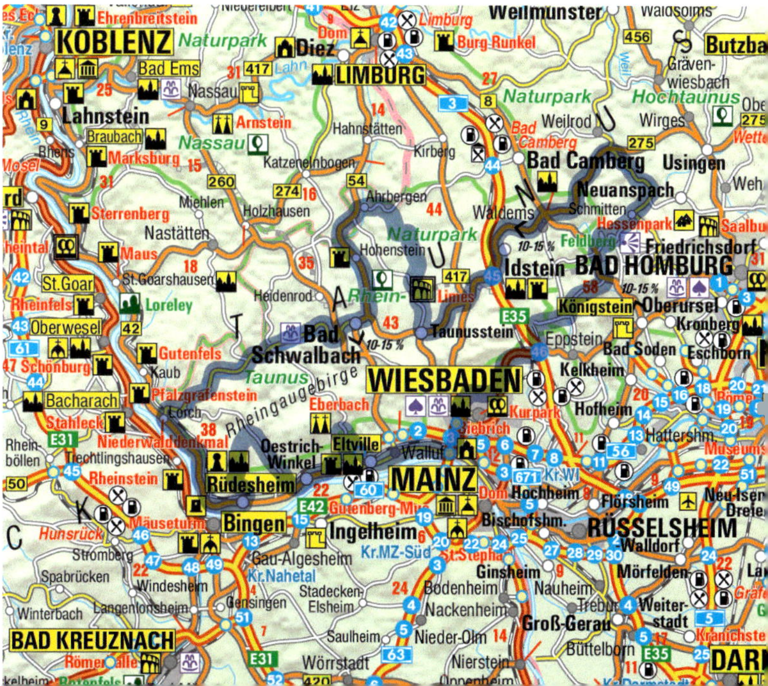

HIGHLIGHT

EIN STRAUSS BUNTER BLUMEN

Entweder ist er emsig irgendwo in seinem Hotel unterwegs, oder er sitzt im Sattel seiner schönen, historischen BMW R 60. Konrad Berg, Chef des urigen und gemütlichen Hotels Alte Bauernschänke in Assmannshausen am Mittelrhein, legt Wert darauf, dass sich in seinen sämtlich unterschiedlich eingerichteten, stimmungsvollen Zimmern Motorradfahrer besonders wohl fühlen. „Mein Haus ist wie ein Strauß bunter Blumen“, so lautet sein Motto.

ten Weine des Rheingaus, sondern auch eine bezaubernde Aussicht auf Fluss und Reben. Anschließend kurven wir vorbei an der Abtei St. Hildegard nach Geisenheim und Rüdesheim. Dort wäre eine Kaffeepause am Rheinufer ideal. Wenn der Blick hinüber zum Wasser und hoch zu den Weinbergen schweift, die ersten Sonnenstrahlen die Fachwerkhäuser golden färben, dann hat das schon was.

Rüdesheim bringt‘s

Klar, der Weinort Rüdesheim ist alles andere als ein touristischer Geheimtipp. Dennoch hat er trotz Besucheransturms seinen ganz eigenen Charme. Schmale Gassen, bunte Fachwerkhäuser, die Uferpromenade, sonnige Straßencafés – Rüdesheim bringt’s. Sogar spezielle Motorradparkplätze warten an der Uferstraße.

Dass das Wispertal, das wir bald hinter Lorch erreichen, ein optisches und fahrerisches Glanzlicht ist, hat sich längst herumgesprochen. Entsprechend dominieren an sonnigen Wochenenden die Einspurigen das Verkehrsgeschehen in dem 16 Kilometer langen Tal. Weil es einige übertreiben, wurde die Strecke von der Rennleitung mit einem 60-km/h-Tempolimit belegt.

Egal – Laune macht diese Auftaktetappe auf jeden Fall. Uns so rollen wir beschwingt nach Bad Schwalbach hinein. Das Kurstädtchen im Taunus ist seit dem 16. Jahrhundert für seine Mineralquellen berühmt. Ab dem 19. Jahrhundert waren es vor allem die Briten, die wegen der Schwalbacher „Bubbles“ und der örtlichen Spielbank in den Taunus kamen.

Kloster Erbach (oben), Eltville am Rhein (rechts) und der Große Feldberg (r. Seite).

Auf dem geschwungenen Asphalt der B 54 geht es nach Aarbergen, dort rechts ab und anschließend weiter durch ein wahres Kurvengeschlängel quer durch die Höhen und Tiefen des Taunus nach Taunusstein. Die Stadt entstand 1971 durch die Zusammenlegung mehrerer Ortschaften und besitzt als Wahrzeichen das prächtige Wehener Schloss im gleichnamigen Stadtteil. Schon viel länger existiert Idstein, das wir zwölf Kilometer später erreichen. Idstein weist ein historisches Zentrum auf, in dem viele Sehenswürdigkeiten ins Auge stechen wie der Marktplatz, der Adolfplatz, der Schlossgarten, die Unionskirche, der Römerturm und das Killingerhaus. Perfekt für die große Pause.

Bikertreff Großer Feldberg

Man sollte sich allerdings noch Hunger aufheben. Der wird im Taunus traditionell mit einer „Rindsworscht" auf dem Großen Feldberg gestillt, den wir hinter Schmitten erklimmen. Dass der mit 879 Metern höchste Berg im Taunus einen Gipfelparkplatz besitzt, der sich zu Hessens bekanntestem Bikertreff entwickelte, ist ein glücklicher Umstand. So gibt es eigentlich keinen Tag im Jahr, an dem nicht eine mehr oder weniger große Zahl von Motorrädern hier steht. Wer später noch mal kommen will – auch an Heiligabend trifft man sich auf dem Feldberg.

Eine nur geringfügig kleinere Anzahl von Schwüngen bringt uns talwärts und weiter über Niedernhausen an Königstein vorbei zurück nach Wiesbaden, wo auf dem Marktplatz die Abschluss-Cola wartet. ◂

TOUR 21 | Taunus

KURVENGESCHLÄNGEL MIT HÖHEN UND TIEFEN

TOURLÄNGE | 240 km

REGIONALE MOTORRADTREFFEN

Frankfurt: Harley-Factory, historisches Backsteingebäude mit amerikanischer Bar.

Schmitten: Großer Feldberg, Parkplatz und Gastronomie auf dem Gipfel.

Hochheim / Main: Treff am Weinberg, mit Clubhaus.

Heidesheim: Bikerkneipe Zum Eulenspiegel.

Das historische Zentrum
von Idstein.

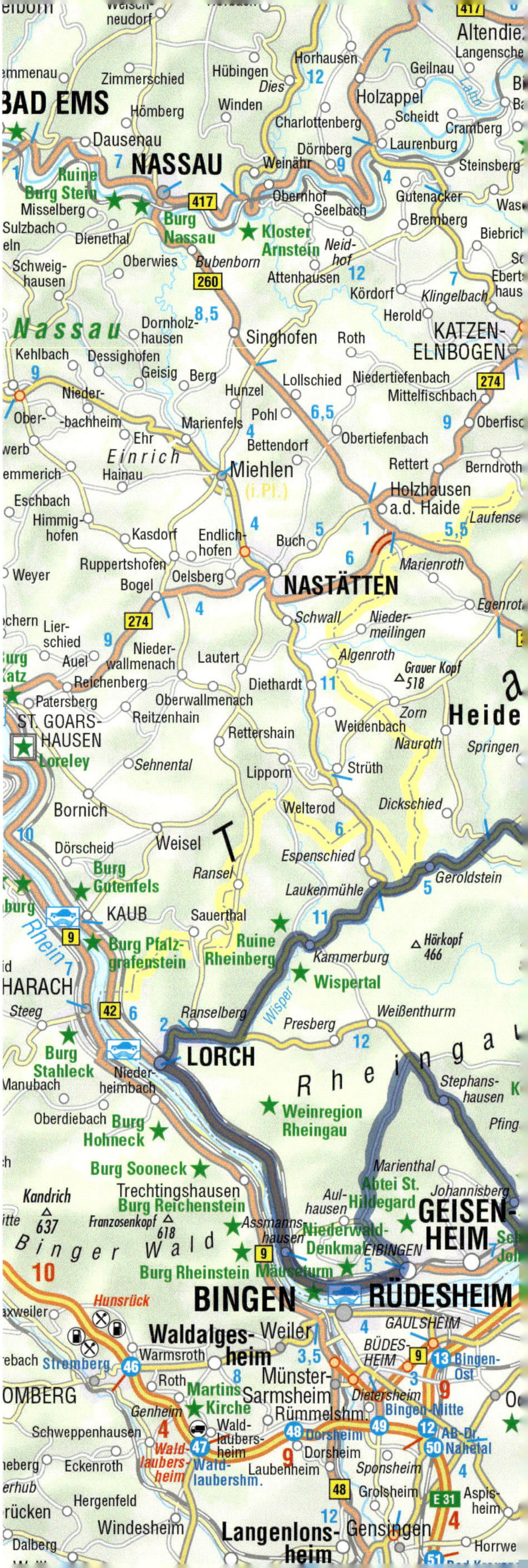

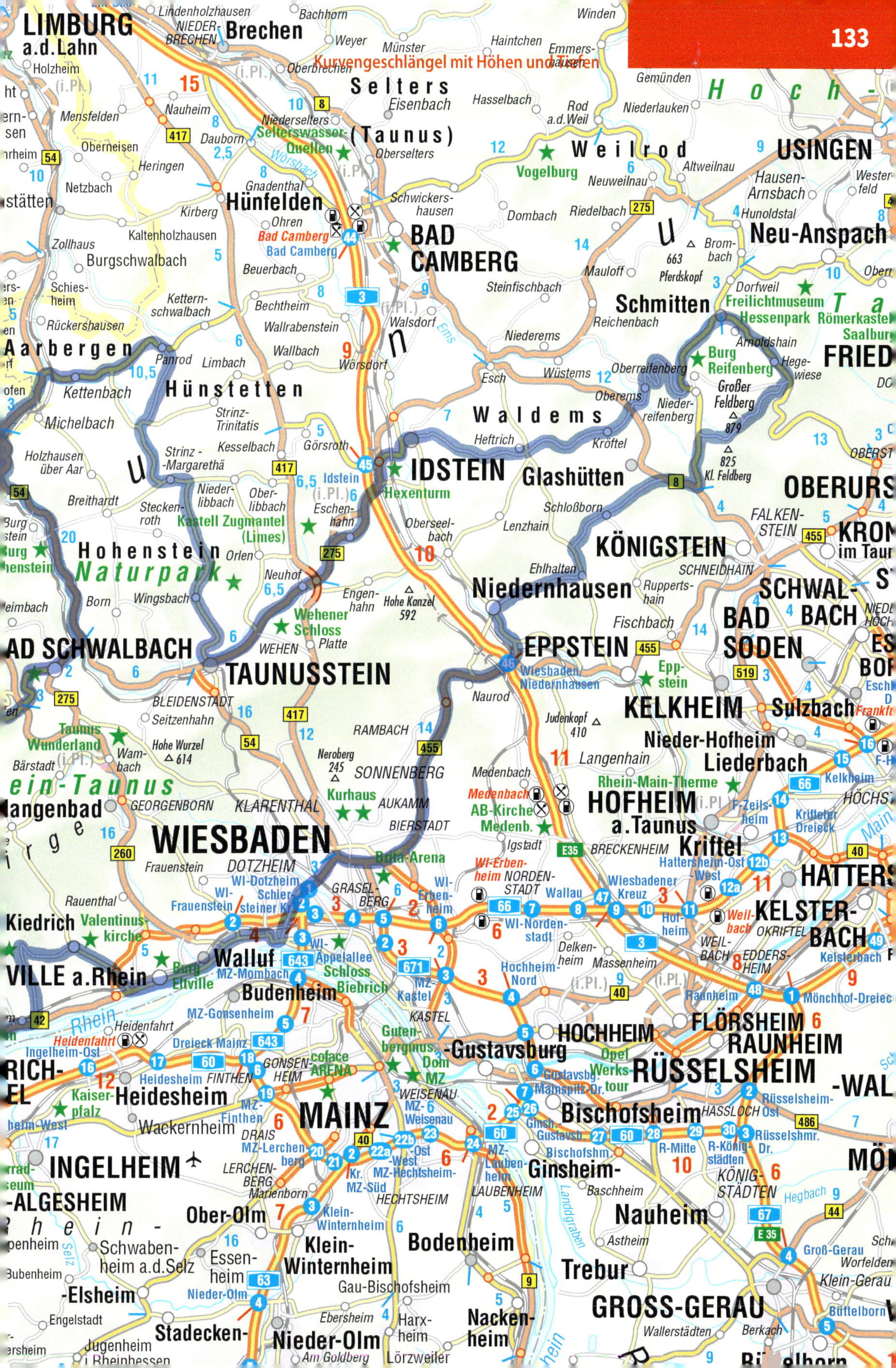

LIMBURG a.d.Lahn
Brechen
Kurvengeschlängel mit Höhen und Tiefen
Selters (Taunus)
Selterswasser-Quellen
Weilrod
Vogelburg
USINGEN
Hünfelden
BAD CAMBERG
Bad Camberg
Neu-Anspach
Schmitten
Freilichtmuseum Hessenpark
Römerkastell Saalburg
Pferdskopf
Großer Feldberg
Kl. Feldberg
Burg Reifenberg
Aarbergen
Hünstetten
Waldems
IDSTEIN
Hexenturm
Glashütten
OBERURSEL
Hohenstein
Naturpark
Kastell Zugmantel (Limes)
KÖNIGSTEIN
Niedernhausen
Hohe Kanzel 592
Wehener Schloss
SCHWALBACH
BAD SODEN
EPPSTEIN
Epp-stein
BAD SCHWALBACH
TAUNUSSTEIN
KELKHEIM
Sulzbach
Nieder-Hofheim
Liederbach
Taunus Wunderland
Hohe Wurzel 614
Neroberg 245
SONNENBERG
Kurhaus
Rhein-Main-Therme
HOFHEIM a.Taunus
Kriftel
Schlangenbad
WIESBADEN
Brita-Arena
HATTERSHEIM
KELSTERBACH
Kiedrich
Valentinuskirche
Walluf
Burg Eltville
ELTVILLE a.Rhein
Budenheim
Appelallee Schloss Biebrich
HOCHHEIM
FLÖRSHEIM
RAUNHEIM
Gustavsburg
Opel Werks-tour
RÜSSELSHEIM
Heidesheim
Kaiserpfalz
coface ARENA
Dom
MAINZ
Bischofsheim
INGELHEIM
Ginsheim-
Nauheim
GAU-ALGESHEIM
Ober-Olm
Klein-Winternheim
Bodenheim
Trebur
GROSS-GERAU
Schwabenheim a.d.Selz
Essenheim
Elsheim
Stadecken-
Nieder-Olm
Nackenheim

Tour 22 Rhein

Reben und Radien

Wenn die Himmelsrichtungen ihre Geltung verlieren, wir nicht mehr wissen, wo wir sind, wenn die Maschine immer neue und verwirrendere Bögen zieht – dann fahren wir am Rhein entlang.

BASISORT
Lorch

TOURLÄNGE
ca. 210 km (1 Tag)

ROADBOOK
Lorch, Kaub, St. Goarshausen, Boppard, Lahnstein, Bad Ems, Nassau, Limburg, Laurenburg, Katzenelnbogen, Zorn, Rettershain, Lorch

Jahrmillionenlang grub der Rhein ein tiefes Bett zwischen Hunsrück, Westerwald und Taunus und schuf damit eine der herrlichsten deutschen Flusslandschaften. Windungsreich sucht sich das Wasser seinen Weg, links und rechts der Strecke geht die Zahl der Burgen und Schlösser fast ins Inflationäre. Nicht nur die Raubritter wussten die strategisch günstige Lage auf den Kämmen oberhalb des Rheins zu schätzen.

Auch die Winzer lieben diese steilen, sonnenverwöhnten Flächen. Die Römer begannen hier mit dem Weinanbau, dann folgten die Franken, schließlich die Zisterzienser-Mönche. Über 700 Hektar Reben werden heute noch zwischen Königswinter im Norden und Bingen im Süden bewirtschaftet.

Fahrspaß pur

Einige davon sind das Ziel dieser Rhein-Runde. Die spielt vor allem die landschaftliche Karte. Rheintal und Lahntal lassen dem Freund idyllischer Motorradstrecken die Augen übergehen, dennoch kommt der Fahrspaß keinesfalls zu kurz.

Wer an einem sonnigen Tag zwischen Bingen und Koblenz am Ufer des Rheins entlangfährt, wird sich absolut nicht wundern, dass die UNESCO diese Flussetappe 2002 zum Weltkulturerbe erklärte. Denn so viele Burgen und Schlösser, so viele malerisch steile Weinberge, so viele reizende Stadt- und Dorfidyllen gibt es nirgendwo anders auf der Welt. Schon gar nicht auf einer Länge von nicht mal 70 Kilometern. Würde man sich alle diese mittelalterlichen Juwele und Kleinode anschauen, bräuchte man von Bingen nach Koblenz vermutlich eineinhalb Wochen statt eineinhalb Stunden. So muss sich der Reisende auf einige Highlights beschränken, die er entweder dem Reiseführer entnimmt oder sich selbst ausguckt.

Wir empfehlen auf der ersten Etappe entlang des Rheins einen Halt in Lorch und St. Goarshausen. Lorch

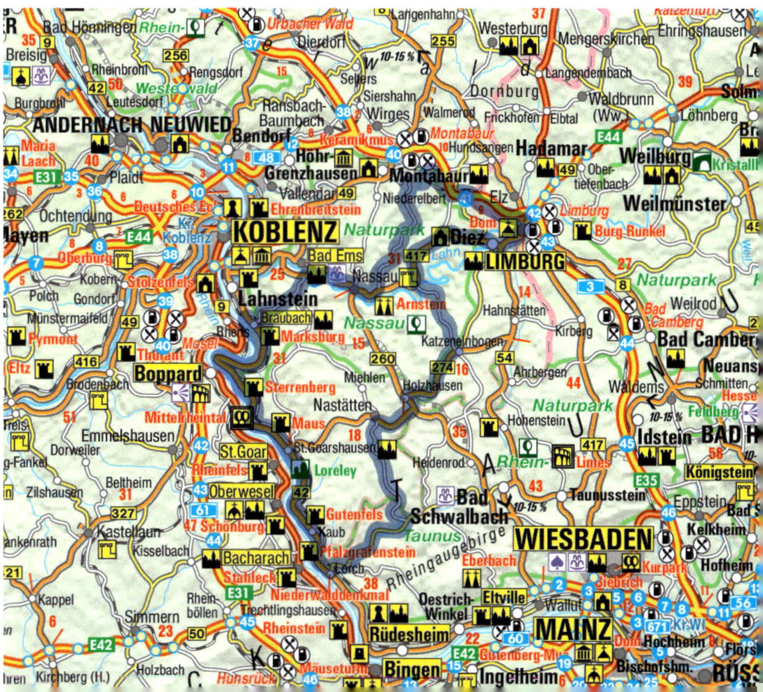

Das Rheintal bietet nicht nur mit der Loreley herrliche Bildmotive. .

HIGHLIGHT

RHEINGOLD-STRASSE

Sie ist rund 75 Kilometer lang und führt zwischen Königswinter und Bacharach mitten durch die Weinberge – die Rheingold-Straße. Dabei streift sie die hübschesten Winzerorte und die markantesten Burgen des Mittelrheins. Für Fahrspaß sorgen die meist kleinen, verkehrsarmen und verwinkelten Nebensträßchen, auf die sich die Route bewegt. Eine Ausschilderung ist, wenn auch sporadisch, vorhanden.

dient gleichzeitig als Ausgangspunkt dieser Tagestour. Auf engem Raum konzentrieren sich im Stadtkern wunderschöne Bauwerke und Sehenswürdigkeiten wie die Pfarrkirche St. Martin, der mittelalterliche Rundturm Strunk und das Rathaus. Der Strunk hat eine kriegerische Vergangenheit – er diente im 15. Jahrhundert der Verteidigung der Wispermündung.

Fotomotiv Loreley

Vorbei am deutschesten aller deutschen Felsen – der Loreley – geht es Richtung St. Goarshausen. Steil ragt die Loreley über uns auf, das beste Fotomotiv bietet sich deshalb von der gegenüberliegenden Rheinseite. St. Goarshausens Altstadt ist klein, aber fein und zeigt schmuck herausgeputzte Winzerhäuser. Nahe der Loreley-Fähre hat man dem Heimatdichter Heinrich Heine, der 1824 das Loreley-Gedicht verfasste, ein Denkmal gesetzt.

Ihr wisst ja: „Ich weiß nicht, was soll das bedeuten …" und so weiter. Was die Namen der beiden dicht aufeinanderfolgenden Burgen Katz und Maus bedeuten, wissen wir allerdings

genau: Die eine wurde von den Grafen zu Katzenelnbogen gebaut, die andere vom verfeindeten Bistum Trier. Katzenelnbogen, Katz, klare Sache. Die Bischöfe wollten ihre Burg Peterseck nennen, was dem Volksmund ganz und gar nicht gefielt, und er die Trierer Burg kurzerhand Maus taufte. Ende.

Eine Stippvisite wert ist von hier aus übrigens Boppard und sein Römerkastell auf der gegenüberliegenden Rheinseite. Bei Lahnstein entfernt sich die Route schließlich vom Fluss und biegt nach rechts Richtung Westerwald ins Lahntal ab. Weniger Bur-

Limburg (oben), Rheinschleife bei Boppard (rechts) und Pausestopp im Rheintal (rechte Seite).

gen, dafür mehr Kurven und genauso viel Idylle. Zwischen den Schwüngen ist Bad Ems mit seinem Kurzentrum ebenso einen Abstecher wert wie Nassau und sein historischer Marktplatz. Nassaus Beziehungen reichen bis hinauf in höchste Adelskreise: Noch heute verbindet die Stammburg des Hauses Nassau die regierenden Familien in Holland und Luxemburg mit der Stadt.

Ein ausgedehnter Stopp empfiehlt sich nach der langen Kurverei durch das Lahntal in Limburg. Auch wegen seiner reizenden Altstadt, vor allem aber wegen seines Doms. Der thront seit 1235 weithin sichtbar neben der Burg auf einem Hügel oberhalb des historischen Zentrums von Limburg und gilt als eines der schönsten spätromanischen Bauwerke Europas.

Hübsche Burg

Die B 417 bringt uns aus Limburg hinaus. In Lauremburg links ab, dann weitere über die Dörfer nach Katzenelnbogen. Woher der Name der Stadt mit ihrer hübschen Burg stammt, ist nicht ganz klar. Vermutlich geht er auf eine „gewinkelte Bachkrümmung" zurück. 1138 benannte sich ein Grafengeschlecht nach der Burg.

Hinter Katzenelnbogen werden die Kurven enger, die Schräglagen gewagter – der Übergang vom Westerwald in den Taunus kündigt sich an. Letzterer besitzt eine zerklüftetere Oberfläche und liefert uns Motorradfahrern durch die daraus resultierenden größeren Höhenunterschiede Kurven und Kehren im Überfluss. Die sportliche Wedelei findet erst unten in Lorch im Rheintal ihr Ende. ◀

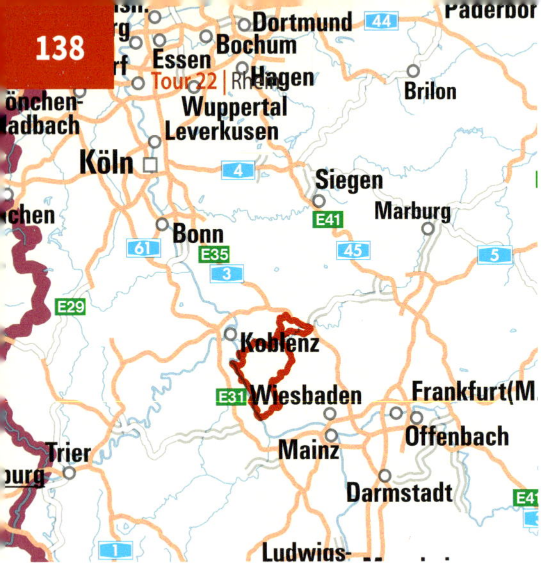

TOUR 22 | Rhein

REBEN UND RADIEN

TOURLÄNGE | 210 km

REGIONALE MOTORRADTREFFEN

Kaub: Deutsches Rollermuseum, Gartenstr. 62. Familie Krüger zeigt nach telefonischer Voranmeldung gerne ihre 180 Roller aus 14 Ländern. Ersatzteile und Zubehör gibt es ebenfalls. T. +49 (0) 172 / 2 38 86 89.

Benno's Truckstop: an der B 42 gegenüber der Rheinfähre.

Osterspai: Bikertreff an der B 42, Imbisshütte und Johanns Koch-Truck.

Der Dom zu Limburg thront an der Lahn.

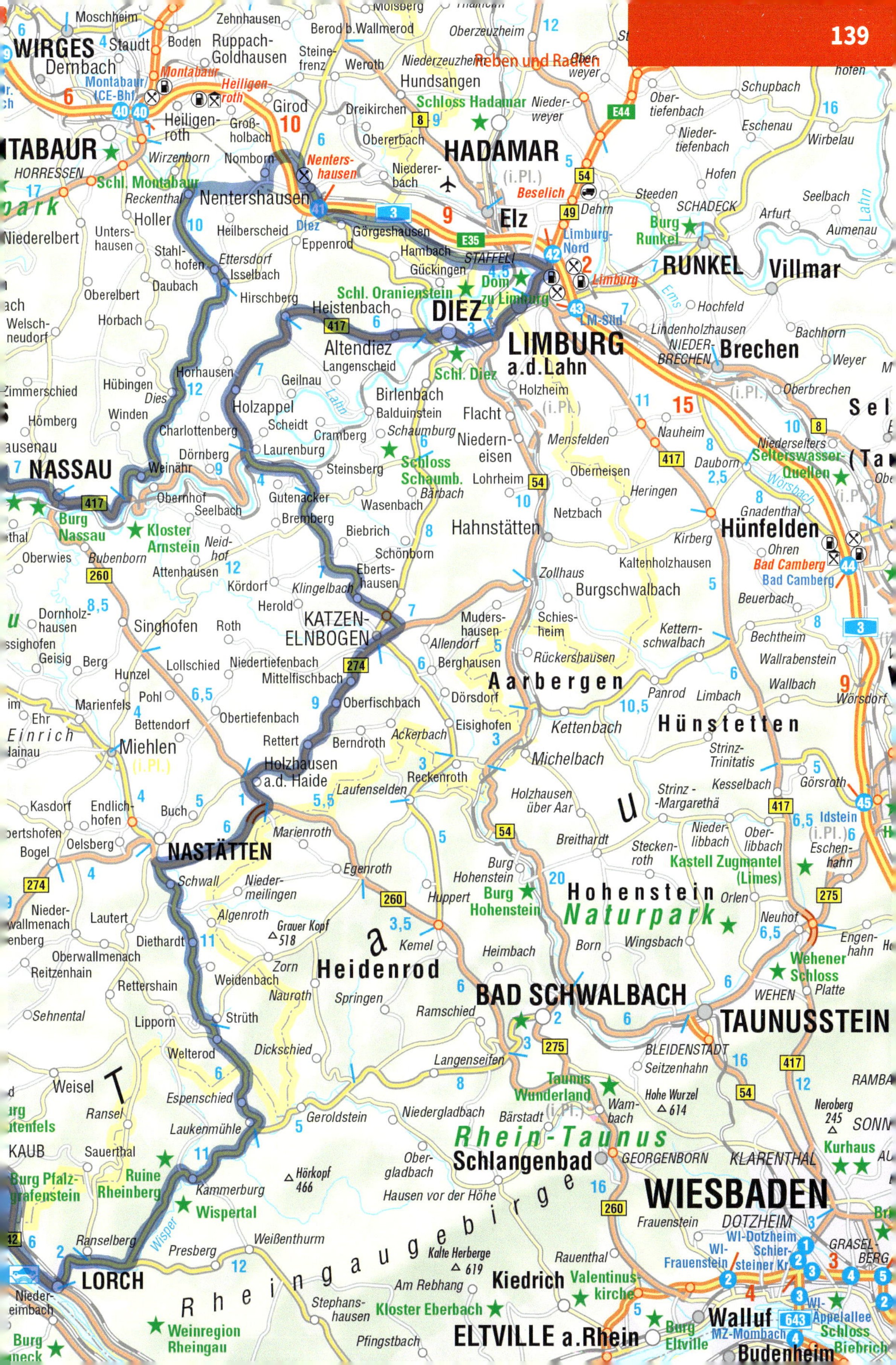
WIRGES
Dernbach
Montabaur
Heiligenroth
Nentershausen
HADAMAR
Schloss Hadamar
Elz
Limburg-Nord
Limburg
RUNKEL
Burg Runkel
Villmar
DIEZ
Schl. Oranienstein
Dom zu Limburg
LIMBURG a.d.Lahn
Schl. Diez
Brechen
Altendiez
Holzappel
Laurenburg
Schloss Schaumb.
NASSAU
Burg Nassau
Kloster Arnstein
Hahnstätten
Hünfelden
Bad Camberg
Selterswasser-Quellen
KATZENELNBOGEN
Aarbergen
Hünstetten
Singhofen
Miehlen
NASTÄTTEN
Holzhausen a.d. Haide
Heidenrod
Hohenstein
Burg Hohenstein
Naturpark
Kastell Zugmantel (Limes)
Idstein
BAD SCHWALBACH
TAUNUSSTEIN
Wehener Schloss
Taunus Wunderland
Rhein-Taunus
Schlangenbad
WIESBADEN
Kurhaus
Ruine Rheinberg
Burg Pfalzgrafenstein
KAUB
Wispertal
LORCH
Rheingaugebirge
Kiedrich
Valentinuskirche
Kloster Eberbach
Weinregion Rheingau
ELTVILLE a.Rhein
Burg Eltville
Walluf
Budenheim
Schloss Biebrich

Tour 23 Ruhrgebiet

Zwischen Kohle und Stahl

Die Route der Industriekultur verbindet 25 Hochöfen, Gasometer und Fördertürme und führt den motorradfahrenden Besucher tief ins Herz des Ruhrpotts.

START-/ZIELORT
Essen/Gelsenkirchen

TOURLÄNGE
ca. 400 km (2 Tage)

ROADBOOK
Essen, Bochum, Recklinghausen, Marl, Waltrop, Dortmund, Asseln, Wickede, Kamen, Hamm, Werl, Unna, Hagen, Wetter, Witten, Hattingen, Dahlhausen, Essen, Mülheim, Duisburg, Oberhausen, Gelsenkirchen

Als offizieller Startort der Route, die übrigens durch braune Schilder mit weißer Schrift ausgeschildert ist, fungiert die Zeche Zollverein in Essen. Ihr Förderturm ist das alte und neue Wahrzeichen des Ruhrgebietes. Man kann dort die Führung mitmachen oder einfach nur draußen umherspazieren. Oder im Restaurant in der Kokerei erst mal die Ruhrgebiets-Spezialität Pommes-Schranke – serviert mit Ketchup und Mayonnaise – vertilgen.

Auf das Gerüst hinauf

Gestärkt fahren wir weiter nach Bochum, wo mit der Jahrhunderthalle der nächste Ankerpunkt wartet. Die Halle wurde 1902 als Gebläsehalle für die Hochöfen im Bochumer Gussstahlwerk gebaut und galt damals als eines der ersten Beispiele für einen rein zweckbestimmten Ingenieursbau. Ebenfalls in Bochum steht das Deutsche Bergbaumuseum, wo das Fördergerüst der ehemaligen Zeche Germania schon von Weitem grüßt. Der Besucher kann mit dem Förderkorb auf das Gerüst hinfauffahren und von oben weite Teile des Ruhrgebiets überblicken.

Von Bochum aus wenden wir uns nach Norden und fahren an Herne vorbei nach Recklinghausen. Dort wartet das Umspannwerk. In dem 1928 errichteten Gebäude wird uns die Technik der Elektrizitätsverteilung erläutert, und fast überall heißt es: „Anfassen erwünscht!“ Danach bringt uns die B225 hinüber nach Marl, wo sich auf dem Areal der früheren Chemischen Werke Hüls AG ein Chemiepark etabliert hat. Im Rahmen einer Führung erhalten wir Einblicke in die Welt der Chemie und können vom neunten Stock des Hochhauses die Aussicht auf das Ruhrgebiet und das Münsterland bewundern.

Der Pott bietet entgegen vieler Vorurteile tatsächlich nicht nur Industrie, sondern auch viel Natur.

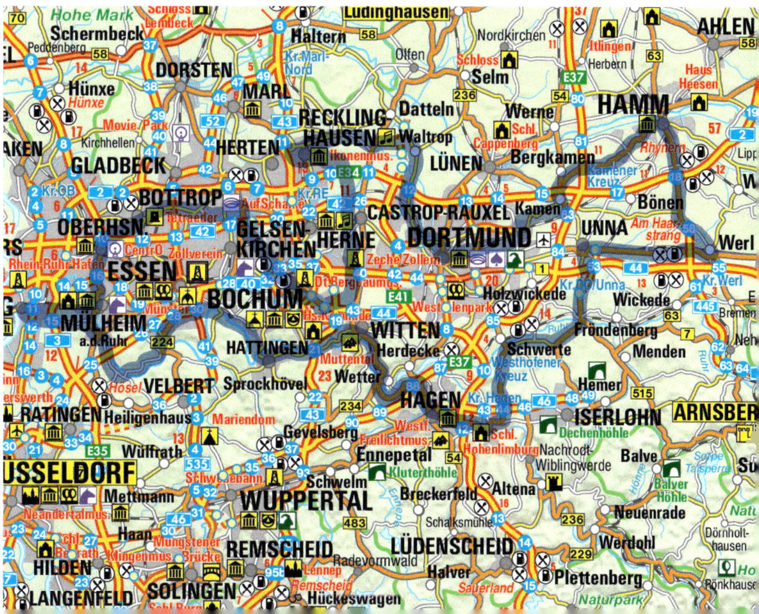

HIGHLIGHT

LECKER FRITTEN

Ob man alle 25 Punkte der Route der Industriekultur auf einmal abfährt, oder sich einzelne herauspickt ist egal, da sie für sich stehen und thematisch nicht voneinander abhängen. Die größeren unter ihnen halten ein gastronomisches Angebot bereit, das man während der Tour jederzeit an einer der ruhrgebietstypischen „Trinkhallen“ oder Pommesbuden ergänzen kann. Currywurst mit Pommes Schranke (Fritten mit Ketchup und Mayonnaise) ist der Klassiker.

Weiter geht es an Oer-Erkenschwick vorbei nach Waltrop, wo mit dem Alten Schiffshebewerk Henrichenburg ein ganz besonderer Leckerbissen wartet. Die Anlage wurde 1899 von Kaiser Wilhelm II. eingeweiht und zeigt heute die komplette Geschichte der Binnenschifffahrt und des Kanalwesens. Von Waltrop gelangen wir danach über Brambauer auf einem Nebensträßchen nach Dortmund-Bövinghausen zur Zeche Zollern.

Gläserner Elefant

Über Asseln, Wickede und Kamen geht es weiter nach Hamm, wo auf der ehemaligen Zeche Maximilian 1984 die Landesgartenschau ausgerichtet wurde. Heute ist das Gelände ein beliebter Freizeitpark, sein Wahrzeichen der Gläserne Elefant, die in eine begehbare Plastik verwandelte frühere Kohlenwäsche.

Wir verlassen nun das industrielle Ruhrgebiet und fahren auf der B 63 durch ein Stück reine Natur bis kurz vor Werl, um dort rechts nach Unna abzubiegen. Mit der 1859 erbauten ehemaligen Lindenbrauerei steht dort ein Kunst- und Kulturzentrum, dessen vielfältige Gastronomie für eine

gelungene Mittagspause auf unserer Tour sorgt.

Und wieder geht es danach raus ins Grüne. Über Schwerte erreichen wir in Hagen-Eppenhausen den Hohenhof. Dieses hübsche Landhaus wurde 1908 vom späteren Bauhaus-Architekten Henry van de Velde für einen Hagener Kunstsammler gebaut und gilt als eines der wenigen erhaltenen Gesamtkunstwerke des Jugendstils. Vorbei am Handwerks-Freilichtmuseum in Hagen-Selbecke fahren wir anschließend über Wetter nach Witten, wo wir in den Stollen der Zeche Nachtigall typische Arbeitssituationen aus der Zeit des Kleinbergbaus sehen können.

Die Route quert nun die Autobahn A 43 und läuft die Henrichs-

Mühlheimer Wasserturm (oben) und die Zeche Zollern in Dortmund (rechts).

hütte in Hattingen an. Vor 150 Jahren gegründet, wurde sie 1987 stillgelegt und dient heute als Museum mit einer Fläche von 50 000 Quadratmetern. Nicht ganz so groß, für Technikfans aber ein Muss, ist das Eisenbahnmuseum im Bochumer Stadtteil Dahlhausen. Rund 180 Fahrzeuge aus der Zeit von 1853 bis 1964 stehen dort.

Die Weiterfahrt nach Mühlheim erfolgt auf der A 40. Dort angekommen, halten wir am Styrumer Wasserturm an. Der 1892 gebaute Turm beherbergt heute das Aquarius Wassermuseum, in dem der Besucher auf 14 Etagen in die Welt des Wassers, des Umwelt- und Gewässerschutzes eintaucht.

Nur einen Katzensprung ist es hinüber nach Duisburg, unserem nächsten größeren Anlaufpunkt. Hier warten nämlich gleich drei Highlights der Route der Industriekultur: der Innenhafen, heute ein interessantes Stadtquartier, das Museum der Deutschen Binnenschifffahrt und der Landschaftspark Duisburg-Nord, ein rund um die alte Meidericher Eisenhütte entstandenes Parkgelände.

Von Duisburg geht es ein Stück zurück nach Oberhausen, wo in der ehemaligen Zinkfabrik Altenberg ein Industriemuseum der besonderen Art wartet: Riesige Kolosse wie Kokillen, Walzen und ein zehn Meter hoher und 53 Tonnen schwerer Dampfhammer begleiten uns die Welt der Schwerindustrie. Leichter geht es im Oberhausener Gasometer zu. 1929 als Gas-Zwischenspeicher gebaut, hat er sich inzwischen zu einer der außergewöhnlichsten Ausstellungshallen Europas entwickelt.

Das Architektur- und Industriedenkmal Zeche Zollverein wird liebevoll auch „Eiffelturm des Ruhrgebietes" genannt.

Von Oberhausen fahren wir hinüber nach Gelsenkirchen-Horst. Dort bildet der Nordsternpark ein perfektes Ende unserer Tour zwischen Kohle und Stahl. Das frühere Gelände der Zeche Nordstern wurde 1997 anlässlich der Bundesgartenschau in einen Landschaftspark umgestaltet. ◄

ÜBERNACHTEN IN DER REGION

RINGHOTEL KOCKS AM MÜHLENBERG

Das 4-Sterne-Ringhotel garni erwartet euch mit charmantem Flair in historischem Gebäude. Hier wohnt Ihr ruhig in zentraler Lage gegenüber der Schlossbrücke mit Blick über die Ruhr. Gute Verkehrsanbindung, kostenlose Parkplätze und Gartenterrasse. Fußläufig zu zahlreichen Restaurants.

Mühlenberg 20 • 45479 Mülheim an der Ruhr
+49 (0) 208 / 65 61 20 00 • www.hotel-kocks.de

RINGHOTEL WALDHOTEL HEILIGENHAUS

Von Heiligenhaus kommt Ihr überall hin. Ob es nun eine Tour durch den Pott, das Münsterland, das Sauerland oder das Bergische Land sein soll, Ihr erreicht alle Regionen in kurzer Zeit. Am Abend nach der Tour wird euch dann das Beste aus der Region im Wechsel der Jahreszeiten serviert.

Parkstrasse 38 • 42579 Heiligenhaus
+49 (0) 20 56 / 59 70 • www.wald-hotel.de

TOUR 23 | Ruhrgebiet

ZWISCHEN KOHLE UND STAHL

TOURLÄNGE | 400 km

REGIONALE MOTORRADTREFFEN

Dortmund: Hohensyburg, Parkplatz am Hengsteysee zwischen Dortmund und Hagen.

Duisburg: Treff Kaiserberg am Parkplatz.

Essen: Haus Scheppen am Südufer des Baldeneysees.

Road Stop, American Diner Restaurant mit Biergarten.

Krefeld: Mo's Bikertreff an der Niederrheinhalle, alles vom Bikerfrühstück bis zum Mantateller.

Bottrop: Zur Grafenmühle, beliebter Treff am Rande der Kirchheller Heide.

Gelsenkirchen-Horst: Motorradmuseum Rebuschat Karl am Kanal.

Ritt quer durchs Revier.

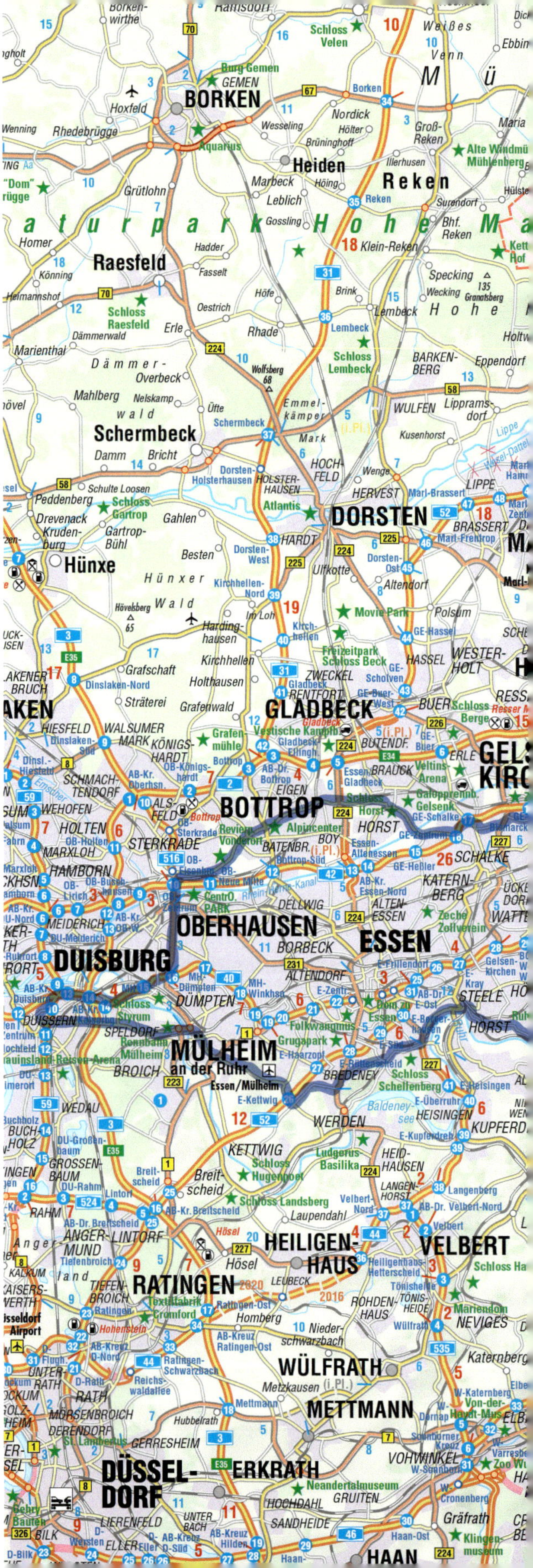

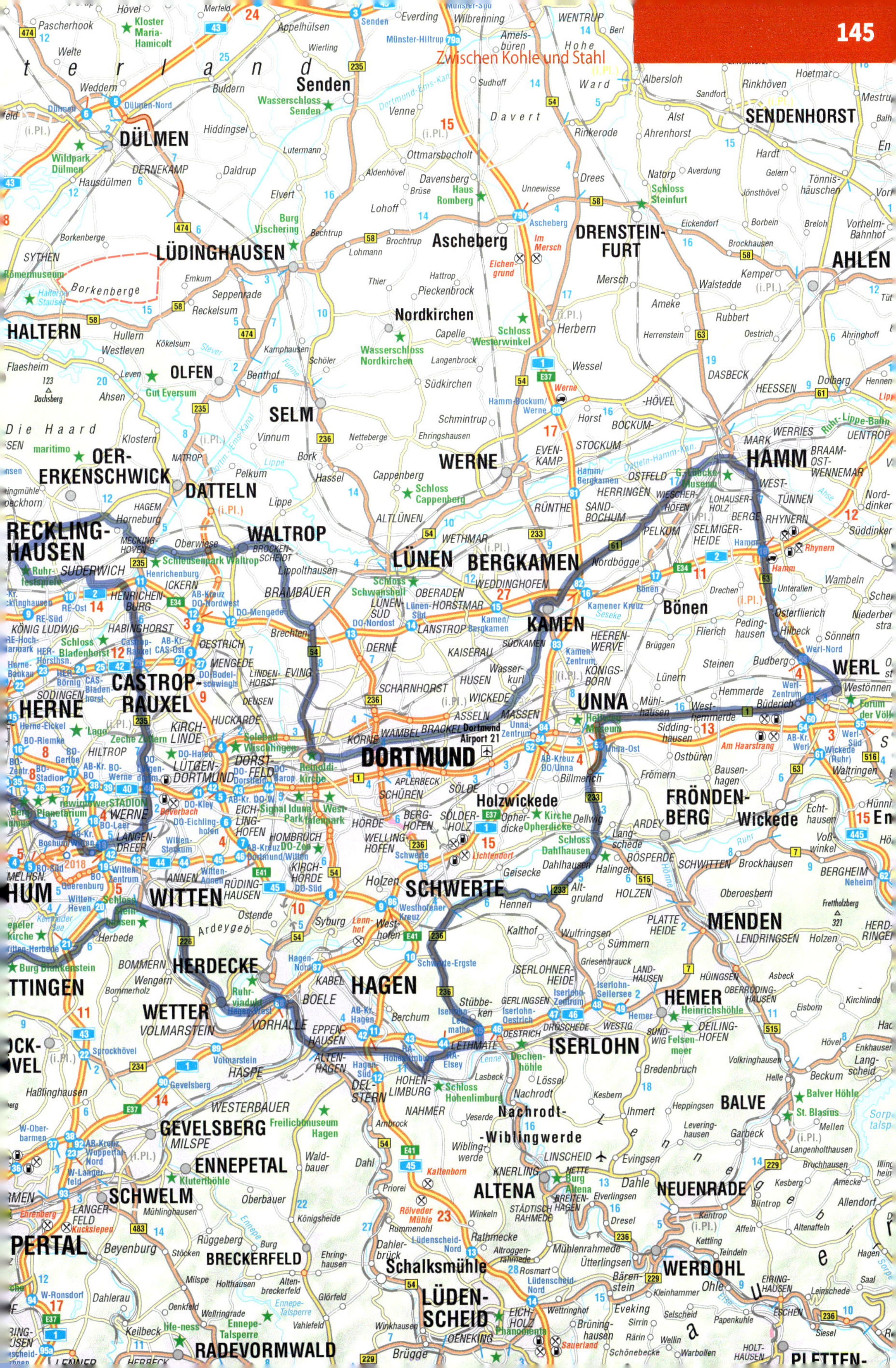
Zwischen Kohle und Stahl
Senden
Dülmen
Lüdinghausen
Ascheberg
Drensteinfurt
Sendenhorst
Ahlen
Haltern
Nordkirchen
Olfen
Selm
Werne
Oer-Erkenschwick
Datteln
Recklinghausen
Waltrop
Lünen
Bergkamen
Hamm
Kamen
Bönen
Werl
Castrop-Rauxel
Herne
Dortmund
Unna
Holzwickede
Fröndenberg
Wickede
Schwerte
Witten
Herdecke
Hagen
Menden
Hemer
Iserlohn
Wetter
Balve
Nachrodt-Wiblingwerde
Gevelsberg
Ennepetal
Schwelm
Altena
Neuenrade
Breckerfeld
Schalksmühle
Werdohl
Lüdenscheid
Radevormwald
Plettenberg

Tour 24 Niederrhein

Deichkronen und Bauernhöfe

Die urige Landschaft an der holländischen Grenze wird von den Seitenarmen des Rheins zerschnitten, was ihr eine unverwechselbare Romantik gibt.

BASISORT
Alpen

TOURLÄNGE
ca. 180 km (1 Tag)

ROADBOOK
Alpen, Büderich, Wesel, Flüren, Bislich, Rees, Emmerich, Griethausen, Schenkenschanz, Düffelward, Kleve, Kalkar, Xanten, Sonsbek, Alpen

Autobahn A 57, Ausfahrt Alpen. Der Name klingt verwegen angesichts des Hauchs von einem Hügel, der die Lage des Ortes andeutet. Aber so isser halt, der Rheinländer. Freut sich über jede Erhebung. Auf einer mächtigen Stahlbrücke überqueren wir den Rhein, werfen einen Blick auf den Turm von Wesels Willibrordi-Kirche und folgen der Ausschilderung zur Stadtmitte. Dabei schlüpfen wir durch die massive Stadtmauer, die zusammen mit der Willibrordi-Kirche das einzige historische Überbleibsel Wesels bildet.

Am Ufer entlang

Der Abzweig in Richtung Jachthafen und Ausee bringt uns hinab zum Rhein. Ein Abstecher in die Fluss-Idylle. Ein gepflasterter Fahrweg schlängelt sich am Ufer entlang und hält großartige Ausblicke bereit. Das Café-Restaurant Zum Jachthafen lädt auf seiner Terrasse zum ersten Stopp des Tages ein.

Hinter Flüren dringen wir in die Welt der Altrhein-Arme ein. Ausschilderung Bislich. Auf einem schmalen, leicht kurvigen Sträßchen geht es an stillen Gewässern entlang. Bei diesen Altrhein-Armen handelt es sich um Wasserläufe, die der Hauptstrom irgendwann links liegen ließ. Jetzt sind es wahre Oasen der Ruhe. Trauerweiden hängen ihre Äste ins Wasser, Kühe grasen am Ufer, Angler warten auf Kundschaft.

Ein leicht zu übersehendes Schild weist in Bislich den Weg nach Rees. Die Fahrbahn entfernt sich nun etwas vom Rhein. Ein Stück vor Rees besteigt sie dann den Deich und folgt auf den nächsten Kilometern seiner Krone. Prima Ausblick. Auf der linken Seite der Rhein, rechts Bauern-

Der Niederrhein steht für plattes Land, aber auch Kultur wie in Xanten.

HIGHLIGHT

IN DIE LÄNGE GEZOGEN

Die Attraktion Emmerichs erreicht man auf der B220 Richtung Kleve: die 1187 Meter lange Hängebrücke. Die 12500 Tonnen schwere Konstruktion wird von insgesamt 122 Tragseilen gehalten. Als Einzeldrähte aneinandergelegt ergäben sie eine Länge von ca. 10000 Kilometern.

höfe. Leichte Wechselkurven, Tempo 70. Schneller geht es ohnehin kaum. Man würde ja sonst das Panorama verpassen.

In Rees steht der Besuch des Ortskernes an. Sehr schön gemacht mit Kopfsteinpflaster und mehreren Cafés und Restaurants. In der Mitte gibt es Parkplätze fürs Motorrad. Wer direkt am Wasser pausieren möchte, sollte noch ein Stück weiterrollen bis zum Café Rheinterrassen. Dort sitzt man bei ausgezeichnetem Kaffee und Kuchen und kann in aller Ruhe die Rheinkähne beobachten.

Leichte Schräglagen

Kurz vor der Rheinbrücke zweigt die Route rechts ab nach Grietherort. Wieder Altrhein, wieder Deichkronen, wieder Bauernhöfe. Wie Stricknadeln bewegen sich die Mastspitzen der Schiffe durchs Gelände. Ein paar leichte Schräglagen, dann fädeln wir uns bei Bienen auf die B 8 ein.

Über Emmerich nach Griethausen, dort geht es rechts ab nach Schenkenschanz. Altrhein pur. In puncto Stimmung das Glanzlicht der Tour. Das

enge Sträßchen nimmt vollständig die Dammkrone ein. Flankiert wird es von Zäunen, die verhindern sollen, dass die schwarz-weißen Kühe auf die Fahrbahn traben. Ein kleiner Jachthafen kommt in Sicht. Von dort aus tuckern die Boote gemütlich zum Hauptrhein vor. Was für ein Bild: Motor- und Segeljachten inmitten von Wiesen, Rindviecher auf Augenhöhe mit Freizeitkapitänen.

Per Fähre geht es von Schenkenschanz hinüber nach Düffelward. Dort rechts ab nach Keeken. Nun folgt die Landetappe dieser Tour. Die Straße fädelt einen Bauernhof nach dem anderen auf, windet sich zwischen

Kalkarer Mühle (oben) und St. Martin in Emmerich (rechts).

Kartoffeläckern und Getreidefeldern hindurch und gibt der Nase reichlich Gelegenheiten, sich an die unterschiedlichsten Duftmarken der Landwirtschaft zu gewöhnen.

Kleve, dessen Namen auf den Begriff „Kliff" hinweist, begrüßt uns mit seinem farbenfroh angelegten Tierpark. Überragt wird die Stadt von der Schwanenburg. Der Weg nach Kalkar führt dann weiter über historischen Boden: Unsere beiden Räder rollen auf der ehemaligen Via Romana. Zwar ist von den antiken Steinquadern heute nichts mehr zu sehen, doch kann man an dem schnurgeraden Verlauf der Straße erkennen, dass die Römer damals immer die direkte Verbindung zwischen zwei Punkten suchten.

Mittelalter in Kalkar

In Kalkar finden wir den städtebaulichen Höhepunkt des Tages vor. Denn sein mittelalterlicher Kern ist nahezu naturgetreu erhalten. Im Quadrat rahmen gotische Giebel den Marktplatz ein, das prachtvolle Rathaus war zu seiner Bauzeit 1440 das größte nördlich von Köln. Heute ist sein Superlativ eher kulinarischer Natur: Auf der Terrasse des Ratskellers kann man bei leckerem Essen den Charme Kalkars auf sich wirken lassen. Der Tipp danach heißt Kalkarer Mühle. Sie ist am Marktplatz ausgeschildert und liegt ein paar hundert Meter entfernt. Der „Gallerieholländer" mahlt das Getreide in alter Tradition. In der Backstube gegenüber wird das Mehl zu Vollkornbrot verarbeitet.

Das heutige alkoholfreie Abschlussbier zischen wir am Café Zur Rheinfähre ein. Es liegt bildhübsch direkt am Anleger der Fähre hinüber nach Bislich. An schönen Wochenenden stehen ständig mehrere Dutzend Motorräder davor. Den Sonnenuntergang genießen, mit den Kollegen plaudern – schöner kann ein Motorradtag kaum zu Ende gehen. ◀

Die Schwanenburg ist das Wahrzeichen von Kleve.

ÜBERNACHTEN IN DER REGION

HOTEL-RESTAURANT-GASTHOF MARIENTHALER

Umgeben vom Naturschutzparks „Hohe Mark" liegt das malerische Marienthal. Wir bieten Die Küchen-Seele bietet wechselnden Gerichten nach Marktangebot wie z.B. Lamm, Lachs, Spargel, Wild, Gans oder Vollwert-Küche. Das Hotel verfügt über neue Zimmer mit allem erdenklichen Komfort.

Pastor-Winkelmann-Str. 2 • 46499 Hamminkeln-Marienthal
+49 (0) 28 56 / 9 09 90 • www.marienthaler-gasthof.de

ERHOLUNGSZENTRUM GRAV-INSEL

Kaum eine deutsche Landschaft blickt auf eine so lange Geschichte, wie die Region Niederrhein. Mittendrin der Campingplatz „Grav-Insel". Wünscht Ihr es komfortabler in einem Trekking Haus oder Mobilheim, bitte vorab buchen. Euer Motorrad kann mit zum Mietobjekt genommen werden.

Gravinsel 1 • 46487 Wesel
+49 (0) 2 81 / 97 28 30 • www.grav-insel.com

TOUR 24 | Niederrhein

DEICHKRONEN UND BAUERNHÖFE

TOURLÄNGE | 180 km

REGIONALE MOTORRADTREFFEN
Xanten: Gaststätte Zur Rheinfähre, direkt am Rheinufer, toller Blick auf den Fluss.

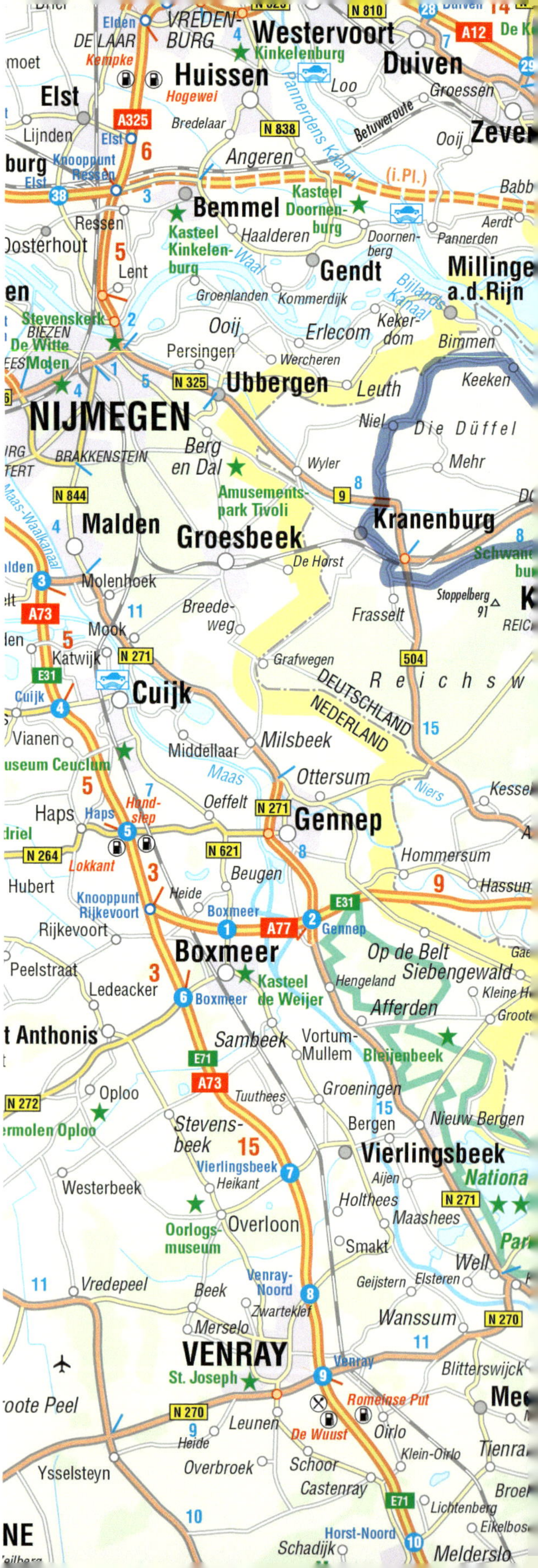

Schwungvolle Kurven gibt es am Niederrhein auch.

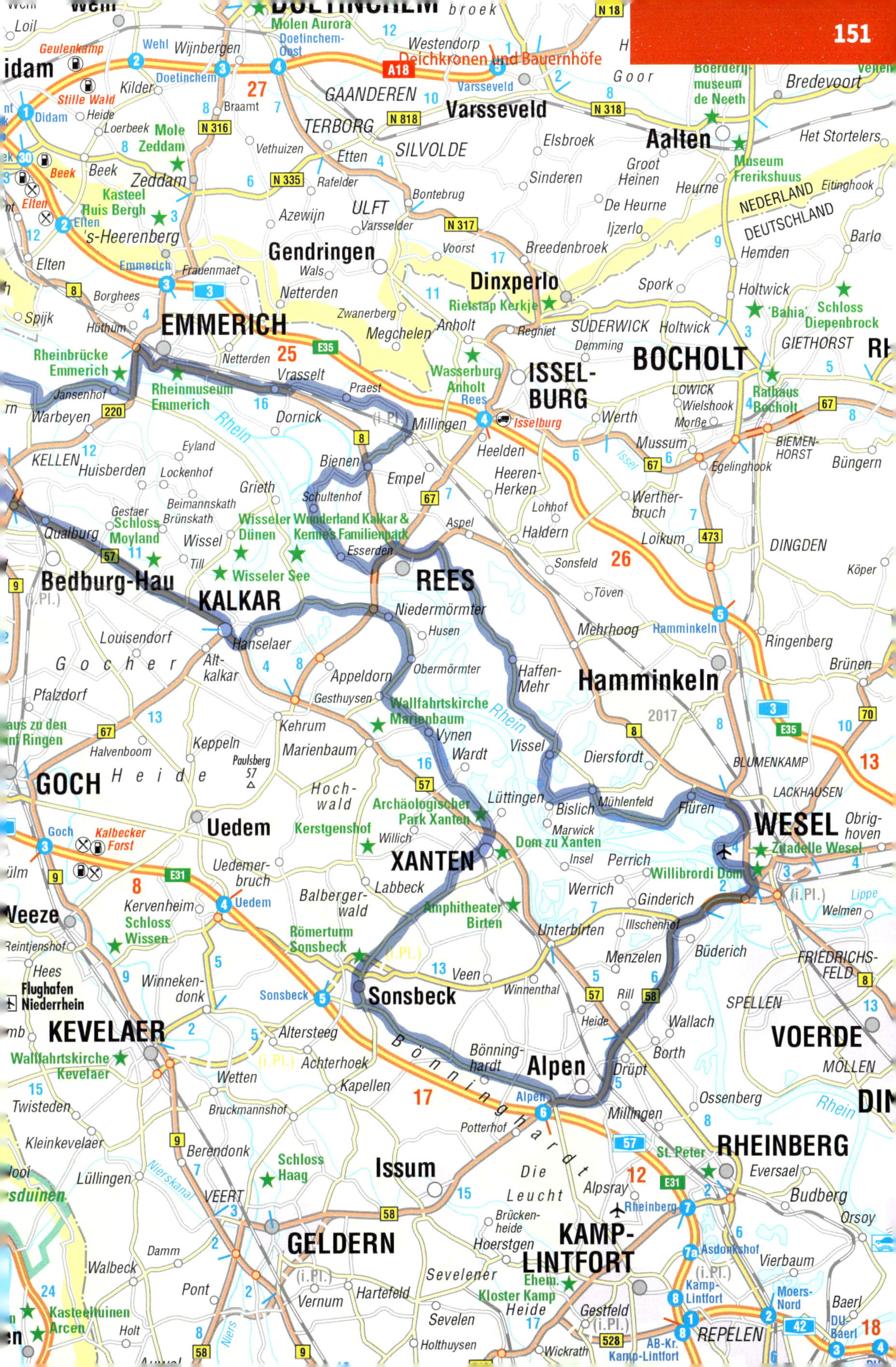
DOETINCHEM
Molen Aurora
Doetinchem-Oost
Wijnbergen
Wehl
Loil
Geulenkamp
Didam
Stille Wald
Kilder
Doetinchem
Westendorp
Deichkronen und Bauernhöfe
A18
Varsseveld
Goor
Boerderij-museum de Neeth
Bredevoort
GAANDEREN
TERBORG
N 818
N 318
Braamt
N 316
Heide
Loerbeek
Mole Zeddam
Zeddam
Vethuizen
Etten
SILVOLDE
Elsbroek
Aalten
Het Stortelers
Beek
Elten
Kasteel Huis Bergh
's-Heerenberg
N 335
Rafelder
Azewijn
ULFT
Varsselder
Bontebrug
N 317
Sinderen
Groot Heinen
Heurne
Museum Frerikshuus
Eitinghook
NEDERLAND
DEUTSCHLAND
De Heurne
Ijzerlo
Barlo
Hemden
Breedenbroek
Voorst
Gendringen
Wals
Netterden
Emmerich
Frauenmaet
Borghees
Spijk
Hüthum
EMMERICH
Zwanerberg
Megchelen
Anholt
Dinxperlo
Rietstap Kerkje
Regniet
SUDERWICK
Spork
Holtwick
Demming
'Bahia'
Schloss Diepenbrock
GIETHORST
BOCHOLT
Rheinbrücke Emmerich
Rheinmuseum Emmerich
Netterden
Vrasselt
E35
Praest
Wasserburg Anholt
Rees
ISSEL-BURG
Isselburg
LOWICK
Wielshook
Morße
Rathaus Bocholt
Jansenhof
Warbeyen
Dornick
Millingen
Werth
Mussum
BIEMEN-HORST
Büngern
Egelinghook
KELLEN
Huisberden
Eyland
Lockenhof
Rhein
Bienen
Empel
Heelden
Heeren-Herken
Issel
Werther-bruch
Grieth
Beimannskath
Brünskath
Gestaer
Schloss Moyland
Qualburg
Wissel
Till
Schultenhof
Wisseler Wunderland Kalkar & Kernie's Familienpark
Dünen
Wisseler See
Esserden
Aspel
Lohhof
Haldern
Sonsfeld
Loikum
DINGDEN
Köper
Bedburg-Hau
KALKAR
REES
Niedermörmter
Töven
Mehrhoog
Hamminkeln
Ringenberg
Brünen
Louisendorf
Hanselaer
Husen
Alt-kalkar
Gocher
Appeldorn
Obermörmter
Haffen-Mehr
Hamminkeln
Pfalzdorf
Gesthuysen
Wallfahrtskirche Marienbaum
Vynen
Wardt
Vissel
Diersfordt
Kehrum
Marienbaum
Keppeln
Paulsberg
Halvenboom
Haus zu den fünf Ringen
GOCH
Heide
Hochwald
Archäologischer Park Xanten
Lüttingen
Bislich
Mühlenfeld
Flüren
BLUMENKAMP
LACKHAUSEN
WESEL
Obrighoven
Uedem
Kerstgenshof
Willich
Marwick
Dom zu Xanten
Zitadelle Wesel
Goch
Kalbecker Forst
XANTEN
Insel
Perrich
Willibrordi Dom
Uedemer-bruch
Labbeck
Werrich
Ginderich
Lippe
Welmen
Weeze
Kervenheim
Schloss Wissen
Uedem
Balbergerwald
Amphitheater Birten
Unterbirten
Illschenhof
Büderich
FRIEDRICHS-FELD
Reintjenshof
Hees
Flughafen Niederrhein
Römerturm Sonsbeck
Menzelen
Winnekendonk
Sonsbeck
Veen
Winnenthal
Rill
SPELLEN
Sonsbeck
KEVELAER
Wallfahrtskirche Kevelaer
Altersteeg
Achterhoek
Bönninghardt
Heide
Wallach
Borth
VOERDE
MÖLLEN
Alpen
Drüpt
Wetten
Kapellen
Twisteden
Bruckmannshof
Alpen
Millingen
Ossenberg
Potterhof
Kleinkevelaer
Berendonk
Schloss Haag
St. Peter
RHEINBERG
Eversael
Lüllingen
Issum
Die Leucht
Alpsray
Budberg
Orsoy
VEERT
Brücken-heide
Rheinberg
GELDERN
Hoerstgen
KAMP-LINTFORT
Asdonkshof
Vierbaum
Walbeck
Damm
Sevelener Heide
Ehem. Kloster Kamp
Kamp-Lintfort
Moers-Nord
Baerl
Pont
Hartefeld
Vernum
Sevelen
Gestfeld
REPELEN
DU-Baerl
Kasteeltuinen Arcen
Holt
Niers
Holthuysen
Wickrath
AB-Kr. Kamp-Lintfort
Nierskanal

Tour 25 Eifel

Balsam für Leib und Seele

BASISORT
ca. 150 km

TOURLÄNGE
Pelm (1 Tag)

ROADBOOK
Pelm, Steinborn, Pützborn, Schutz, Deudesfeld, Meisburg, Salm, Gerolstein, Mürlenbach, Kyllburg, Malberg, Neuheilenbach, Schönecken, Balesfeld, Pelm

Gerolstein? Kommt da nicht das Mineralwasser her? Exakt. Wer Ruhe sucht, ist hier richtig. Die Natur ist noch in Ordnung. Waldsterben, Umweltverschmutzung? Noch nie gehört.

Der Ort Pelm, östlich von Gerolstein, eignet sich gut für den Einstieg in die Tour. Er wird überragt von der Kasselburg, einer wuchtigen Anlage aus dem 15. Jahrhundert. Die Burg ist eine der größten in der Eifel. Im 18. Jahrhundert wurde sie zerstört, danach aber wieder originalgetreu aufgebaut. Heute beherbergt sie einen Adler- und Wolfspark.

Idyllische Landstraßen

Ab Pelm bringt uns ein ordentlich asphaltiertes Sträßchen auf eine Hochfläche und zielt dort in eleganten Bögen in Richtung Steinborn. Schöne Serpentinen führen hinab in den Ort. In Pützborn kann man entweder zuerst beim Bikertreff Alte Schmiede vorbeischauen oder direkt nach rechts auf die B 257 abbiegen. Pützborn verschwindet im Rückspiegel, während die Bundesstraße eine Anhöhe erklimmt und den Ort Oberstadtfeld erreicht. An dessen Ende zweigt in einer Rechtskurve nach links der Weg Richtung Schutz ab. Wir folgen ihm und landen auf einer idyllischen Talstraße, die sich am Ufer der Kleinen Kyll entlangschlängelt. Das Tal wird enger, die Fahrbahn holperiger. Die Schräglagen scheinen nicht mehr aufzuhören.

Hinter Schutz sorgt eine Handvoll Kehren bergauf in Richtung Deudesfeld dafür, dass die Gedanken nicht völlig an der langen Leine laufen. Oben geht es mit der Kurverei weiter. In Deudesfeld rechts ab nach Meisburg. Kurve an Kurve und noch lange kein Ende in Sicht.

Hinter Meisburg überqueren wir die B 257. Die Bäume stehen so dicht an der Straße, dass sich ihre Äste über unseren Helmen berühren. Salmer Forst nennt sich dieses riesige zusammen-

Tolle Kurvenstrecken und unberührte Natur: So ist es in der Eifel.

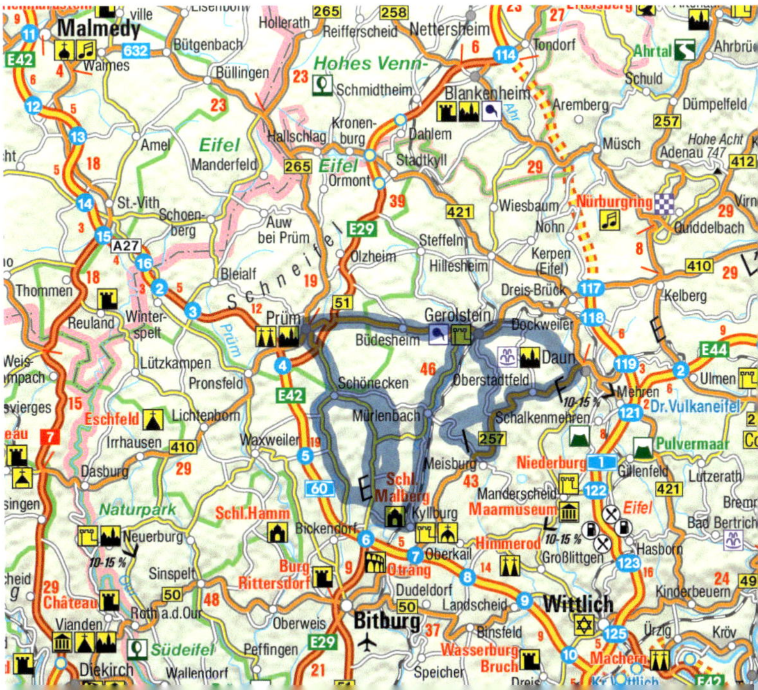

HIGHLIGHT

UNTER DER OBHUT DER BISCHOFS

Wie viele Eifelstädtchen besitzt auch das besuchenswerte Kyllburg eine lange kriegerische Geschichte. Bis zum Jahr 1276. Damals errichtete der schlaue Bischof von Trier in Kyllburg einen Stift und machte es damit unantastbar. Denn wer heilige Mauern angriff, handelte sich den Bann der Kirche ein und war damit politisch und gesellschaftlich erledigt. Prädikat: unbedingt anhalten und ansehen.

hängende Waldgebiet. Benannt nach dem Ort Salm, einem stillen, abgelegenen Dörfchen. Man kann die Ruhe fast greifen. Kein Auto, keine Chaussee, und niemand in unserer Nähe. Wie damals bei den Comedian Harmonists. Hinter Salm reicht es gerade zu einem kurzen Rundblick über die Eifelhöhen, dann sackt uns der Wald wieder ein.

Fantastische Kurven

Die nun folgenden Kilometer bis Büscheich entpuppen sich als absoluter Traum. Denn zu der romantischen Waldlandschaft gesellt sich eine fantastische Kurvenstrecke. Radien jeglichen Durchmessers greifen nach dem Motorrad, die Reifen beißen sich in den rauen Asphalt. Gegenverkehr? Gleich Null.

Erst am Ortsschild von Gerolstein findet der Kurvenspaß sein Ende. Gleich rechts liegt der Eingang zur Fußgängerzone. Ein guter Platz für eine Pause.

Einen Kilometer lang geht es nun in Richtung Prüm, bis uns ein Abzweig mit der Ausschilderung Kyllburg ins Tal des Flüsschens Kyll bringt. Nach

der anstrengenden Kurverei durch den Salmer Forst bringt dieses reizende Tal nun etwas Entspannung. Das erste Mal in die Bremsen steigen sollte man in Mürlenbach. Hoch über dem Ort thront nämlich die Bertradaburg. Um in den Burghof zu gelangen, umgeht man die Anlage und fährt sie von hinten an.

Ab Densborn können wir in vollen Zügen das schmale, holperige Sträßchen genießen, das sich nun dicht an der Kyll entlang in Richtung Kyllburg windet und nach einigen ganz brauchbaren Kehren schließlich in den kleinen Luftkurort einläuft.

An dessen Ortsende schwenkt die Route nach Malberg ab. Eine markante Burg aus hellbraunem Tuff-

Ruine Bertradaburg (oben) und Kasselburg in Pelm (rechts).

gestein prägt das Gesicht des Ortes. In Malbergweich erreichen wir die Eifelhochfläche. In Neuheilenbach überqueren wir die Hauptstraße und fädeln uns auf der anderen Seite in einen asphaltierten Waldweg ein. Sperrschild? Keines zu sehen. Logisch, denn dieser verträumte Weg ist offiziell befahrbar. Drei Kilometer lang entführt er uns in die entrückte Welt des finsteren Eifelwaldes. Kein Laut, kein Zeichen von Zivilisation. Nur das von den Bäumen zurückgeworfene Echo der Maschine ist zu hören.

540-Höhenmeter-Marke

Das Wahrzeichen von Schönecken, seine imposante Burg, ist schon aus einiger Entfernung zu sehen. Im Ort heißt es links bergauf nach Seiwerath. Kurven wie am Fließband. Man ist fast alleine auf der Straße. Weite Ausblicke hinüber nach Gerolstein und zum Kylltal folgen. Kein Wunder, schließlich erreicht die Fahrbahn die 540-Höhenmeter-Marke.

Die Etappe bis Balesfeld bedeutet richtig viel Arbeit. Die Kurvendurchmesser variieren ständig. Hinter Balesfeld wird es dann wieder ruhiger. Auf einer breiten Landstraße schwingen wir in Richtung Prüm. Gut einsehbare Biegungen, flottes Tempo. Erneut passieren wir Schönecken. Kurz vor Prüm biegt die Route rechts ab nach Fleringen und verwandelt sich sofort in ein unglaublich enges und kurviges Sträßchen der Kategorie Geheimtipp. Das zackt hinab nach Wallersheim und führt anschließend über Kopp und Hinterhausen nach Gerolstein zurück.

ÜBERNACHTEN IN DER REGION

HOTEL ZUM GOLDENEN STERN*S**
Auf der schönsten Terrasse der Eifel, dem zentralen Platz im Luftkurort Prüm, begrüßt euch das privat geführte Stadthotel mit herzlicher Gastlichkeit. Freut euch auf einen malerischen Ausblick, Wohlfühl-Ambiente und herrliche Touren in der Eifel, durch Luxemburg und Belgien.

Hahnplatz 29 • 54595 Prüm
+49 (0) 65 51 / 9 51 70 • www.goldenerstern-eifel.de

HOTEL HAUS KYLLTAL
Das Hotel bietet alles, was Ihr euch für einen unbeschwerten Urlaub oder ein Wochenende wünscht. Genießt in erholsamer, angenehmer Atmosphäre die Vorzüge des Hauses - idyllisch gelegen im Herzen der Vulkaneifel. Ein idealer Ausgangspunkt für Motorradtouren in der Eifel!

Dorfstr. 4 • 54655 Zendscheid
+49 (0) 65 63 / 28 10 • www.kylltal.com

HOTEL LÖWENSTEIN
Das Hotel verfügt über 47 helle Zimmer mit einem tollen Weitblick in die Eifeler Natur. Hier haben Sie die Möglichkeit, sich zu entspannen und Energie zu tanken. Gerne werden auch Tipps für Ihre Touren gegeben. Abends kann man in der hauseigenen Sauna den Abend ausklingen lassen.

Zur Büschkapelle 5 • 54568 Gerolstein
+49 (0) 65 91 / 81 93 90 • www.loewenstein-hotel.de

TOUR 25 | Eifel

BALSAM FÜR LEIB UND SEELE

TOURLÄNGE | 150 km

REGIONALE MOTORRADTREFFEN

Daun-Pützborn: Alte Schmiede, Imbiss und Snackbar.

Dreis-Brück: Bikertreff im Landgasthof Beim Holzschnitzer.

Kurvenspaß in toller Landschaft.

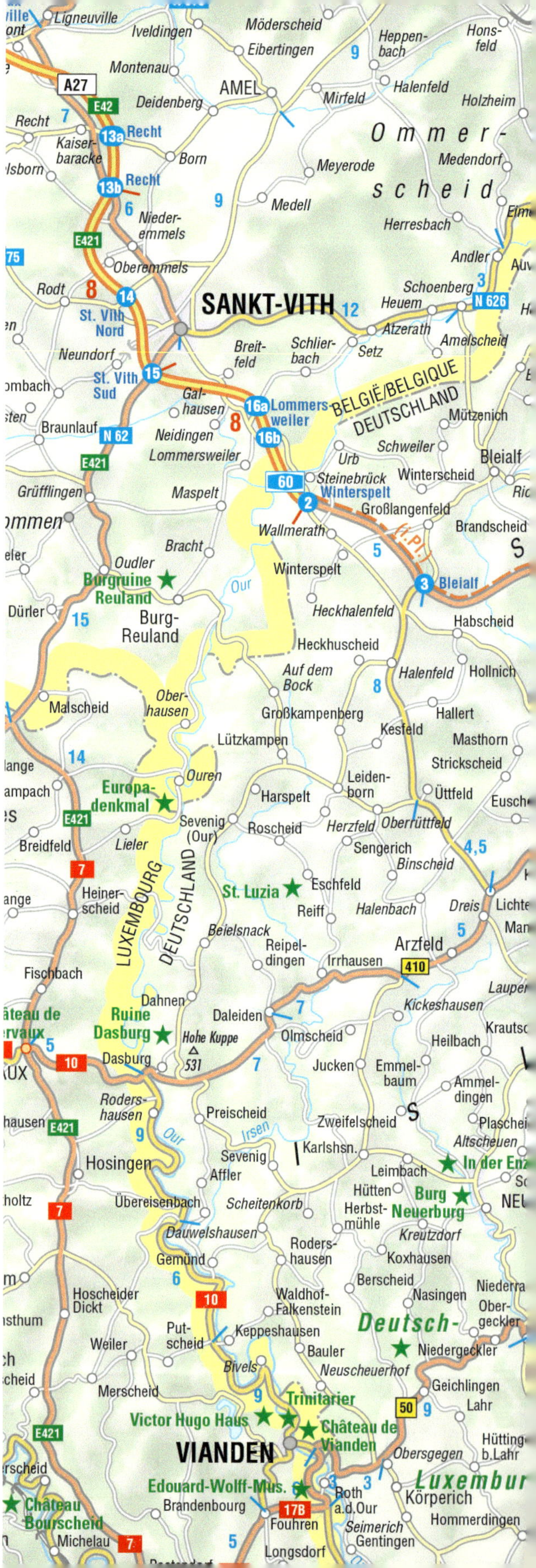

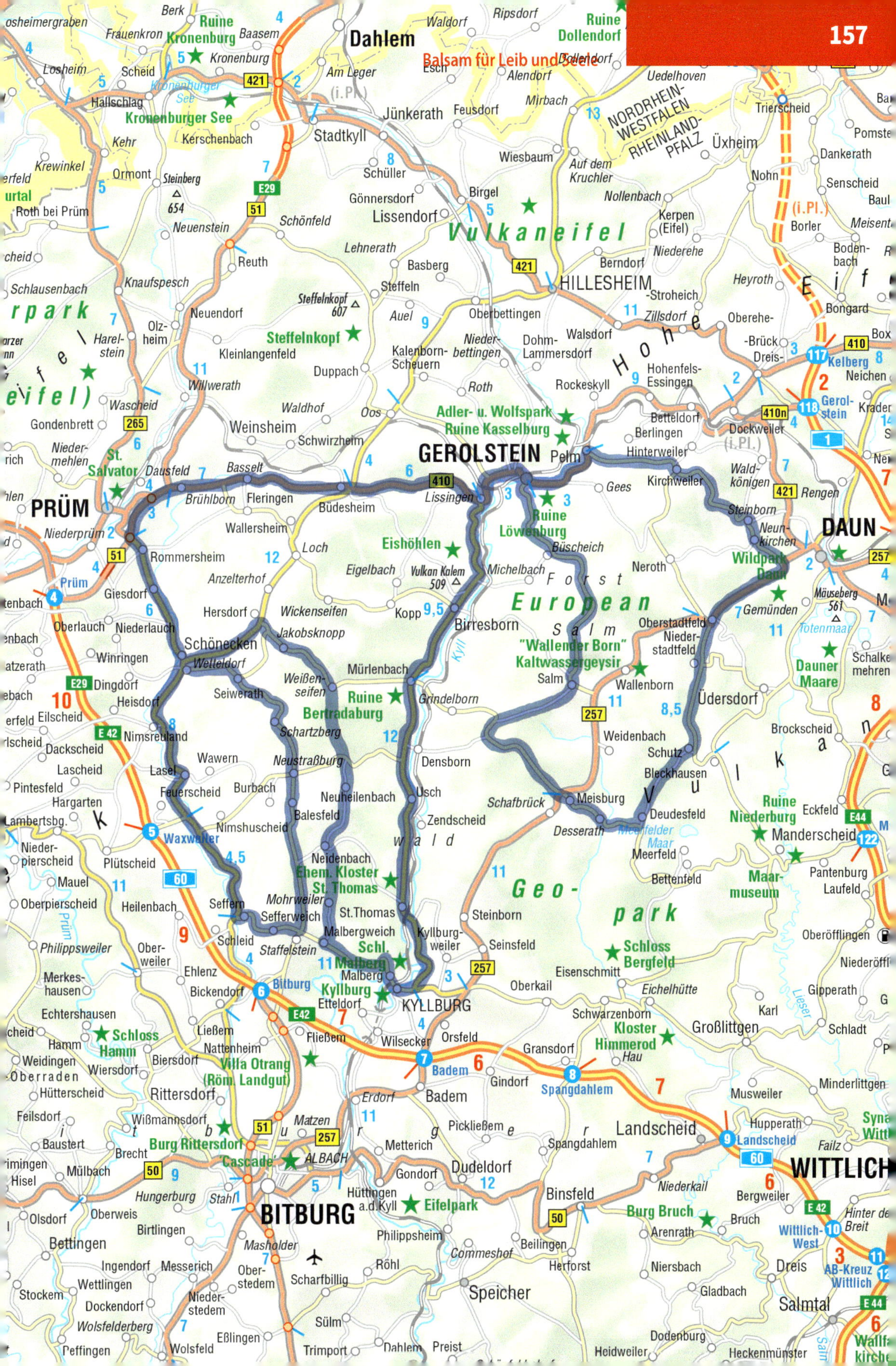
Dahlem
Ruine Kronenburg
Kronenburger See
Ruine Dollendorf
NORDRHEIN-WESTFALEN
RHEINLAND-PFALZ
Jünkerath
Stadtkyll
Vulkaneifel
HILLESHEIM
Steffelnkopf
GEROLSTEIN
Adler- u. Wolfspark
Ruine Kasselburg
PRÜM
St. Salvator
Ruine Löwenburg
Eishöhlen
Vulkan Kalem 509
DAUN
Wildpark Daun
Dauner Maare
Birresborn
European
Forst
Salm
"Wallender Born" Kaltwassergeysir
Schönecken
Ruine Bertradaburg
Ehem. Kloster St. Thomas
Schl. Malberg
Kyllburg
KYLLBURG
Geo-
park
Ruine Niederburg
Manderscheid
Maar-museum
Schloss Bergfeld
Kloster Himmerod
Großlittgen
Schloss Hamm
Villa Otrang (Röm. Landgut)
Burg Rittersdorf
Cascade
BITBURG
Eifelpark
Speicher
Landscheid
Burg Bruch
WITTLICH
Salmtal

Tour 26 Mosel

Wenn alles im Fluss ist

Die Region hat ihr Kegelclub-Image abgelegt: An der Mosel wächst heute wieder erstklassiger Riesling, und wir Motorradfahrer werden von lauschigen Flusskilometern verwöhnt.

START-/ZIELORT
Koblenz/Perl

TOURLÄNGE
ca. 180 km (1 Tag)

ROADBOOK
Koblenz, Alken, Burgen, Klotten, Cochem, Beilstein, Senheim, Bremm, Zell, Traben-Trarbach, Bernkastel-Kues, Neumagen, Schweich, Trier, Nennig, Perl

Passender als das Deutsche Eck in Koblenz könnte kein Startpunkt für eine Moseltour sein. Dort fließt die Mosel in den Rhein und wird dabei von einem hoch zu Ross sitzenden Kaiser Wilhelm beobachtet. Direkt am Denkmal gibt es einen Motorradparkplatz und einen Imbiss. Die Aussicht auf Rhein und Mosel und die Festung Ehrenbreitstein am anderen Ufer ist gratis. Seit 1897 wacht Wilhelm der Große über das Deutsche Eck. 1945 wurde er von den Amerikanern vorübergehend aus dem Sattel geschossen, hinterher auf private Initiative eines reichen Koblenzer Bürgers aber wieder dorthin gesetzt.

Spritziger Weißwein

Wir dirigieren das Motorrad auf die am rechten Moselufer verlaufende B 49. Schon nach ein paar Kilometern wachsen zu beiden Seiten der Fahrbahn die Weinberge aus dem Boden. Zwei Drittel von ihnen sind mit Riesling-Reben bewachsen. Der spritzige, säurehaltige Weißwein ist an der Mosel die Nummer eins. Heikel ist seine Ernte: Da die Traube bis kurz vor Einsetzen des Frostes reifen muss, ist der Grat zwischen einem perfekten und einem misslungenen Jahrgang recht schmal.

Mit Alken taucht der erste typische Winzerort auf. Überragt wird er von der Doppelburg Thurant. Die Route zeigt bei Burgen einen schönen Blick hinüber nach Hatzenport und passiert den Ort Treis. Dort wechselt sie für eine kurze Etappe auf die andere Uferseite zum Orsteil Karden. Weiter Richtung Cochem. In Klotten locken mehrere schöne Winzerhöfe und die Terrasse des Gasthauses Zur Post. Bei Klaus und Bettina Berens isst man nicht nur lecker zu Mittag, sondern wird als Motorradfahrer auch zuvorkommend behandelt.

Auf Berggipfeln thronende Burgen prägen das Landschaftsbild entlang der Mosel.

HIGHLIGHT

AUGUSTA TREVERORUM

Lange vor den Römern siedelte bei Trier der keltische Stamm der Treverer. Die Römer übernahmen den Namen und nannten ihre Stadtgründung im Jahre 16 v. Chr. zu Ehren des Kaisers Augustus „Augusta TrevervSo beschränkt man sich am besten auf die Porta Nigra. Gleich neben dem Bauwerk wartet ein Motorradparkplatz.

Am Eingang von Cochem überqueren wir die Mosel und gelangen im Stadtteil Cond wieder ans „richtige" Ufer. Rechts hinab zum Yachthafen, dort wartet der klassische Blick auf Cochem mit der Uferzeile im Vordergrund und der Reichsburg dahinter.

Auf den nun folgenden 27 Kilometern bis Alf vollführt die Mosel fünf Kehrtwendungen. Fünfmal geraten die Himmelsrichtungen komplett durcheinander. Linker Hand kommt mit Beilstein eines der optischen Glanzlichter in Sicht. Schmale, steile Gassen und eine Vielfalt wunderschöner Fachwerkhäuser charakterisieren den winzigen Ort.

Schwarze Katze

Hinter Senheim muss die Strecke nochmals aufs andere Ufer ausweichen, um die berühmte Schleife bei Bremm zu umfahren. Nach Alf über die Brücke, dann hat uns die rechte Seite wieder. Zell ist die Stadt der „Schwarzen Katze". Kein Wunder, ist sie doch Namenspatron einer der besten Weinlagen an der Mosel.

Bei Traben-Trarbach dreht die Mosel erneut eine sehr hübsche Ehrenrunde.

Diesmal um den Festungsberg Montroyal herum. Das rebenbestandene Plateau oberhalb der Stadt wurde vom Sonnenkönig Ludwig XIV. zur Festung ausgebaut, die in Kriegszeiten bis zu 40 000 Menschen beherbergen konnte.

Bernkastel weist eine Besonderheit auf: Weil es niemals zerstört wurde, besitzt es heute einen der am besten erhaltenen historischen Kerne an der Mosel. Rechts unten am Moselufer liegt ein großer Parkplatz mit speziellen Flächen für Motorräder. Von hier aus lässt sich die Altstadt bequem zu Fuß erkunden.

Bei Niederemmel biegen wir nach Neumagen ab, wo im Ort rechts an der Durchgangsstraße das berühmte römische Weinschiff steht. Zusammen

Traben-Trarbach (oben), Moselschleife bei Bremm (rechts) und Trier (r. Seite).

mit den Villen von Mehring, Longuich und Kenn sowie den Keltern von Maring, Piesport und Lieser gehört es zu den wichtigsten römischen Ausgrabungen an der Mosel.

Nach Umrundung der engen Trittenheimer Schleife wechselt die Straße wieder ans linke Ufer und nimmt ab Schweich direkten Kurs auf Trier: die Hauptstadt der Moselregion. Sie windet sich an der Autobahn vorbei und erreicht die Trierer City, wo mit der Porta Nigra das am besten erhaltene römische Stadttor der Welt steht.

Blick über die Grenze

Hinter Wasserliesch wird die Fahrbahn schön schmal und kurvt locker durch Weinberge und Waldstücke. Immer wieder zeigt sie herrliche Aussichten hinüber nach Luxemburg. Luxemburg? Aber klar doch. Die Mosel spielt jetzt den Grenzfluss.

In Nennig bildet der 160 Quadratmeter große Mosaikfußboden einer römischen Villa die letzte Gelegenheit, antike Luft zu schnuppern. Ein Großgrundbesitzer ließ sich hier im 2. Jahrhundert nach Christi nieder und baute eine der prächtigsten Villen an der ganzen Mosel. Alleine das Haupthaus war 100 Meter lang; die ganze Anlage maß 600 Meter. Das Gebäude um den Mosaikfußboden herum wurde wieder aufgebaut und gibt dem Besucher eine gute Vorstellung vom damaligen Leben.

Die letzte Gemeinde auf deutschem Boden, die wir erkunden, heißt Perl. Am Ortsende geht es hinüber nach Frankreich, wo die Mosel „Moselle" genannt wird. ◄

ÜBERNACHTEN IN DER REGION

MOSELHOTEL ANKER

Startet nach einem reichhaltigem Frühstücksbuffet eure Motorradtour an der Mosel, in den Hunsrück oder in die Eifel. Zum Ausklingen des Abends steht ein hauseigenes Schwimmbad zur Verfügung. Trockenraum und Garage sind natürlich ebenfalls vorhanden.

Moselufer 15 • 56332 Brodenbach
+49 (0) 26 05 / 20 08 • www.moselhotel-anker.de

WEINGUT & GÄSTEHAUS CHRISTIAN BUCHER

Als begeisterter Biker kennt Christian Bucher die schönsten Strecken und gibt euch noch Touren- und Ausflugstipps für die Eifel, Mosel und Hunsrück-Region. Ihr werdet Kurven erleben, wie sie die Natur entlang der Mosel und ihrer Zuflüsse geschaffen hat.

Schulstr. 19 • 56843 Burg an der Mosel
+49 (0) 65 41 / 81 00 02 • www.weingut-bucher.com

HOTEL BÄREN

Erlebt die Mosel von einer anderen Seite. Abseits der großen touristischen Routen werdet Ihr durch eine Region geführt, die euch sicher faszinieren wird. Ihr werdet von erfahrenen Guides begleitet und braucht euch um nichts zu kümmern (na ja, fahren müsst Ihr schon).

Schanzstr. 9 • 54470 Bernkastel-Kues
+49 (0) 65 31 / 95 04 40 • www.hotel-baeren.de

TOUR 26 | Mosel

WENN ALLES IM FLUSS IST

TOURLÄNGE | 180 km

REGIONALE MOTORRADTREFFEN

Cochem: Der Markplatz verwandelt sich jeden Sonntag zum Motorradtreff. Von der Obrigkeit ausdrücklich geduldet.

Die Pause im Weinberg gehört bei der Moseltour dazu.

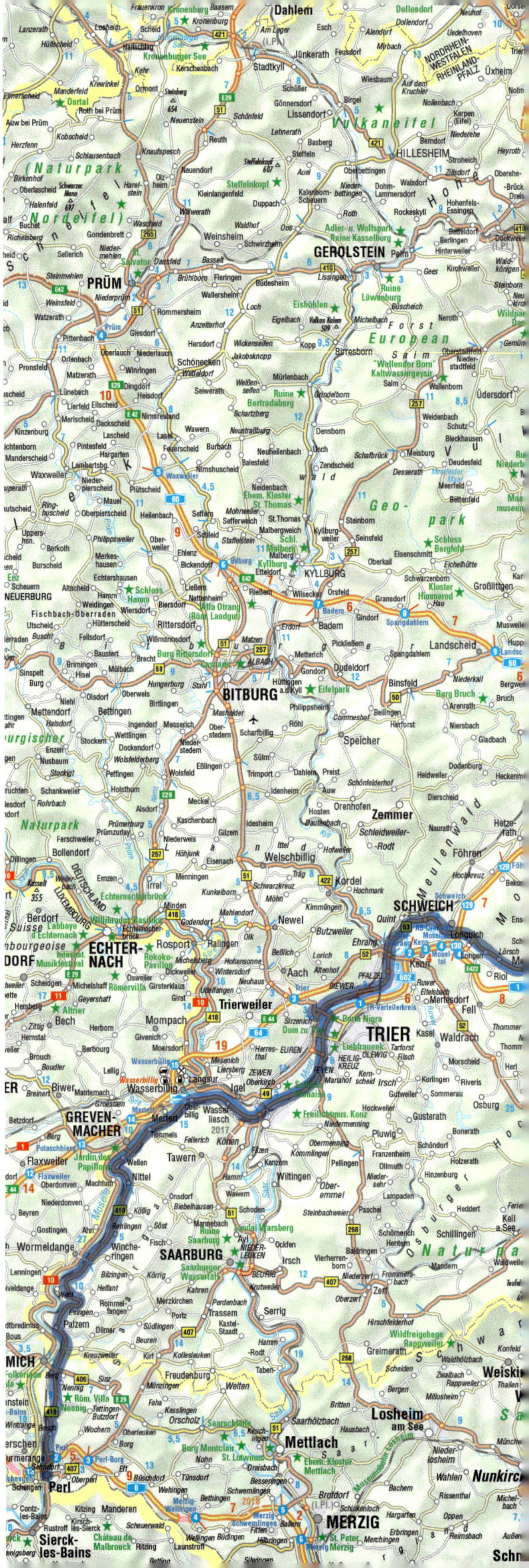

Wenn alles im Fluss ist
KOBLENZ
MENDIG
MAYEN
POLCH
Kobern-Gondorf
LAHNSTEIN
BAD EMS
NASSAU
BRAUBACH
BOPPARD
COCHEM
Treis-Karden
Emmelshausen
SANKT GOAR
OBERWESEL
BACHARACH
KASTELLAUN
ZELL (Mosel)
TRABEN-TRARBACH
BERNKASTEL-KUES
SIMMERN
KIRCHBERG (Hunsrück)
Rheinböllen
BINGEN
LORCH
BAD KREUZNACH
Morbach
KIRN
BAD SOBERNHEIM
IDAR-OBERSTEIN
BIRKENFELD
BAUMHOLDER
MEISENHEIM
LAUTERECKEN
ROCKENHAUSEN
Nonnweiler
Nohfelden
Freisen
KUSEL
Altenglan
WOLFSTEIN
Winnweiler
OTTERBERG
Tholey
SANKT WENDEL
Marpingen
Namborn
Oberthal
Weilerbach
-MIESENBACH
Enkenbach-

Tour 27 Hunsrück

Im Herzen der Natur

Jahrhunderte lang galt der abgelegene und einsame Hunsrück als Arme-Leute-Land. Erst mit dem Bau der Hunsrück-Höhenstraße änderte sich das. Allerdings ist die Region noch heute ein Paradies für Naturliebhaber im Motorradsattel.

BASISORT
Hermeskeil

TOURLÄNGE
ca. 150 km (1 Tag)

ROADBOOK
Hermeskeil, Birkenfeld, Hattgenstein, Kirschweiler, Bruchweiler, Morbach, Immert, Neumagen-Dhron, Piesport, Trittenheim, Bescheid, Hermeskeil

Gleich am Eingang des Startortes Hermeskeil liegt das Dampflokmuseum. Für Eisenbahn-Freaks ein Muss, alle anderen fahren weiter zur Flugausstellung von Hermeskeil. Diese größte private Flugzeugausstellung Europas öffnet ihre Tore in dem Ortsteil Abtei und ist ab Hermeskeil bestens ausgeschildert.

Am Quirl drehen

Auf einsamen Pfaden geht es weiter in Richtung Birkenfeld. Das Motto der Etappe könnte heißen: Hunsrück für Anfänger. Ein sauber asphaltiertes Sträßchen zirkelt mit abwechselnden Radien durch ein weitläufiges Waldgebiet. Hier darf nach Herzenslust am Quirl gedreht werden. Diese Wälder sind ein Teil des Naturparks Saar-Hunsrück. 1980 eröffnet, soll der 2000 Quadratkilometer große Park dem Wild und den Pflanzen der Region Schutz bieten. Das Konzept kommt an. Neben Rehwild und Rotwild, Wildschweinen, Hasen und Füchsen sind mittlerweile auch wieder Wildkatzen heimisch geworden.

Aus Birkenfeld hinaus folgen wir der Beschilderung Morbach. Die B 269 nimmt uns auf. Sieht auf der Karte gar nicht uninteressant aus: Viele Krümmungen, grüne Einfassung. Und tatsächlich erweist sich diese Bundesstraße als eine Art Bilderbuch-Motorradstrecke. Kurven ohne Ende, astreiner Belag.

Nach etwa fünf Kilometern: Blinker nach rechts Richtung Oberhambach und Hattgenstein. Das schmale Sträßchen, das jetzt zwischen Wiesen und Feldern umherturnt, sieht vermutlich selten ein fremdes Kennzeichen. Ebenso den Reifen eines Motorrades. Traktoren, Milchlaster und die Kombis von Kleingärtnern bevölkern den Asphalt. Es grünt so grün. Wohin das Auge blickt – überall drückt die Farbe Grün der Landschaft ihren Stempel auf.

Eine der wenigen Geraden in der Region führt zur Moselschleife nach Trittenheim.

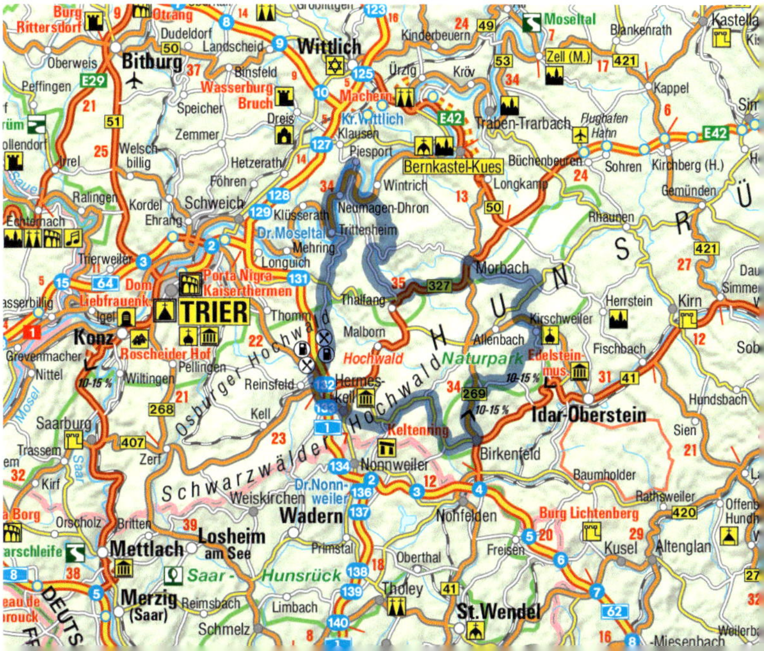

HIGHLIGHT

CAFÉ CONCORDE

In der Flugausstellung Hermeskeil warten über 100 Propellermaschinen, Düsenjets und Hubschrauber. Die Bandbreite reicht vom Uralt-Segler über Weltkriegsmaschinen bis zum modernen Düsenjäger. Majestätische alte Damen der Zivilluftfahrt wie die Super-Constellation sind ebenso vertreten wie die fliegenden Kampfmaschinen aus der Zeit des Kalten Krieges. Den Schlusspunkt des Besuchs setzen Kaffee und Kuchen an Bord der Concorde. Der elegante Überschallvogel ist ein Nachbau und nur im Bereich des Cockpits im Originalzustand.

Ungemein beruhigend. Diese Gegend sollte es auf Krankenschein geben.

In Kirschweiler links ab Richtung Morbach. Ein gutes Dutzend Kurven folgen, dann wartet die vermutlich längste Gerade im ganzen Hunsrück. Von Bruchweiler bis nach Morbach bewegt sich der Lenker so gut wie keinen Millimeter. Sechs Kilometer geradeaus. Die Bäume flitzen vorbei wie Schatten. Der Fahrbahnbelag spielt mit, und man ist geneigt, das Tempolimit auf außerörtlichen Straßen um ein gewisses Maß zu überschreiten.

Wilde Serpentinen

Am Ortsausgang von Morbach geht die B 327 in Richtung Hermeskeil gleich richtig zu Sache. In wilden Serpentinen stürzt sie sich ins Dhrontal hinab und auf der anderen Seite wieder nach oben. Kurvenreich geht es weiter. Kaum kommen Bremsen und Getriebe zur Ruhe.

Kurz vor Thalfang rechts ab Richtung Neumagen-Dhron. Weiter geht es über die Dörfer nach Horath. Dort findet das Vorderrad plötzlich einen Serpentinenaufstieg. Hinter dem Ort weist das Schild Piesport den Weg. Der Abstieg hinab zur Mosel gestaltet sich überraschend brav. Keine Kurven, nur eine sanft geschwungene lange Gefällstrecke. Auf einmal tauchen Weinberge auf, dann steht man auch schon an der Kreuzung nach Piesport.

In dieser Region ging es den Menschen schon immer gut. Prachtvolle Weinhöfe, schöne Kirchen und die Reste römischer Gebäude zeugen davon. Eines von ihnen, eine Kelteranlage, wurde ausgegraben, restauriert und kann besichtigt werden. Dazu fährt man am Kreisverkehr von Piesport dem Schild Römische Weinkelter nach, überquert die Mosel und sieht die Anlage schließlich vor sich in

Piesport an der Mosel (oben) und Burgruine Baldenau bei Morbach (rechts).

den Weinbergen stehen. Die Zufahrt ist frei, Hinweistafeln erläutern die Arbeitsweise der Kelter

Auf der Höhe von Trittenheim lassen wir den Fluss hinter uns und biegen schräg nach links in die Weinberge ab. Auf etwas holperigem Belag geht es leicht bergan. Eine Serpentine, dann taucht nach ein paar hundert Metern an der linken Straßenseite der ultimative Mosel-Aussichtspunkt auf. Der Blick ist gewaltig: Unten im Tal der Fluss und seine 180-Grad-Schleife, die Dächer von Trittenheim, die steilen, rebenbewachsenen Hänge, das Grün der Weinblätter, das Dunkelgrau des Schiefers. Dieses Panorama lässt sich auch sehr gut von der Terrasse des gegenüberliegenden Hotels aus bewundern.

Erwachsener Bach

Ab hier heißt die Generalrichtung Hermeskeil. Der unbekannte Teil des Hunsrücks ruft. Die ersten Kilometer begleitet die Route die Kleine Dhron, die hier gar nicht so klein ist, sondern als erwachsener Bach der Mosel entgegenströmt. Die Straße macht dem Anhänger eines flüssigen Fahrstils jede Menge Freude. Mit ihrem frischen Belag, ihrer guten Einsehbarkeit und ihren schnellen Wechselkurven sorgt sie dafür, dass das Reifenprofil auf seiner ganzen Fläche genutzt wird.

Ein paar Mal kreuzt die Strecke von Ost nach West verlaufende Querverbindungen, tauscht ihren guten Belag zwischendurch kurz gegen einen Flickenteppich und erklimmt in einigen engen Kehren die Hochfläche des Hunsrücks. ◀

ÜBERNACHTEN IN DER REGION

HOTEL OLDENBURGER HOF

Das gemütliche Hotel liegt im Herzen Birkenfelds. Die hell und freundlich eingerichteten Gästezimmer verfügen über TV und Dusche / WC. Im hauseigenen Restaurant könnt Ihr italienische und regionale Küche genießen. Für eure Motorräder stehen Garagen zur Verfügung.

Achtstr. 7 • 55765 Birkenfeld
+49 (0) 67 82 / 47 47 • www.oldenburgerhof.de

PARKHOTEL IDAR-OBERSTEIN

Das 4-Sterne-Hotel bietet euch klassisch elegante und großzügige Gästezimmer mit Flachbild-TV, Minibar und kostenfreiem WLAN. Im Restaurant und Bistro werdet Ihr nach eurer Tour mit kulinarischen Köstlichkeiten regionaler und internationaler Küche verwöhnt. Tourentipps vorhanden.

Hauptstraße 185 • 55743 Idar-Oberstein
+49 (0) 67 81 / 5 09 00 • www.parkhotel-idaroberstein.de

HOTEL-RESTAURANT BERGHOF

Im Berghof in Sohren, mitten im Naturpark Saar-Hunsrück, laden ruhige Zimmer mit Ausblick ein. Im Restaurant genießt Ihr deutsche Küche und regionale Spezialitäten. Auf der hauseigenen Kegelbahn könnt Ihr den Abend ausklingen lassen. Auf Wunsch gibt es Touren- und Ausflugstipps.

Bergstr. 10 • 55487 Sohren
+49 (0) 56 43 / 40 65 • www.hotel-berghof.net

TOUR 27 | Hunsrück

IM HERZEN DER NATUR

TOURLÄNGE | 150 km

REGIONALE MOTORRADTREFFEN

Stippshausen: Gasthaus Zum Dicken Hännes, nahe des Flugplatzes Hahn, Biergarten, Grillgerichte, Chef fährt Moto Guzzi.

Tolle Hunsrückpanoramen sind zuhauf zu finden.

Im Herzen der Natur
WITTLICH
TRABEN-TRARBACH
BERNKASTEL-KUES
Morbach
BIRKEN-FELD
HERMESKEIL
Nonnweiler
Nohfelden
Freisen
WADERN
Primstal
Namborn
Zeltingen-Rachtig
Neumagen-Dhron
Trittenheim
Thalfang
Piesport
Wintrich
Veldenz
Longkamp
Mehring
Reinsfeld
Gusenburg
Hoppstädten-Weiersbach
Synagoge Wittlich
Wallfahrtskirche Klausen
Weinanbaugebiet Mosel-Saar-Ruwer
Ruine Grevenburg
St. Nikolaus Hospital
Ruine Veldenz
Archäologiepark Belginum
Landal Sonnenberg
Moselhöhe
Edelsteingarten
Edelsteinmuseum
Nationalpark Hunsrück-Hochwald
Schloss Birkenfeld
Keltenring Otzenhausen
Burg Grimburg
Schloss Dagstuhl
Flughafen Hahn
Mosel
Hunsrück
Idarwald
Hochwald
Dollberge
Moselberge
Schwarzwälder Hochwald
Saar-Hunsrück
RHEINLAND-PFALZ
SAARLAND
Haardtkopf 658
Erbeskopf 816
Wildenburger Kopf 746
Idarkopf 746
Mt. Royal 275
Teufelskopf 695
Hoxel
Gräfendhron
Horath
Immert
Etgert
Gielert
Odert
Hochscheid
Kempfeld
Katzenloch
Kirschweiler
Hettenrodt
Siesbach
Leisel
Wilzenberg-Hußweiler
Hattgenstein
Ellenberg
Rinzenberg
Buhlenberg
Abentheuer
Brücken
Züsch
Damflos
Höfchen
Malborn
Thiergarten
Börfink
Muhl
Allenbach
Bruchweiler
Sensweiler
Wirschweiler
Hüttgeswasen
Schwollen
Thranenweier
Waldfriede
Deuselbach
Rorodt
Hilscheid
Bäsch
Dhronecken
Burtscheid
Lückenburg
Schönberg
Talling
Breit
Büdlich
Berglicht
Heidenburg
Bescheid
Beuren
Geisfeld
Rascheid
Hinzert-Pölert
Petersberg
Hochwald
Im Adrian
Neuhütten
Achtelsbach
Traunen
Dambach
Ellweiler
Meckenbach
Sötern
Türkismühle
Gonnesweiler
Neunkirchen
Selbach
Eiweiler
Bosen-Eckelhausen
Bostalsee
Braunshausen
Kastel
Buweiler
Rathen
Nieder-löstern
Wadrill
Steinberg
Morscholz
Konfeld
Noswendel
Lockweiler
Krettnich
Altland
Wolfersweiler
Mosberg-Richweiler
Eitzweiler
Asweiler
Hirstein
Gimbweiler
Neubrücke
Heimbach
Oberkirchen
Reichweiler
Schwarzerden
Dienstweiler
Nohen
Rimsberg
Schmißberg
Gollenberg
Oberhambach
Niederhambach
Elchweiler
Nieder-brombach
Ober-brombach
Sonnenberg-Winnenberg
Rötsweiler-Nockenthal
Mackenrodt
ALGENRODT
REGULSHAUSEN
Tiefenstein
Herborn
Mombach
Asbach
Schauren
Hundheim
Hinzerath
Heinzerath
Merscheid
Gonzerath
Haag
Gutenthal
Wederath
Kommen
Monzelfeld
Kautenbach
Bad Wildstein
Burgen
Burgenfahls
Gornhausen
Rondel
Papiermühle
Minheim
Niederemmel
Brauneberg
Mülheim (Mosel)
Lieser
Maring-Noviand
Osann-Monzel
Klausen
Salmtal
Dreis
Altrich
Platten
Wengerohr
Ürzig
Erden
Lösnich
Kinheim
Kröv
Wolf
Enkirch
Starkenburg
Irmenach
Lötzbeuren
Raversbeuren
Hahn
Büchenbeuren
Sohren
Kleinich
Oberkleinich
Horbruch
Hirschfeld
Krummenau
Laufersweiler
Wahlenau
Stipshausen
Hochwälderhof
Bausendorf
Bengel
Reil
Briedel
Minderlittgen
Musweiler
Hupperath
Landscheid
Bergweiler
Bruch
Heckenmünster
Sehlem
Esch
Hetzerath
Rivenich
Föhren
Bekond
Klüsserath
Köwerich
Thörnich
Detzem
Leiwen
Ensch
Schleich
Lörsch
Pölich
Riol
Büdlicherbrück
Naurath (Wald)
Thommerberg
Neumehring
Thomm
Herl
Lorscheid
Farschweiler
Reinsfeld
Lascheiderhof
Feriendorf
Kell a. See
Grimburg
Waldweiler
Bierfeld
Nonnweiler-Bierfeld
Otzenhausen
Gehweiler
Thailen
DAGSTUHL
Walhausen
Deckenhardt
Oberthaler Bruch
Güdesweiler
Berschweiler b.Baumholder
Eckersweiler
Rückweiler
Rohrbach
Leitzweiler
Berglangenbach
Fohren-Linden
Ruschberg
Kronweiler
Reichenbach
Frauenberg
Hahnweiler

Tour 28 Saarland

Im Land des Savoir-vivre

Umgeben von Frankreich, Luxemburg und Rheinland-Pfalz besitzt das Saarland einen ganz besonderen Charme: Hier weiß man, wie es sich gut leben lässt.

BASISORT
Nennig

TOURLÄNGE
ca. 250 km (1 Tag)

ROADBOOK
Nennig, Orscholz, Kastel-Staadt, Trassem, Saarburg, Mettlach, Britten, Weiskirchen, Nonnweiler, Primsta, Nohfelden, Freisen, St. Wendel, Tholey, Lebach, Nunkirchen, Losheim, Nennig

Wir satteln die Pferde in Nennig. Am Kreisverkehr ist die berühmte römische Villa schon beschildert. Ein schattiger Pfad mit Bänken zum Ausruhen, eine Treppe, dann steht man vor einem der größten Mosaikfußböden der Römerzeit. 160 Quadratmeter misst er und zeigt Gladiatoren- und Tierkämpfe. Der Besucher bewundert die handwerkliche Perfektion der Arbeit und staunt über den erstklassigen Erhaltungszustand.

Renaissance-Garten

Von Nennig aus folgen wir der B 406 Richtung Mettlach. Jedoch nicht, ohne vorher Schloss Berg einen Besuch abgestattet zu haben. Es wurde mit viel Aufwand restauriert und beherbergt heute ein Hotel. Besonders hübsch geraten ist der Renaissance-Garten, der mit Hilfe von EU-Mitteln angelegt wurde. Gleich gegenüber lädt ein Landgasthaus mit dem klangvollen Namen Victors Scheune zum ersten Stopp ein. Bei dieser hübschen Umgebung fast ein Muss.

Mehrspurig und in weiten Kurven nimmt sich die B 406 den Aufstieg in den Hochwald vor. Es tut richtig gut, den Pferden freien Lauf zu lassen. Eine Serpentine schließt die Bergfahrt ab, danach überquert die Route die B 407.

Das Sträßchen, das nun in Richtung Orscholz durch den Wald führt, ist schmal und ein wenig wellig. Trotzdem lässt es einen flotten Reifen zu. Orscholz kommt in Sicht. Dort wartet der berühmte Blick auf die Saarschleife. Der Aussichtspunkt ist zwar nur über einen längeren Fußweg zu erreichen, die Anstrengung jedoch in jedem Fall wert. Fast einen 360-Grad-Kreis dreht sie hier, die Saar. Würde man es nicht sehen, man könnte es kaum glauben.

Schöne Kurven führen ins malerische Städtchen Saarburg.

HIGHLIGHT

DAS FESTUNGSGENIE

Südwestlich von Lebach lässt sich in Saarlouis die Arbeit von Sébastian Le Prestre Vauban bewundern. Er war General und Festungsbaumeister des französischen Königs Ludwig XIV. und revolutionierte das militärische Bauwesen. Als erster Baumeister seiner Zeit erfasste er die Befestigungs- und Belagerungskunst als mathematische Wissenschaft, in der jeder Akt der Belagerung im Detail berechnet wurde. Charakteristisch für seine Anlagen sind die sternförmig gezackten Außenbastionen, die sich mittels überlappender Schussfelder gegenseitig unterstützten.

Links ab in Richtung Weiten/Saarburg. Zügige Kurven auf griffigem, übersichtlichem Asphalt folgen. Hinter Freudenburg wechseln wir vom Saarland nach Rheinland-Pfalz. Kurz darauf, mitten in einer der hier üblichen schnellen Kurven, der Abzweig rüber nach Kastel-Staadt. Hinter dem Ort ein Parkplatz, von dort sind es etwa noch 200 Meter zu Fuß bis zu einem der spektakulärsten Bauwerke der Region: der Klause.

Hoch über der Saar

In den roten Sandsteinfelsen regelrecht hineingebaut, thront die Kapelle hoch über der Saar. Fußwege durchziehen das Gelände. Man kann auf ihnen herrlich zwischen den feuchten, bemoosten Felsen umherspazieren, die Aussicht genießen oder sich von der weltentrückten Stimmung gefangen nehmen lassen. Ein Franziskanerpater war im 17. Jahrhundert der erste Mensch hier oben. Der Eremit baute eine kleine Kapelle, die König Friedrich Wilhelm 1835 vergrößern ließ.

Eine Handvoll eleganter Serpentinen führen hinab nach Trassem, ein paar Kilometer später erreichen wir das Ortsschild von Saarburg. Das malerische Städtchen liegt am Ufer der Saar und begeistert uns mit seinem Burgpanorama. Die Brücke, der Fluss, die Stadt, der Burgberg – den besten Blick auf das Idyll hat man von der Richtung Saarbrücken führenden Straße.

Bis Mettlach bestimmt die Saar den Verlauf der Straße. Sie macht das sehr gefühlvoll. Großzügige Bögen, eingerahmt von dichtem Laubwald. Der Fluss quasi in Augenhöhe. Man fühlt sich fast wie am Steuer eines Motorbootes. Feuchter, leicht modriger Geruch von Wasser zieht durch die Nasenflügel. Flussatmosphäre, wie sie intensiver kaum sein kann. Die übrige Welt ist weit weg. Auf den 18 Kilometern bis Mettlach stört keine Ortschaft die romantische Stimmung. Das ist einfach bezaubernd!

In Mettlach unterqueren wir die Eisenbahn und biegen kurze Zeit spä-

Saarschleife Mettlach (rechts) und Hauptplatz von St. Wendel (rechte Seite).

ter nach links auf die Eichenlaubstraße ein. Ausschilderung Weiskirchen. Viel Eiche, viel Laub – die Straße macht ihrem Namen alle Ehre. In gut ausgebauten und übersichtlichen Kurven erklimmt sie die Flanke des Hochwaldes. In Britten mischt sich kurz die B 268 dazwischen, dann heißt es wieder: schmale Fahrbahn, flüssige Wechselkurven, gepflegter Belag. Großer Gang, niedere Drehzahlen.

Attraktive Traumstrecke

Ab Weiskirchen weist das Schild Nonnweiler den Weg. Dort halten wir uns südlich, passieren Primsta und begleiten auf einer idyllischen Uferstraße das Flüsschen Nahe nach Nohfelden hinein. Dort rechts ab, ein Stück Bundesstraße folgt, bevor wir uns in die Kurven einer Traumstrecke Richtung St. Wendel legen dürfen. Vorsicht: Nicht die Hauptroute auf der B 41 nehmen, sondern den Umweg über Freisen, Hirstein und Baltersweiler. Der führt nämlich äußerst attraktiv über die bewaldeten Hügel des St. Wendeler Landes. In St. Wendel werfen wir einen Blick auf die alles beherrschende spätgotische Wallfahrtskirche und genießen anschließend die landschaftlich und fahrerisch sehr reizvolle Strecke auf der B 269 über Tholey nach Lebach.

In Lebach Blinker rechts und weiter nach Schmelz. Die nun folgende Etappe mit ihren gut ausgebauten, lang gezogenen Bögen schmelzt, pardon: schmilzt einem auf der Zunge. Etwas für Genießer. Nunkirchen, Losheim, dann links ab nach Mettlach und in einem Rutsch zurück nach Nennig, dem Ausgangspunkt der Tour. ◀

ÜBERNACHTEN IN DER REGION

HOTEL-RESTAURANT "SCHWEMLINGER HOF"

Alle Fremdenzimmer sind mit Dusche / WC und Farb-TV ausgestattet. Die reichhaltige Speisekarte wird euch mit Sicherheit zufrieden stellen. Große Garage kostenlos, gemütlicher Biergarten. Direkt im Dreiländereck und an der Saarschleife.

Luxemburger Str. 58 • 66663 Merzig OT Schwemlingen
+49 (0) 68 61 / 9 39 95 80 • www.schwemlingerhof.de

PARKHOTEL WEISKIRCHEN

Ein großer Parkplatz oder eine Garage für euer Motorrad, ein Trockenraum und natürlich Tourentipps gehören hier zum Service dazu. Am Abend könnt Ihr in der 2500 m² großen Saunalandschaft entspannen und euch dann im Restaurant verwöhnen lassen.

Kurparkstr. 4 • 66709 Weiskirchen
+49 (0) 68 76 / 91 90 • www.parkhotel-weiskirchen.de

HOCHWÄLDER WOHLFÜHLHOTEL

Familiengeführtes, neues 4-Sterne Hotel inmitten einer herrlichen Mittelgebirgslandschaft, Ausgangspunkt für kurvenreiche Touren. Angeschlossene Hausbrauerei „Hochwälder Brauhaus" mit hausgebrautem Bier und rustikalem Ambiente. Toller Biergarten mit herrlichem Seeblick!

Zum Stausee 192 • 66679 Losheim am See
+49 (0) 68 72 / 9 69 20 • www.hochwaelder-wohlfuehlhotel.de

TOUR 28 | Saarland

IM LAND DES SAVOIR-VIVRE

TOURLÄNGE | 250 km

REGIONALE MOTORRADTREFFEN

Wallerfangen: Sanne's Rockcafé, mit Terrasse.

Beckingen: Landgasthaus Wilscheider Hof, Grillhütte, gute Küche.

St. Wendel / Oberlinxweiler: Gasthaus Schlupfwinkel, schön gelegen mit Bike-Parkplatz.

Pausenstopp an der Saar.

Zemmer
Föhren
Piesport
Veldenz
Wintrich
Im Land des Savoir-vivre
Klüsserath
Neumagen-Dhron
SCHWEICH
Longuich
Trittenheim
Leiwen
Mehring
Landal Sonnenberg
Moselhöhe
Morbach
Archäologiepark Belginum
Hunsrück
Idarwald
TRIER
Kasel
Waldrach
Mertesdorf
Fell
Thalfang
Osburg
Hochwald
Reinsfeld
HERMESKEIL
Nationalpark Hunsrück-Hochwald
BIRKENFELD
Schloss Birkenfeld
Hoppstädten-Weiersbach
Naturpark
Burg Grimburg
Osburger Hochwald
Dollberge
RHEINLAND-PFALZ
SAARLAND
Nonnweiler
Keltenring Otzenhausen
Nohfelden
Freisen
Schwarzwälder Hochwald
Wildfreigehege Rappweiler
Weiskirchen
WADERN
Schloss Dagstuhl
Primstal
Saar-Hunsrück
Losheim am See
Nunkirchen
Namborn
Oberthal
Bliesen
Tholey
Schaumbergbad
Abtei Tholey
Alsweiler
SANKT WENDEL
Wendalinusbasilika
Marpingen
Schmelz
LEBACH
Eppelborn
Beckingen
Nalbach
DILLINGEN (Saar)
Saarwellingen
Illingen
Merchweiler
OTTWEILER
Schiffweiler
Heiligenwald
FRIEDRICHSTHAL
NEUNKIRCHEN
BEXBACH
Heusweiler
Landsweiler-Reden

Tour 29 Pfalz

Eldorado der Kurven

Tief im dunklen Herz des Pfälzer Waldes warten mit dem Wellbachtal, dem Elmsteiner Tal und der Totenkopfstraße Kurvenstrecken vom Allerfeinsten.

BASISORT
Landau

TOURLÄNGE
ca. 180 km (1 Tag)

ROADBOOK
Landau, Eschbach, Klingenmünster, Rinnthal, Johanniskreuz, Trippstadt, Johanniskreuz, Elmstein, St. Martin, Edenkoben, Ludwigshöhe, Ramberg, Dernbach, Landau

Von Landau aus folgen wir der Ausschilderung Saarbrücken/Pirmasens und Klingenmünster. Wie nicht anders zu erwarten, begleiten uns im Weinbaugebiet nicht enden wollende Reihen von Weinreben durch Wollmesheim und Ilbesheim nach Eschbach. Bereits in der Ebene von Ilbesheim sieht man die größte Burgruine der Südpfalz: die Madenburg. Von dort oben hat man einen herrlichen Blick auf die südliche Rheinebene zur einen Seite und auf das tiefe, fast undurchdringbare Grün des Naturparks Pfälzer Wald zur anderen.

Kaum befahrene Straße

In Eschbach, weisen uns die gelben Pfeile nach Klingenmünster, bzw. auf die B48. Keine Vorurteile: Auch Bundesstraßen können kaum befahren sein. Die Strecke über Waldhambach und Waldrohrbach in Richtung Rinnthal gehört zu der Sorte, die nicht nur die Lauffläche, sondern auch die Flanken des Reifenprofils auf Temperatur bringt.

Bevor wir uns endgültig in das Winkelwerk des Pfälzer Waldes fallen lassen, unternehmen wir eine kurze, lohnenswerte Stippvisite zur Burg Trifels. Danach geht es auf der B48 nach Rinnthal, an den Eingang des Wellbachtals.

Vom Blattwerk der Deutschen Alleenstraße beschattet, bahnen wir uns den Weg mittels Gewichtsverlagerung bis hoch zum Johanniskreuz. Neben reichlich Bäumen zur Linken und Rechten steht ein ausgedehnter Schilderwald. Mit Geschwindigkeitsbegrenzung auf 70 km/h und Überholverbot versucht die Polizei, die Zweiradfahrer zur Mäßigung zu erziehen. Fahrspaß bringt die Fahrt durchs Wellbachtal in die Tiefen des Naturparks Pfälzer Wald aber allemal. Und wenn man mit einem breiten Grinsen am Johanniskreuz steht, wünscht man sich, die knapp 13 Kilometer lange Strecke würde gleich wieder von vorn anfangen.

Über kurvenreiche Strecken geht es zur Burg Trifels, der mächtigen Felsenburg im südlichen Pfälzerwald.

HIGHLIGHT

KOHLE MACHEN

Wer am ersten Septemberwochenende in Trippstadt sein sollte, darf auf keinen Fall das beliebte Kohlenbrennerfest verpassen. Dann qualmt ein Kohlemeiler wie vor hunderten von Jahren und erinnert daran, dass bis ins 19. Jahrhundert die Köhlerei ein bedeutender Wirtschaftszweig im Pfälzer Wald war. Die gewonnene Holzkohle brachte die Meileröfen in Karlstal, die der Eisenschmelze dienten, zur Hochglut.

Bei schönem Wetter und an Wochenenden haben die Motorradfahrer das Johanniskreuz fest im Griff. Auf dem großen Parkplatz steht ein Bike neben dem anderen, und die dicht besetzten Biertische vor dem Restaurant bringen motorisierte Zweiradfahrer aller Couleur auf Leder- und Gore-Tex-Fühlung.

Zum Johanniskreuz

Weiter geht es auf einem schmalen Sträßchen ohne Mittelstreifen durch bewaldetes Gebiet von Heltersberg über Schmalenberg nach Schopp. Drei Kilometer B 270, dann schlagen wir uns wieder in die Wälder nach Trippstadt und weiter zum Johanniskreuz.

Nach diesem kurzen Schlenker erwartet uns ein weiteres Highlight des Pfälzer Kurvenlabyrinths: Das Elmsteiner Tal, das in Richtung Neustadt führt. Die enge Schlucht hat fast alpinen Charakter. Zur einen Seite begrenzen steile Hänge die Fahrbahn, auf der anderen Seite fließt tief unten in einer Schlucht der Speyerbach. Eine Kurve reiht sich an die nächste, und die beschwingte Fahrt wird nur durch

die engen Ortsdurchfahrten unterbrochen.

In Elmstein verlassen wir das Tal und biegen in die Totenkopfstraße in Richtung Maikammer / St. Martin ab. Die enge Straße ohne Mittellinie und Leitplanken vermittelt Naturerlebnis pur. Der dichte Wald schlägt wie ein Höhlendach über uns zusammen, und die mystisch-dunkle Stimmung lässt vermuten, dass wir hinter der nächsten Kurve einen Waldschrat treffen.

Der ebene Untergrund verleitet dazu, es etwas schneller angehen zu lassen. Der Wechsel von Rechts- und Linkskurven gipfelt zum Bergrücken hin in serpentinenartigen Spitzkeh-

Marktplatz von Landau in der Pfalz (rechts) und Weinreben mit Blick auf das Hambacher Schloss (rechte Seite).

ren und einer Straßenbreite, die gerade mal Platz für einen Kleinlaster lässt. Auf der Passhöhe angekommen, fordert eine Kneipe mit Biergarten zur Rast auf. Gesprächsstoff gibt es angesichts der zurückliegenden Strecke jede Menge.

Fast am Ende der Totenkopfstraße biegen wir ab in das historische Weindorf St. Martin mit seinen malerischen Gassen und Fachwerkhäusern, dessen Ortskern vollständig unter Denkmalschutz steht. Von hier aus haben wir bereits einen Blick auf die berühmte Silhouette von Edenkoben: Die protestantische Barockkirche, die 1739 an einen Turm aus dem 15. Jahrhundert angebaut wurde, und die neugotische katholische Pfarrkirche.

Hinter der Passhöhe

Begleitet von Gütern und Straußwirtschaften holpern wir auf einem Sträßchen nach Ludwigshöhe und durchfahren das Edenkobener Tal bis zum Schänzelturm am Kesselberg. Hinter der Passhöhe biegen wir noch einmal an der T-Kreuzung links ab in Richtung Weyher. Das einsame Tal führt uns durch den dichten Mischwald des Naturparks Pfälzer Wald und lässt das baldige Abschiednehmen schwerfallen.

Ein Stück vor Weyher bringt uns eine schmale Straße den Berg hoch nach Ramberg und Dernbach. Ab der Passhöhe rütteln uns die in den Belag gefrästen Querrillen mächtig durch. Hinter Dernbach biegen wir links Richtung Albersweiler ab, um von dort auf der B 10 zügig nach Landau zu gelangen. ◄

ÜBERNACHTEN IN DER REGION

TOUR 29 | Pfalz

ELDORADO DER KURVEN

TOURLÄNGE | 180 km

REGIONALE MOTORRADTREFFEN

Johanniskreuz: Treff an einer Kreuzung an der B84, die Einspurigen sitzen im Café Nicklis.

Dannenfels: Waldhaus Donnersberg auf dem Donnersberg.

Hofstätten: Müllers Lust, gemütliche und preiswerte Alternative zum Johanniskreuz.

Die Straßen führen oft durch dichten Wald.

Tour 30 Odenwald

Auf den Spuren von Siegfried

Auf Kurvenstrecken führt uns die Nibelungensage durch das Herz des Odenwaldes und bringt uns in das Jahr 400, als die Burgunder das Gebiet eroberten und ein Königreich gründeten.

BASISORT
Heppenheim

TOURLÄNGE
ca. 200 km (1 Tag)

ROADBOOK
Heppenheim, Fürth, Mossautal, Hesseneck, Kailbach, Hesselbach, Watterbach, Kirchzell, Amorbach, Erbach, Reichelsheim, Lindenfels, Gadernheim, Hoxhohl, Bensheim, Heppenheim

Die Festspielstadt Heppenheim empfängt den Motorradfahrer unterhalb ihres Wahrzeichens, der Starkenburg aus dem 11. Jahrhundert, mit reichlich Kultur: Ein mittelalterliches Zentrum schart sich um den Marktplatz mit seinen Fachwerkhäusern, an seiner Stirnseite das prächtige Rathaus. Auf der B 460 führt die Route anschließend über Fürth ins Mossautal, wo in der Gemeinde Hüttenthal angeblich der sagenhafte Siegfried durch Hagen von Tronjes Speer am Lindelbrunnen ermordet wurde.

Beliebte Wallfahrtsstätte

Vorbei am Marbach Stausee, einem der bekanntesten Treffpunkte für Wassersportler und Motorradfahrer, geht es der Ausschilderung Hesseneck folgend direkt ins enge Kurvenlabyrinth, in dem wir uns 15 Kilometer lang schwindlig fahren können. Zunächst zügig hinauf bis über 500 Meter Höhe, bevor es in leichtem Gefälle wieder 300 Meter tiefer geht. In Schöllenbach lohnt ein Boxenstopp, denn die vom Erbacher Schenken Philipp IV. erbaute und 1465 geweihte Kirche ist eine viel besuchte Wallfahrtsstätte.

Danach kurven wir wieder bergauf, ein Stück der Siegfriedstraße folgend, bis wir links nach Hesselbach einbiegen. Diese schmale Waldstraße gibt nicht nur grandiose Blicke über steil abfallende Hänge frei, sondern führt auch entlang des ehemaligen Limes. Die Zeugen dieses römischen Grenzwalles stehen nicht selten direkt am Weg und können selbst in Motorradmontur leicht aufgesucht werden.

Um dem Limes weiter zu folgen, müssen wir uns an der ersten Einmündung rechts halten, denn der Straßenverlauf ist nicht beschildert. Ländlich

Rasant zu fahrende Kurven gibt es im Umland von Heppenheim.

HIGHLIGHT

KRÄHBERG-RENNSTRECKE

Die frühere Bergrennstrecke verläuft neben der B45 von Hetzbach nach Oberzent-Schöllenbach und zählte nach dem Ersten Weltkrieg zu Europas anspruchsvollsten Rennsportveranstaltungen. Die ersten Rennen fanden bereits 1911 statt, seine Blüte erlebte der Krähberg zwischen 1921 und 1927. 1993 brüllten dort zum letzten Mal die Motoren.

geht es hier zu. Der kaum befahrene Höhenweg legt sich über Wiesen, schlängelt sich unter Obstbäumen durch und verschwindet schließlich im dichten Wald. Dort finden sich exakt rekonstruierte Abschnitte römischer Palisaden und Wachtürme.

300 Jahre alte Buche

Rechts ab rollen wir durch die Ansiedlung Breitenbuch, wo die unter Schutz gestellte schönste Hainbuche des Odenwaldes steht. Sie ist 300 Jahre alt und hat einen Kronendurchmesser von über 20 Metern. Nach Watterbach laufen wir in Kirchzell ein, das auf eine 1200-jährige Geschichte blickt. Im altfränkischen Barockstädtchen Amorbach bestechen die Klostergebäude aus dem 18. Jahrhundert durch ihre Rokoko-Ausschmückung, die von den besten Künstlern der damaligen Zeit geschaffen wurde. Die Barockorgel ist eine der größten Europas, und für die Fürstlich Leiningenschen Konzerte muss man frühzeitig Karten bestellen.

Wir drehen nun ab und ziehen über die Nibelungenstraße Richtung Michelstadt zur Schmalebene hinauf. In einem flotten Reigen folgt Kurve auf

Kurve, bis hinter dem Wald eine weite Ebene wartet, über die der Asphalt in langen Geraden und zwei schnellen Biegungen wieder ins Gehölz mündet. Am Jagdschloss Eulbach machen wir erste Bekanntschaft mit dem Grafen Franz I. von Erbach. Der letzte Souverän der Grafschaft errichtete den Bau 1770 und machte den Wildpark und den Englischen Garten mit antiker Kunst der Öffentlichkeit zugänglich.

Den Besuch der kunsthistorischen Sammlung in seinem Erbacher Schloss erlaubte der sozial engagierte Graf ebenso. Ganz fortschrittlich richtete er schon 1786 eine Alimentenkasse für Witwen und Waisen ein, finanzierte den Bau von Straßen über eine Chausseekasse und stiftete Geld für die Schulen direkt aus seiner Schatulle. Zur Förderung der Landwirtschaft ließ Franz I. kostenlos Samen und Düngemittel an die Bauern ver-

Felsenmeer oberhalb von Lautertal-Reichenbach (oben) und die Stadt Amorbach (rechts).

teilen. Um seine Untertanen aus der Schuldenfalle zu erlösen, gründete er die Sparkasse.

Architektonisch ist die Kreisstadt Erbach längst mit Michelstadt verwachsen, dessen Zentrum wegen seines ungewöhnlichen Fachwerkrathauses jedoch bekannter ist. Neben einer Kaffeepause lohnt dort der Besuch des Odenwaldmuseums und des Motorradmuseums.

Viele Windungen

Weiter geht es auf der B 47 in Richtung Worms. In flotten Biegungen passieren wir den Morsberg und stoßen die Serpentinen hinunter ins Gersprenztal, wo wir links durch Reichelsheim fahren und vorbei an Schloss Reichenberg nach vielen Windungen in Lindenfels eintreffen. Außerhalb des Kurortes erlaubt die Nibelungenstraße mehrere wunderbare Ausblicke auf die Burgruine Lindenfels und die gesamte Bergregion. Um aber nicht durchgehend diese Schlagader zu nutzen, schlagen wir dem Verkehr ein Schnippchen und nehmen uns die Landstraße über Gadernheim, Brandau, Hoxhohl, Schmal Beerbach und Wurzelbach vor.

Dort erwartet uns das Felsenmeer. Wie von Riesenhand geschaffen, erstreckt sich ein Meer aus Findlingen aller Größen über drei Kilometer hinunter ins Lautertal. Die römischen Steinmetze nutzten die Felsen für ihre Kunst, und noch heute lässt sich ihre Sprengtechnik erkennen.

Zurück auf unserer Route biegen wir bei nächster Gelegenheit nach Bensheim-Auerbach ab und fahren nach Heppenheim zurück. ◀

TOUR 30 | Odenwald

AUF DEN SPUREN VON SIEGFRIED

TOURLÄNGE | 200 km

REGIONALE MOTORRADTREFFEN

Hesseneck-Kailbach: Motorradcafé Zur Waldeslust.

Erbach-Ebersberg: Grillhütte an der B45 zwischen Hetzbach und Erbach.

Zotzenbach: Ehemalige Bergrennstrecke.

Marbach-Staubecken: Beerfelden-Marbach, Treff an der Staumauer.

Neckarsteinach-Neuhausen: Motorcafé Point, die neue Heimat von Eddy Edelstahl, der früher das Hill Up in Kailbach betrieb.

Strümpfelbrunn: Biker Camp Kurbrunnen, höchst gelegener Motorradtreff im Odenwald.

Motorradrevier Odenwald.

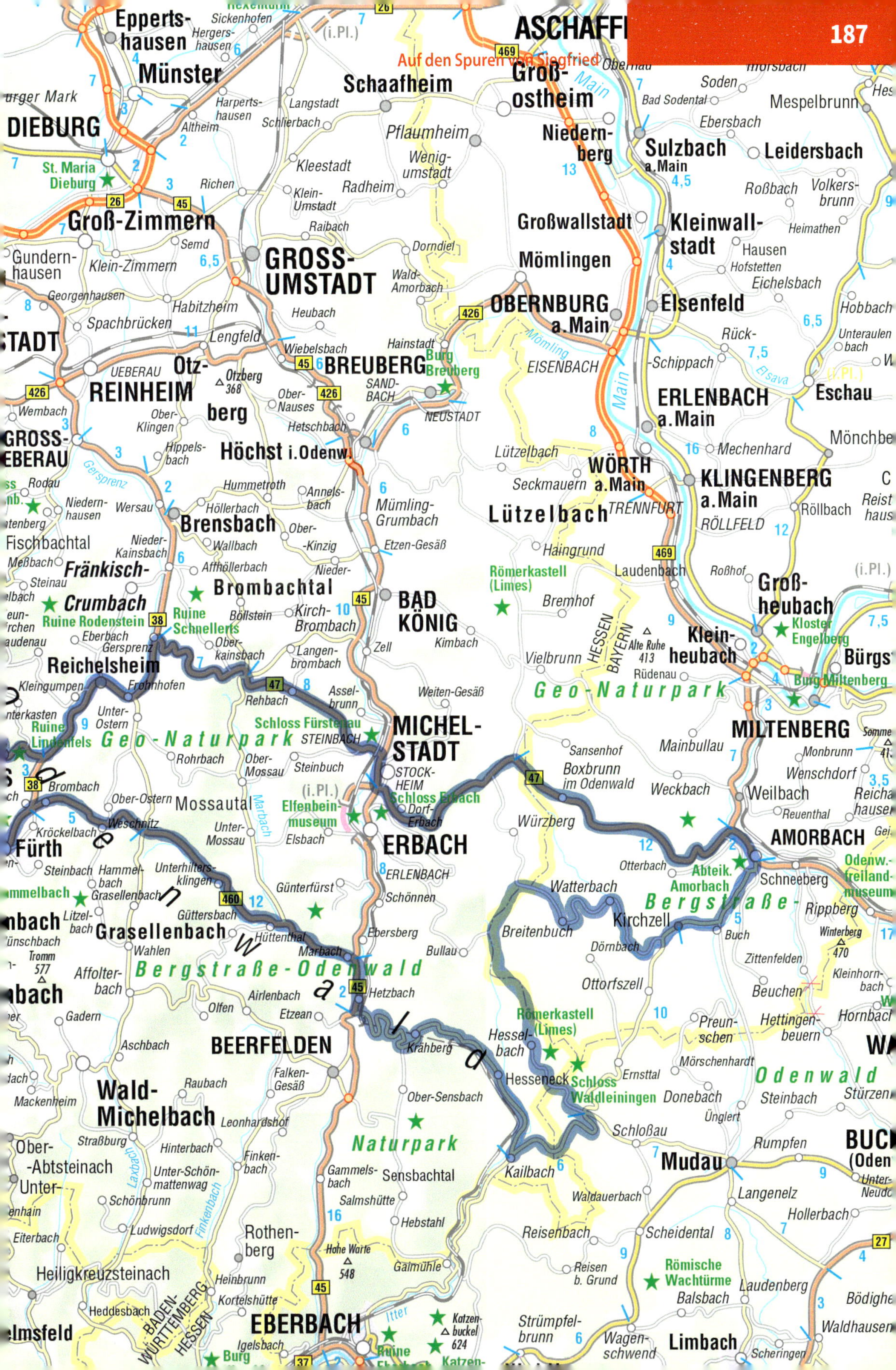
ASCHAFFENBURG
DIEBURG
Münster
Eppertshausen
Schaafheim
Großostheim
Niedernberg
Sulzbach a.Main
Leidersbach
Mespelbrunn
Groß-Zimmern
GROSS-UMSTADT
Großwallstadt
Kleinwallstadt
Mömlingen
OBERNBURG a.Main
Elsenfeld
REINHEIM
Otzberg
BREUBERG
Burg Breuberg
ERLENBACH a.Main
Eschau
Höchst i.Odenw.
WÖRTH a.Main
KLINGENBERG a.Main
Lützelbach
Brensbach
Fischbachtal
Fränkisch-Crumbach
Ruine Rodenstein
Brombachtal
BAD KÖNIG
Römerkastell (Limes)
Großheubach
Kloster Engelberg
Kleinheubach
Burg Miltenberg
Reichelsheim
Ruine Schnellerts
MICHELSTADT
Schloss Fürstenau
Geo-Naturpark
MILTENBERG
Ruine Lindenfels
Mossautal
Elfenbeinmuseum
Schloss Erbach
ERBACH
Fürth
AMORBACH
Abteik. Amorbach
Bergstraße-Odenwald
Grasellenbach
Bergstraße-Odenwald
Odenwald
Römerkastell (Limes)
BEERFELDEN
Schloss Waldleiningen
Wald-Michelbach
Mudau
Naturpark
Sensbachtal
Heiligkreuzsteinach
Römische Wachtürme
EBERBACH
Limbach
BADEN-WÜRTTEMBERG
HESSEN
BAYERN

Tour 31 Spessart

Im Wald, da sind die Räuber

Wenn sich einst die Räuber in die Wälder des Spessart zurückzogen, waren sie in der Einsamkeit vor dem Arm des Gesetzes sicher. Heute drehten dort Motorradfahrer ihre Runden.

BASISORT
Mespelbrunn

TOURLÄNGE
ca. 190 km (1 Tag)

ROADBOOK
Mespelbrunn, Elsenfeld, Klingenberg, Wörth, Breuberg, Hainstadt, Aschaffenburg, Hemsbach, Schirmborn, Schöllkrippen, Jakobsthal, Heigenbrücken, Mespelbrunn

Gleich zu Beginn unserer Tour treffen wir auf eines der bekanntesten Verstecke der Räuberbanden – Schloss Mespelbrunn. Es liegt in einem verschwiegenen Tal und überstand in diesem Versteck alle Kriege der vergangenen Jahrhunderte unbeschadet, sodass es im ursprünglichen Zustand zu besichtigen ist. Einen schönen Ausblick auf das Schloss hat man vom „Wirtshaus im Spessart" aus, das im Schlosspark in den früheren Stallungen eingerichtet ist. Als Drehort des gleichnamigen Spielfilms mit Liselotte Pulver und Carlos Thompson gab die gesamte Anlage in den 1950er-Jahren ihre geheime Lage endgültig einem großen Publikum preis.

Griffiger Asphalt

Weiter Richtung Westen zum Main nach Elsenfeld. Ortsnamen wie Sommerau und Himmelthal geben dabei die Stimmungslage wieder, in der sich der motorisierte Zweiradwanderer angesichts der elegant geschwungenen und gut ausgebauten Straße befindet. Mit griffigem Asphalt versehen, schlängelt sie sich durch das Tal des Flüsschens Elsava.

Klingenberg, unterhalb der staufischen Clingenburg gelegen, ist vor allem für seine Terrassenweinberge berühmt, deren älteste im 12. Jahrhundert angelegt wurden. Ihre Mauern aus dem typischen roten Sandstein stehen heute unter Denkmalschutz und prägen mit einer Gesamtlänge von über 180 Kilometern wesentlich das Landschaftsbild.

Am anderen Ufer verdeutlicht Wörth die Kulturgrenze. Denn statt mit Ringwällen wie die Kelten, befestigten die Römer ihre Seite zur Zeit des Kaisers Domitian mit einem Kastell.

Kurvengeschlängel satt rund um die Feste Breuberg.

HIGHLIGHT

KÖNIGIN DES WASSERS

Wörth bietet mit seiner Altstadt und der Stadtbefestigung viel Sehenswertes. Bevor die Stadt im 13. Jahrhundert befestigt wurde, war sie im 6. Jahrhundert Ausgangspunkt der christlichen Missionierung des Spessart, was die St. Martinskapelle auf dem Friedhof bezeugt. Der Name Wörth bedeutet „erhöhtes Uferland" oder „wasserfreies Land". Als wichtiger Handelshafen war die Stadt Heimat bedeutender Schiffbauer. In der inzwischen auf der anderen Mainseite liegenden Werft entstehen noch heute große Transportschiffe für europäische Wasserstraßen.

Vorbei an der Feste Breuberg, eine der am besten erhaltenen Burganlagen Deutschlands, fahren wir weiter nach Norden und biegen in Hainstadt links nach Wald-Amorbach ab. Bereits zur Römerzeit führte ein Weg über den Breuberg-Sattel. Für uns krümmt sich ein perfektes Asphaltband über die hügelige Landschaft Richtung Groß-Umstadt. Griffiger Belag, gute Übersicht, mächtig Fahrspaß.

Über den Hahnenkamm

Den Glanz des ehemaligen Fürstentums Aschaffenburg erkennt der Reisende sofort, wenn er über die Willigis-Brücke in die Stadt rollt. Die Erzbischöfe und Kurfürsten von Mainz hatten dieses sächsische Königsgut zu ihrer Zweitresidenz erhoben und hinterließen mit Schloss Johannisburg einen Prachtbau der Spätrenaissance. Wir verlassen die Residenzstadt über die B8 nach Hanau, um dann Richtung Hörstein und Mömbris in den Spessart einzubiegen. Zügig erklimmen wir den Hahnenkamm und zaubern perfekte Schräglagen auf den Belag. Kurve an Kurve, fast wie am Fließband. Das Verkehrsaufkommen hält sich in Grenzen, und wir können die Kurverei in vollen Zügen genießen.

Die Römer taten sich am Hahnenkamm viel schwerer. Wie ein keltischer Ringwall westlich von Hemsbach belegt, bissen sich ihre Legionen hier die Zähne aus. Schon 4000 Jahre vor Christus war der westliche Spessart besiedelt. Im Wald oberhalb Schimborns finden sich Hügelgräber aus der Bronzezeit, die 20 Jahrhunderte vor unserer Zeitrechnung angelegt wurden. Es war eine raue Gegend, dieses riesige Waldgebiet, das erst mit der Christianisierung und der Errichtung von Klöstern allmählich erschlossen wurde. Karl der Große versorgte die Kirchengüter mit großen Forstgebieten, in denen sich später der Landadel ansiedelte. Dieser musste seine Schlösser und Jagdsitze mit Wassergräben gegen Räuberbanden schützen. Was heute an den

Schloss Mespelbrunn (oben), Schlosss Johannisburg in Achaffenburg (rechts) und Klingenberg am Main (r. Seite).

Schlössern Mespelbrunn oder Oberaulenbach so märchenhaft wirkt, war damals bittere Notwendigkeit.

Flotte Schräglagen

Die flotten Schräglagenspiele bringen uns in Richtung Schöllkrippen. Dort heißt es, in der Konditorei Denk, noch einmal den Blutzuckerspiegel auf Normalniveau zu bringen. Denn jetzt wird es richtig sportlich. Hinter dem Abzweig nach Kleinkahl lassen wir quasi die Zivilisation hinter uns und konzentrieren uns nur auf das Sträßchen, das zigfach gekrümmt der Beschilderung nach Wiesen folgt. Die Bäume lassen ihre Äste bis dicht an die Fahrbahn heranragen und malen hübsche Schattenspiele auf den Asphalt. Der Gegenverkehr besteht in der Regel aus Motorrädern mit langen Federwegen, die für den welligen Asphalt und die verwinkelten Ecken dieses Teilstücks wie geschaffen sind.

Vor Wiesen weist die Ausschilderung Richtung Autobahn und Aschaffenburg den Weg zur Spessart-Höhenstraße. Auf ihren lang gestreckten Bögen bekommen Bremsen und Getriebe eine Erholungspause. Der fünfte Gang meldet sich zurück, und wir stoßen am Ende einer langen Geraden links hinunter nach Jakobsthal. In lockeren Wechselkurven geht es am Lohrbach entlang an Heigenbrücken vorbei zurück Richtung Autobahn, zum Ausgangspunkt unserer Räuber-Runde. Wir kreuzen die B 26, lassen hohe Sandsteinfelsen links liegen und sind bald am Ende einer Tour angelangt, die auf perfekte Weise Fahrspaß mit Naturgenuss verbindet. ◀

TOUR 31 | Spessart

IM WALD, DA SIND DIE RÄUBER

TOURLÄNGE | 190 km

REGIONALE MOTORRADTREFFEN

Heigenbrücken: Waldhaus Zum Engländer, ein Klassiker, der beliebteste Bikertreff der Region.

Sinntal-Jossa: Landgasthof Jossgrund, im Dreiländereck Spessart, Rhön, Vogelsberg, Gästezimmer.

Die Häuser in Klingenbergs historischer Altstadt stammen aus dem 16. Jahrhundert.

BRUCH-
KÖBEL
LANGEN-
SELBOLD
Erlensee
HANAU
Schloss Philippsruhe
Hanauer Kreuz
Ruine Altenburg
Roden-
bach
Hasselroth
Freigericht
MEERHOLZ
Linsengericht
Gelnhsn.-West
Gründau-Lieblos
Gründau-Rothenbergen
Neuen-hasslau
Gondsroth
Bernbach
GROSSEN-HAUSEN
SOMBORN
Horbach
Albstadt
Neuses
Geisel-
bach
Omers-
bach
Schloss Maisenhsn.
Michelbach
Huckelheim
Westerngrund
Glashütte
Höf-
städten
Edelbach
Kleinkahl
Krom-
bach
Kleinlaudenbach
Schöllkrippen
Wiesen
Dörnstein-
bach
Kälberau
Alzenau
ALZENAU
Niedersteinb.
Mömbris
Königshofen a.d.Kahl
Museumsbahn
Vormwald
Heinrichsthal
Strötzbach
Schloss Emmerichs-hofen
Großkrotzenburg
GROSS-AUHEIM
KLEIN-AUHEIM
STEIN-HEIM
Hainburg
KLEIN-KROTZEN-BURG
Kahl
Alzenau-Mitte
Karlstein a.M.
FROSCH-HAUSEN
Weiskirchen
Einhard-Basilika
SELIGEN-STADT
Seligenstadt
JÜGESHEIM
Klein-ostheim
Hörstein
Hohl
Rothen-
grund
Blankenbach
Ober-
lohrgrund
Schimborn
Eichenberg
Jakobsthal
Reichenb.
Feldkahl
Rottenberg
Rückersbach
Johannesberg
Sternberg
Wenighösbach
Sailauf
Heigenbrücken
Glattbach
Gold-
bach
Hösbach
Frohn-
hofen
Laufach
Main-
hausen
RODGAU
Klein-
ostheim
St. Peter u. Alexander
Aschaffenburg-Ost
Aschaffenburg-West
Goldbach
Hösbach
Bessenbach/Waldaschaff
Wald-
aschaff
Seligenstädter Dreieck
AB-West
Stockstadt
Schmerlen-
bach
BABEN-
HAUSEN
Gersprenz
Harreshausen
Main-
aschaff
LEIDER
Schloss Johannisburg
Haibach
Straß-
bessenbach
Hexenturm
Sickenhofen
SCHWEIN-HEIM
Grünmorsbach
Bessenbach
Hergers-
hausen
ASCHAFFENBURG
Oberbessen-
bach
Weibersbrunn
Münster
Obernau
Gailbach
Dörr-
morsbach
Eselshöhe
Groß-
ostheim
Main
Soden
Bad Sodental
Mespelbrunn
Hessenthal
Schaafheim
Harperts-
hausen
Langstadt
Schlierbach
Altheim
Pflaumheim
Niedern-
berg
Ebersbach
Sulzbach a.Main
Leidersbach
Wasserschloss Mespelbrunn
Heim-
buchenthal
Rohrbrunn
Kleestadt
Wenig-
umstadt
Radheim
Richen
Klein-Umstadt
Roßbach
Volkers-
brunn
Großwallstadt
Kleinwall-
stadt
Heimathen
Winters-
bach
Raibach
Semd
GROSS-
UMSTADT
Dorndiel
Mömlingen
Hausen
Hofstetten
Krausenbach
Wald-
Amorbach
Eichelsbach
Dammbach
Habitzheim
OBERNBURG
a.Main
Elsenfeld
Hobbach
Geißhöhe
520
Heubach
Lengfeld
Mömling
Rück-
Unteraulen-
bach
Wiebelsbach
Hainstadt
EISENBACH
-Schippach
Wildenstein
Wildensee
BREUBERG
Burg Breuberg
Otzberg
368
SAND-
BACH
Elsava
Eschau
Ober-
Nauses
ERLENBACH
a.Main
Hetschbach
NEUSTADT
Mönchberg
Ruine Hennebu
Stadtprozelt
Höchst i.Odenw.
Lützelbach
Mechenhard
WÖRTH a.Main
Hippels-
bach
Hummetroth
Annels-
bach
Mümling-
Grumbach
Seckmauern
KLINGENBERG a.Main
Collenberg
Dorfprozelte
Fechenbach
Höllerbach
Reisten-
hausen
Brensbach
Ober-
-Kinzig
Lützelbach
TRENNFURT
RÖLLFELD
Röllbach
Wallbach
Etzen-Gesäß
Haingrund
Affhöllerbach
Nieder-
Brombachtal
Römerkastell (Limes)
Laudenbach
Roßhof
Groß-
heubach
Dürrhof
Rauenberg
Ruine Schnellerts
Böllstein
Kirch-
Brombach
BAD KÖNIG
Bremhof
Kloster Engelberg
FREUDEN-
BERG
Ober-
kainsbach
Langen-
brombach
Zell
Kimbach
HESSEN
BAYERN
Alte Ruhe
413
Klein-
heubach
Bürgstadt
Vielbrunn
Ebenheid
Rüdenau
Burg Miltenberg
Eichenbühl
Rehbach
Assel-
brunn
Weiten-Gesäß
Geo-Naturpark
Schloss Fürstenau
STEINBACH
MICHEL-
MILTENBERG
Sommerberg
Erf

Tour 32 Rhön

Nur fliegen ist schöner

Wegen ihrer baumlosen Gipfel wird die Rhön auch als „Land der offenen Ferne“ bezeichnet. Im Sattel eines Motorrades profitiert man von den herrlichen Aussichten.

BASISORT
Fulda

TOURLÄNGE
ca. 150 km (1 Tag)

ROADBOOK
Fulda, Petersberg, Hofbieber, Tann, Hilders, Leubach, Bischofsheim, Kreuzberg, Wildflecken, Bad Brückenau, Volkers, Fulda

Fulda, der Ausgangspunkt dieser Tagestour, liegt äußerst reizvoll im Tal des gleichnamigen Flusses. Im Osten der ehemaligen Bischofsstadt erheben sich die Berge der Rhön, im Westen beginnen die Hügel des Vogelsberges. Prunkstück des hübschen Städtchens ist sein Schloss, die ehemalige Residenz der Fuldaer Fürst-Äbte. Es wurde während der Renaissance erbaut und verfügt über einen herrlichen Park. Ein Bummel zu Fuß durch Fulda ist also vor dem eigentlichen Beginn unserer Runde keine schlechte Idee. Ein Muss dabei ist die Einkehr im Café Glück in der Friedrichstraße. In gemütlichem Ambiente warten auf den Gast hausgemachte Kuchen, eigene Marmelade und leckere Bagels. Alles regional, bio oder fair. Glück gehabt.

Entspannter Auftakt

Wir verlassen Fulda vorbei an Petersberg und peilen den Ort Hofbieber an. Kleine, verkehrsarme Landsträßchen verhelfen der Tour zu einem ruhigen, entspannten Auftakt. Ein kurzer Abstecher hinüber zum Schloss Bieberstein. Das prachtvolle, imposante Barockschloss hat eine wechselhafte Geschichte hinter sich und dient heute als Internat. Danach geht es weiter Richtung Osten. Allmählich kommt Schwung in die Geschichte: Die ersten Kurven bergauf kündigen sich an – die Rhön naht. In der Ortschaft Tann, wo es das gut gemachte und höchst interessante Museumsdorf Rhön zu besichtigen gibt, biegen wir nach rechts ab und klinken uns bis Hilders kurz auf die B 278 ein. Auf einer kurvigen und gut ausgebauten Nebenstraße durchqueren wir Frankenheim und erreichen schließlich den Ort Leubach.

Ab hier nehmen wir den perfekten Asphalt der Hoch-Rhön-Straße unter die Räder. Sie bringt uns in die Nähe des Schwarzen Moores. Motor aus, Helm ab, Jacke über die Schulter.

Einladend sind in der Rhön nicht nur die Straßen, sondern auch das Hochmoor.

HIGHLIGHT

ALLE NEUNE

Hessisches Kegelspiel nennt sich eine Reihe kegelförmiger Vulkanberge nördlich von Fulda zwischen den Ortschaften Eiterfeld und Schenklengsfeld. Die Aussicht von unten auf die Bergkuppen ist ebenso beeindruckten wie der Blick von oben herab.

Denn von einem großen Wanderparkplatz aus kann das 60 Hektar große Hochmoor zu Fuß erkundet werden. Ein drei Kilometer langer Weg aus Holzbalken führt bis an die sogenannten „Mooraugen" heran. Das sind kleine Weiher und Tümpel, die noch nicht von der Moorvegetation zugewachsen sind.

Kahles Plateau

Wieder zurück im Motorradsattel, führt uns die Tour vom Schwarzen Moor aus kilometerlang über die kahle Plateau-Fläche der Rhön. Aussichten ohne Ende, fast wir aus der Kanzel eines Segelflugzeuges. Klar, dass die Flieger die Rhön zu ihrem Mekka machten. Dann zirkelt die Route hinab nach Bischofsheim. Der sehr hübsch in einem Tal gelegene Ort ist nicht nur ein beliebter Sommer- und Winterferienort, sondern auch eine der wichtigsten Städte der Rhön. Unser Tipp: Am Marktplatz anhalten und bei einer Tasse Kaffee das Stadtbild mit seinen historischen Häusern und dem Barockbrunnen genießen. Wer möchte, kann auf der Fahrt nach Bischofsheim unterwegs einen Abstecher über Ehrenberg hinauf zur Wasserkuppe einlegen. Auf dem höchsten Berg der Rhön sind seit den 1920er-Jahren die Segelflieger aktiv. Der Berg mit seinem fast ebenen Kamm und seiner guten Thermik bietet den lautlosen Gleitern optimale Bedingungen. Lust auf einen Sitzplatztausch? Von dem kleinen Segelflugplatz werden Rundflüge angeboten.

Gleich hinter dem Ortsende von Bischofsheim weist ein Schild den Weg hinauf zum Kreuzberg. Der „heilige Berg" der Franken, wie der 928

Pause am Flugplatz Wasserkuppe (oben) und am Schloss von Fulda (rechte Seite).

Meter hohe Kreuzberg gerne auch genannt wird, ist vor allem wegen des guten Essens und des dunklen Bieres berühmt, das die Franziskanermönche im Garten der Klosterkirche auf den Tisch stellen. Das Kloster erreicht man vom Parkplatz aus zu Fuß in etwa 15 Minuten.

Kurz darauf gelangen wir in das Tal der Sinn. Wir passieren Wildflecken, ein idyllisch vor der Kulisse der Rhön liegendes Dorf und fahren ein ziemliches Stück am gleichnamigen Truppenübungsplatz entlang. Wir unterqueren einen Viadukt der Autobahn A7 und rollen nach Bad Brückenau hinein. Dort wartet eine hübsche Altstadt mit Fachwerkfassaden und Dächern aus Holzschindeln. Das Heilbad Brückenau ist durch gepflegte Promenadenwege mit dem benachbarten Staatsbad verbunden, das mit wunderschönen alten Kuranlagen glänzt, in denen schon König Ludwig I. seine Gallen- und Blasenleiden auskurierte.

Zum Volkersberg

Weiter auf der B 27 Richtung Fulda. In Volkers bietet sich ein Abstecher hinauf zum Volkersberg an, von wo man einen herrlichen Rundblick genießt. Die B 27 mit ihrem perfekten Belag und ihren abwechslungsreichen Kurven und Kehren lässt keine Langeweile aufkommen. Wer hätte das von einer Bundesstraße gedacht? Aber hier in der Rhön vermitteln selbst die größeren Durchgangsstraßen eine Menge Fahrspaß. Einige Kilometer weiter wird die B 27 vierspurig und bringt uns flott zum Ausgangspunkt nach Fulda zurück. ◀

TOUR 32 | Rhön

NUR FLIEGEN IST SCHÖNER

TOURLÄNGE | 150 km

REGIONALE MOTORRADTREFFEN

Schlitz-Pfordt: Landgasthof Porta, kleiner gemütlicher Treff.

Hofbieber: Biker-Treff Rhön / Rhön-Stern-Hotel, Gastwirt mit Herz für Biker.

Wasserkuppe: Am Wochenende trifft man sich am Segelflugplatz, mehrere Lokale und Läden.

Das Radom auf der Wasserkuppe ist das höchstgelegene Gebäude Hessens.

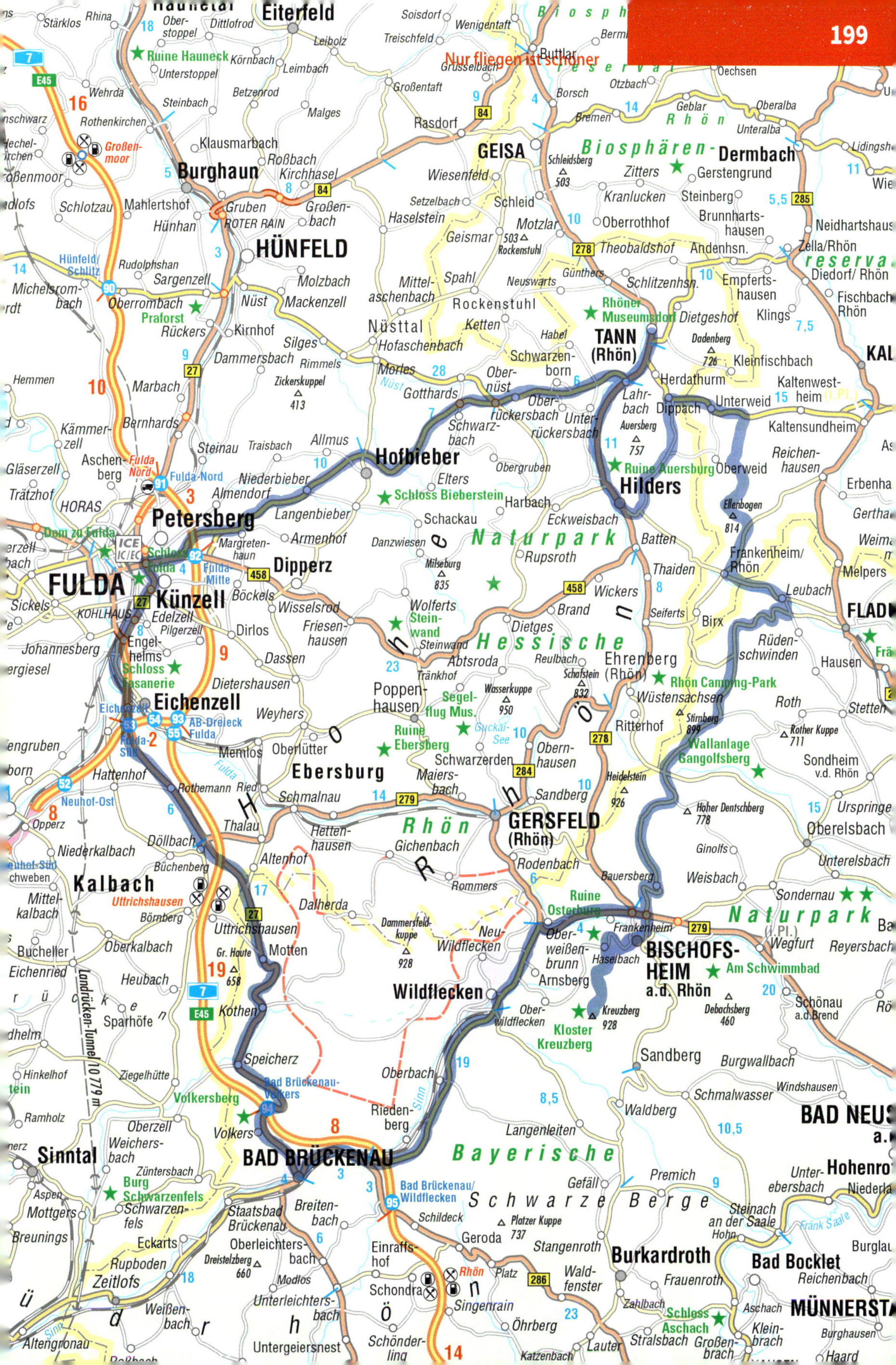

Eiterfeld
Nur fliegen ist schöner
Ruine Hauneck
Burghaun
HÜNFELD
GEISA
Biosphären-Reservat Rhön
Dermbach
Rasdorf
Tann (Rhön)
Rhöner Museumsdorf
Hofbieber
Schloss Bieberstein
Petersberg
FULDA
Dom zu Fulda
Künzell
Dipperz
Eichenzell
Schloss Fasanerie
AB-Dreieck Fulda
Naturpark Hessische Rhön
Hilders
Ruine Auersburg
Milseburg 835
Wasserkuppe 950
Segelflug Mus.
Poppenhausen
Ebersburg
Ruine Ebersberg
Ehrenberg (Rhön)
Rhön Camping-Park
Wallanlage Gangolfsberg
GERSFELD (Rhön)
Kalbach
Wildflecken
BISCHOFSHEIM a.d. Rhön
Ruine Osterburg
Kloster Kreuzberg
Kreuzberg 928
Naturpark Bayerische Rhön
Volkersberg
BAD BRÜCKENAU
Sinntal
Burg Schwarzenfels
Zeitlofs
Schwarze Berge
Burkardroth
Schloss Aschach
Bad Bocklet
MÜNNERSTADT
BAD NEUSTADT a.d.
Landrücken-Tunnel 10 779 m

Tour 33 Franken

Hopfen und Malz

Wie viele Bierbrauereien gibt es in Franken? 380. Kaum zu glauben, aber wahr. Das Beste daran: Die besten von ihnen lassen sich auf einer Motorradtour harmonisch miteinander verbinden.

START-/ZIELORT
Hof/Haßfurt

TOURLÄNGE
ca. 220 km (1 Tag)

ROADBOOK
Hof, Naila, Bad Steben, Teuschnitz, Ludwigstadt, Tettau, Coburg, Lichtenfels, Gleußen, Rattelsdorf, Baunach, Kirchlauter, Köslau, Ebelsbach, Zeil, Haßfurt

Los geht es in Hof. Falls Ihr die Biere der fünf Brauereien probieren möchtet, solltet Ihr das am Abend vorher tun. Sonst hättet Ihr Schwierigkeiten, die unzähligen Kurven auf der Strecke von Naila über Bad Steben und Teuschnitz nach Ludwigsstadt unter einen Hut zu bringen. Also in übernachten, durch seine Straßen bummeln und zwischendurch das eine oder andere Bier zischen.

Wie aus einem Guss

Hof brannte 1823 komplett ab und wurde im Biedermeierstil neu errichtet. Was der Stadt gutgetan hat, denn sie wirkt wie aus einem Guss und verströmt viel Behaglichkeit, Stil und Flair.

Die B 173, die Frankenwaldstraße, bringt uns aus Hof hinaus, in Naila biegen wir rechts ab, dann beginnt die oben erwähnte Kurvenstrecke. Viel Spaß, viel Gas. Die Fahrbahnbeschaffenheit wechselt, ebenso die Kurvenradien und die damit verbundenen Schräglagen. Erster Stopp in Ludwigsstadt. Dort steht in der Kronacher Straße die Jahns-Brauerei.

Verglastes Sudhaus, glänzende Kupferkessel. „Schluss mit durstig" lautet der Slogan der 1871 von Christoph Jahn gegründeten Brauerei. Alte Traditionen, Familienbetriebe – fast jede fränkische Brauerei hat eine tief verwurzelte Geschichte. Kein Wunder: In früheren Zeiten brauten viele Gastwirte ihr Bier selbst, um die Kosten zu

Unzählige Kurven führen ins hübsche Lichtenfels in Oberfranken.

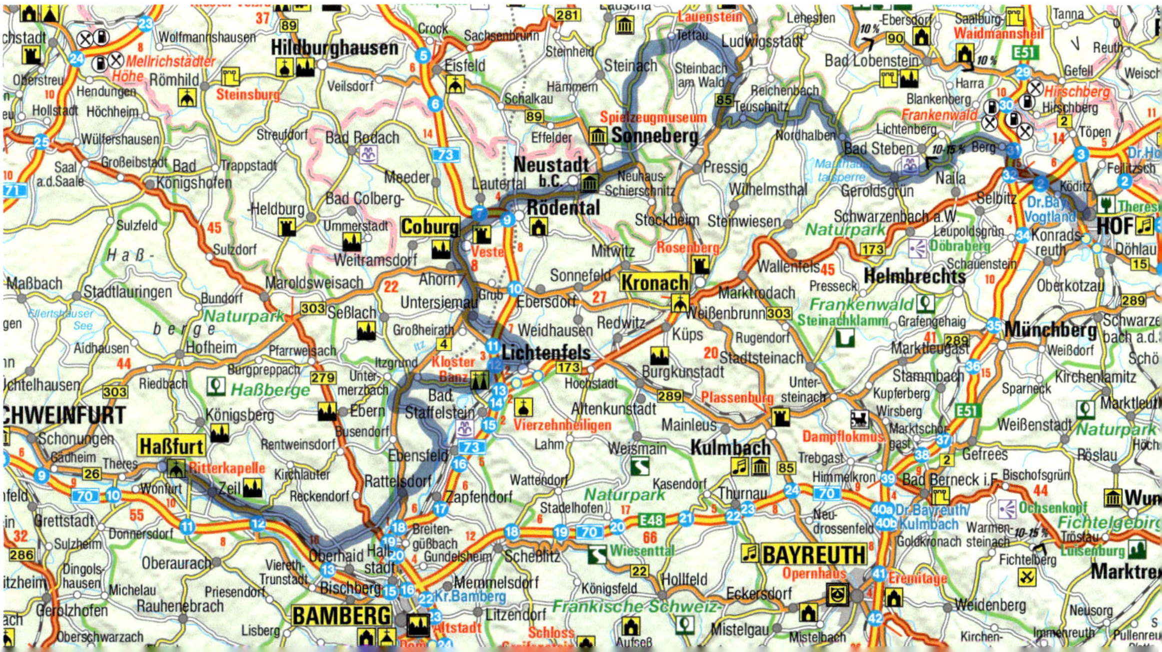

HIGHLIGHT

GESCHMACKSFRAGE

Jedes Bier in Deutschland darf nur aus denselben vier Zutaten bestehen. Woher kommt dann der unterschiedliche Geschmack? Zum Beispiel mit welcher Temperatur wie lange erhitzt wird. Oder Quelle und Mineralgehalt des Wassers. So manche Brauerei fördert daher ihr Wasser aus bis zu 100 Meter Tiefe, andere legen lange Rohrleitungen und holen sich ihr Wasser aus den Bergen.

senken und um „ihrem“ Bier eine eigene Geschmacksnote zu geben. Die geschäftstüchtigen unter ihnen überlebten, wodurch sich diese enorme Zahl von 380 fränkischen Brauereien erklärt.

Historisches Coburg

Ludwigsstadt, Tettau, Coburg. Letztere ist die Stadt mit der Versicherung. Aber auch die Stadt mit den zwei Brauereien. Anton Sturm und Scheidmantel heißen sie. 1833 gegründet, darf sich Sturm „ Erste Coburger Exportbrauerei“ nennen. Nur ein Jahr später braute Scheidmantel sein erstes Bier, heute sind beide Unternehmen unter dem Dach der Kulmbacher Brauerei im benachbarten Kulmbach vereint. Selbstverständlich ist auch Coburg eine Visite wert. Seine historische Innenstadt mit ihren mittelalterlichen Gassen, ihren sehr schön restaurierten Bürgerhäusern und ihrem großzügigen Schlossplatz fordert einen Pausenstopp geradezu heraus.

Ein Stück Bundesstraße bringt uns nach Lichtenfels, wo in der Kronacher Straße früher die Brauerei Wicklespeter-Mahr Bier herstellte. Früher, inzwischen wurde der Betrieb eingestellt. Eine Folge des Preisdrucks, dem gerade die kleinen Brauereien ausgesetzt sind. Die Großen der Branche versuchen, ihre Marktmacht auf Kosten der Familienbetriebe zu vergrößern. Das tun sie in der Regel über den Preis.

Von Lichtenfels steuern wir das Motorrad nach Westen hinüber nach Gleußen, klinken uns ein kurzes Stück in die B 4 ein, um diese auf der Höhe von Kaltenbrunn wieder zu verlassen. Die nächste Etappe ist mal wieder eine richtige Motorradetappe. Von Untermerzbach nach Rattelsdorf folgt die Straße eng dem Lauf des Flüsschens Itz und vollführt dabei so manchen interessanten Bogen. Das Resultat sind

Kloster Banz in Lichtenfels (oben) und die Innenstadt von Coburg (rechts).

Kurven jeglichen Kalibers, verbunden mit astreinen Schräglagen. Rattelsdorf mit seinen Fachwerkhäusern lädt zum Stadtbummel. Deutlich zu erkennen ist, dass Rattelsdorf den Zweiten Weltkrieg fast ohne Schäden überstandt und sich dem Besucher originalgetreu zeigt.

Weiter geht die Kurverei über Baunach, Kirchlauter und Köslau hinab an den Main nach Ebelsbach. Dieser schmucke Ort hält nicht nur einen reizenden Kern bereit, dort wartet auch die Klosterbrauerei in der Georg-Schäfer-Straße. Seit 1735 wird dort Bier gemacht. Pils sowie Dunkelbier. Der Geschmack? Hmmmmm …! Denn das deutsche Bier unterliegt dem Reinheitsgebot. Das heißt, es darf nur die magischen Vier enthalten: Hopfen, Malz, Hefe und Wasser. Klingt eigentlich gar nicht so kompliziert.

Direkt am Main

Das letzte Stück unserer Bier-Tour verläuft ruhig und entspannt am Ufer des Mains entlang. Über Zeil gelangen wir nach Haßfurt, der Heimat von Hiernickel-Bräu. Von 1799 bis 2000 wurde hier Bier gemacht, bis auch diese Traditionsbrauerei den Gesetzen des Marktes nachgeben musste. Was jedoch nicht heißt, dass man abends in Haßfurt kein Bier trinken kann. Die direkt am Main sowie am Fuße der Haßberge gelegene Kreisstadt gefällt durch ein gemütliches Zentrum mit vielen mittelalterlichen Gebäuden und noch mehr Bars, Kneipen und Straßencafés. Ein unbedingtes Muss ist ein Bummel entlang der Mainpromenade, dem würdigen Abschluss dieser Tagestour. Na denn, Prost! ◀

ÜBERNACHTEN IN DER REGION

GASTHOF FINK

Lasst es euch gut gehen und genießt die Zeit in Coburg. Die Gästezimmer sind alle mit Dusche/WC und TV ausgestattet. Euer Motorrad stellt Ihr in einer abschließbaren Garage unter. Auf Wunsch kann euch der Chef ein paar schöne Tipps für Touren in der Umgebung geben.

Lützelbucher Str. 22 • 96450 Coburg
+49 (0) 95 61 / 2 49 40 • www.gasthof-fink.de

HERRENSCHENKE

Im Gasthof Herrenschenke – Café Eiring werdet Ihr in familiärer Atmosphäre nach der Tour durch Franken empfangen. Dazu gibt's fränkisches Bier und fränkische Schmankerl in der urgemütlichen Gaststube. Der Besuch am Partnerhotel Golderner Stern am idyllischen Markplatz lohnt ebenfalls.

Marienstraße 3 • 97486 Königsberg
+49 (0) 95 25 / 9 23 20 • www.herrenschenke.de

GASTHOF PRESSECKER HOF

Der familiengeführte Gasthof liegt im Herzen des Frankenwaldes, zwischen Kulmbach und Hof. Ein idealer Ausgangspunkt für eure Motorradtouren in dieser idyllischen Landschaft. Ihr werdet in behaglichen Gästezimmer mit Dusche/WC (teilweise mit Balkon) beherbergt. Große Sonnenterrasse.

Helmbrechtser Str. 2 • 95355 Presseck
+49 (0) 92 22 / 303 • www.pressecker-hof.de

TOUR 33 | Franken

HOPFEN UND MALZ

TOURLÄNGE | 220 km

REGIONALE MOTORRADTREFFEN

Münchberg: Alte Tankstelle, die ehemalige Tanke bietet heute ein Steh-Café mit Biergarten, SB-Waschhalle und Grill.

Stadtsteinach: Bikerhotel Martinshof, klasse Touren vor der Haustür, man trifft sich zum Plausch.

Einsame Landstraße in Franken.

SAALBURG
TANNA
Hopfen und Malz
Glasmuseum
Ebersdorf/ Thüringen
Schönbrunn
Bad Lobenstein
Blintendorf
Mißlareuth
GEFELL
Hirschberg
HIRSCHBERG
STEINACH
Oberland am Rennsteig
Tettau
Rudolphstein
Frankenwald
Berg/ Bad Steben
LICHTENBERG
Bad Steben
Hof/Töpen
Dreieck Hochfranken
Spielzeugmuseum
SONNEBERG
Judenbach
HÜTTENSTEINACH
NAILA
Naila/ Selbitz
Hof-Nord
Köditz
NEUHOF
Lorenzkirche
STADT Coburg
Föritz
AB-Dreieck Bayer. Vogtland
VOGELHEERD
Theresienstein
HOF
SELBITZ
Flughafen Hof-Plauen
Neuhaus-Schierschnitz
SCHAUENSTEIN
Konradsreuth
RÖDENTAL
Dörfles-Esbach
Schloss Callenberg
Schloss Mitwitz
Mitwitz
Veste Coburg
COBURG
Weitramsdorf
Ahorn
Schloss Ehrenburg
Grub a.Forst
Ebersdorf b. Coburg
Sonnefeld
Wildpark Tambach
Lichtenfelser Forst
Weidhausen b.Coburg
SESSLACH
Untersiemau
Redwitz a.d.Rodach
Schloss Geyersberg
Michelau i.OFr.
LICHTENFELS
Hochstadt a.Main
Lichtenfels-West
SEUBELSDORF
Kloster Banz
Wallfahrtsk. Vierzehnheiligen
Naturpark
Altenkunstadt
BAD STAFFELSTEIN
Bad Staffelstein-Kurzentrum
Keltisches Oppidum
EBERN
WEISMAIN
Haßberge
Ebensfeld
Fränkische Schweiz
Fränkische Alb
Veldensteiner Forst
Rattelsdorf
Zapfendorf
Stadelhofen
BAUNACH
Breitengüßbach
Breitengüßbach-Nord
Breitengüßbach-West
Breitengüßbach-Süd
Scheßlitz
SCHESSLITZ
Schloss Giech
Gundelsheim

Tour 34 Oberpfälzer Wald

Auf zu neuen Ufern

Abseits der großen Urlauberströme kann man auf den unzähligen einsamen Bergsträßchen des Oberpfälzer Waldes seine Seele baumeln lassen.

START-/ZIELORT
Parsberg/Waidhaus

TOURLÄNGE
ca. 150 km (1 Tag)

ROADBOOK
Parsberg, Laaber, Regensburg, Kallmünz, Amberg, Sulzbach-Rosenberg, Freudenberg, Wernberg-Köblitz, Pfreimd, Leuchtenberg, Vohenstrauß, Pleystein, Waidhaus

Startort zu unserer Uferfahrt ist Parsberg. Ein Stück Überlandstraße, dann rollen die Reifen bei Beratzhausen durch das idyllische Laabertal. Bäume und Büsche ragen in die Straße hinein, die eng den Windungen des Flusses folgt. Hier ist die Natur in Ordnung, nur hin und wieder eine Eisenbahnbrücke erinnert an die nahe Zivilisation. Der schnuckelige Ort Laaber besitzt eine schon von Weitem zu sehende Burg, die über eine kurze steile Stichstraße zu erreichen ist. Der Abstecher lohnt sich: Der Ausblick auf die umliegenden Hügel, Flüsse und Jurafelsen ist atemberaubend.

Reichtum und Wohlstand

Nur ein paar Kilometer sind es von hier bis Regensburg. Sonnenklar, dass wir der ehemaligen Freien Reichsstadt einen Kurzbesuch abstatten. Ihr Namensgeber ist der Fluss Regen, der an dieser Stelle in die Donau mündet. Die Donau war es auch, die Regensburg mittels der ertragreichen Schifffahrt zu Reichtum und Wohlstand verhalf.

Nun klinken wir uns ins breite Tal der Naab ein. Ruhig und träge fließt sie dahin und produziert auf ihrer Uferstraße runde, lang gezogene Bögen. Zeit und Muße, um die pittoreske Landschaft zu bewundern. Zum Beispiel Pielenhofen und sein barockes Kloster „Unsere liebe Frau“. Der gewaltige Bau beherbergt heute die Schule der Regensburger Domspatzen, seine Klostergaststätte schenkt Andechser-Bier aus.

In Kallmünz verlassen wir die Naab und hängen uns an den Lauf der Vils. Die zieht uns in einem großen Bogen nördlich um den Truppenübungsplatz Hohenfels herum. Kurz vor Karst biegen wir rechts ab und werfen uns in die Kurven der B 299 in Richtung Amberg. Bundesstraße, ja. Aber was für eine. Interessanter zu fahren als so manche Landstraße. Das erfordert

Über einsame Straßen geht es nach Regensburg.

HIGHLIGHT

LEBENDIGE GESCHICHTE

Regensburg ist voll von Geschichte: Kirchen, Geschlechtertürme, Patrizierhäuser auf Schritt und Tritt. Was aber nicht heißen soll, dass die Stadt ein Museum wäre. Ganz im Gegenteil. Es macht großen Spaß, durch die engen Gassen zu bummeln, an der Donau entlangzugehen oder sich in eines der vielen Straßencafés zu setzen.

Konzentration, da kommt das wunderschöne Altstadtoval von Amberg als Pausenstation gerade recht. Eine Stadtmauer umschließt das Areal vollständig und lässt mittelalterliche Atmosphäre aufkommen. Die Vils fließt mitten durch die Altstadt und wird von einer malerischen Wehrbrücke, der „Stadtbrille", überquert.

Schloss mit Garten

Bevor die Route Richtung Freudenberg und Wernberg-Köblitz weitergeht, führt uns ein kurzer, aber lohnender Abstecher ins zwölf Kilometer entfernte Sulzbach-Rosenberg. Und zwar wegen seines bezaubernden Markplatzes. Dort steht ein gotisches Rathaus mit wunderschönen Staffelgiebeln. Schloss und Schlossgarten sind ebenfalls einen Besuch wert.

Nun folgt die Bauernetappe dieser Route. Auf kaum befahrenen Landsträßchen durchqueren wir eine Region der Wiesen, Wälder, Äcker und Felder. Wenig Verkehr, viele Kurven, viel Fahrspaß.

Ein Stück nach Süden, dann in Pfreimd links ab. Das bezaubernde

Pfreimdtal mit seinen vielen Burgen wartet. Zum Beispiel Burg Trausnitz. Die aus dem 13. Jahrhundert stammende Anlage zählt zu den schönsten und besterhaltenen Burgen Bayerns. Bekannt wurde Trausnitz im Jahr 1322, als die Habsburger bei der Schlacht von Mühldorf gegen die Bayern unterlagen und diese den Chef der Habsburger auf Burg Trausnitz gefangen setzten. Heute befindet sich in der Burg eine Jugendherberge.

Ein Stück B 22 befördert uns zügig nach Leuchtenberg, wo mit der gleichnamigen Burgruine eine der schönsten Ruinen der Oberpfalz steht. Das mittelalterliche Ambiente wird unter anderem auch kulturell genutzt: Zwischen den Mauern finden jährlich von Mai bis August die Burgfestspiele statt.

Kapelle im Laabertal (oben) und Amberg am Fluss Vils (rechts).

Hinter Leuchtenberg rechts ab nach Vohenstrauß. Auch dort wartet wieder jede Menge Mittelalter. Schloss Friedrichsburg, das Rathaus, die Pfarrkirche – alles Bauwerke, für die es sich lohnt, den Motorradsattel zu verlassen. Ein kurzer Spaziergang, eine Tasse Kaffee, Vohenstrauß hinterlässt eine rundum positive Erinnerung. Wer am Rathaus aufgepasst und das Stadtwappen erkannt hat, erhält hiermit die Erklärung für das Motiv, das einen Vogel Strauß darstellt, der von einem roten Fuchs angesprungen wird: „Vohe" ist Niederdeutsch und bedeutet Füchsin. Und der Strauß – na, der ist klar.

Grenze in Waidhaus

Hinter Pleystein kommt Waidhaus in Sicht. Der Ort mit seinen knapp 3 000 Einwohnern ist der größte deutsche Grenzübergang nach Tschechien. Dass heute die Autobahn A6 direkt von Paris nach Prag über Waidhaus führt, ist kein Zufall: Die A6 ist die Nachfolgerin einer alten Handelsstraße, die schon vor vielen Jahrhunderten Nürnberg mit Prag verband.

In Waidhaus endet schließlich auch unsere Fahrt durch den Oberpfälzer Wald. Man muss sich nun entscheiden, wie es weitergeht. Zwei Alternativen stehen zur Wahl: Die eine führt nach Norden über Bärnau, Tirschenreuth und Mitterteich hoch ins Fichtelgebirge. Die Südvariante zielt über Eslarn, Schönsee, Tiefenbach und Waldmünchen in den Bayerischen Wald hinein. Empfehlenswert sind natürlich beide Routen. Ordentliche Fahrbahnen, wenig Verkehr, viele Kurven, viel Natur. ◀

TOUR 34 | Oberpfälzer Wald

AUF ZU NEUEN UFERN

TOURLÄNGE | 150 km

REGIONALE MOTORRADTREFFEN

Regensburg: Seit 1978 trifft man sich bei den Motorradfreunden Regensburg zu Ausfahrten, Partys, Clubabenden und Hüttensausen.

Auf dem Leuchtenberg thront die gleichnamigen Burgruine.

Nördlicher Oberpfälzer Wald
Naturpark Oberpfälzer Wald
Naturpark Oberer Bayerischer Wald
CHKO Český les
ČESKÁ REPUBLIKA
DEUTSCHLAND
Auf zu neuen Ufern
PLEYSTEIN
VOHENSTRAUSS
Waidhaus
Eslarn
Moosbach
Luhe-Wildenau
Leuchtenberg
Ruine Leuchtenberg
Wernberg-Köblitz
PFREIMD
NABBURG
Tännesberg
Teunz
OBERVIECHTACH
SCHÖNSEE
Böhmerwald-turm
Tiefenbach
Winklarn
Ruine Murach
Oberpfälzer Freil.-Mus.
Schwarzenfeld
SCHWANDORF
Wackersdorf
Oberpfälzer Seenland
Murner See
Charlottenhofer Weiher
NEUNBURG vorm Wald
RÖTZ
Oberpfälzer Handwerks-museum
Talsperre Eixendorf
Bodenwöhr
Bruck i.d.OPf.
Weichselbrunn
Stamsried
Pemfling
CHAM
Kloster Dominikus
Wetterfeld
RODING
Wallfahrtskirche Heilbrunn
St. Maria u. St. Nikolaus
Ehem. Kloster Reichenbach
Walderbach
NITTENAU
MAXHÜTTE-HAIDHOF
Churpfalz-park
Traitsching
Falkenstein
Burg Falkenstein
Regenstauf
Bernhardswald
Zeitlarn
Wenzenbach
REGENSBURG
Walhalla
Donaustauf
Wiesenfelden
Schloss Wörth
Bělá nad Radbuzou

Tour 35 Bayerischer Wald

Glasklare Angelegenheit

Wenn eine Motorradtour das Prädikat „abwechslungsreich" verdient hat, dann diese: von Passau aus führt sie hinauf in die kargen Höhen des Bayerischen und Böhmerwaldes.

BASISORT
Passau

TOURLÄNGE
ca. 200 km (1 Tag)

ROADBOOK
Passau, Obernzell, Wegscheid, Breitenberg, Neureichenau, Haidmühle, Bischofsreut, Philippsreut, Mauth, Neuschönau, Spiegelau, Zwiesel, Schönberg, Thurmannsbang, Tittling, Passau

Sie ist rund 200 Kilometer lang, diese vielfältige Runde durch den südlichen Bayerischen Wald. Ab Passau rollt sie erst gemächlich ein Stück an der Donau entlang, um anschließend auf kurvenreichen Landsträßchen sportlich in Richtung tschechische Grenze und Nationalpark abzubiegen. Verspricht die Strecke entlang der Grenze Motorradspaß und Naturgenuss pur, fördert hingegen die berühmte Glasbläserstadt Zwiesel die Kultur zum Vorschein.

Venedigs Schwester

Aber vor dem Start zur Tour ist zuerst einmal ein Bummel zu Fuß angesagt. Und zwar durch die auf einer felsigen Landzunge zwischen Donau und Inn liegende Altstadt Passaus. Ein absolutes Muss. Passaus Häuser wurden nach einem verheerenden Brand im 17. Jahrhundert im sogenannten Inn-Salzach-Stil wieder aufgebaut, der ihnen einen gewissen südländischen Charakter verleiht. Kein Wunder, wurden doch dafür extra die besten Baumeister aus Italien hergeholt. Passau ist eine der ältesten Städte nördlich der Alpen, da hier bereits die Römer und Kelten siedelten. Im Laufe der Jahrhunderte wurde die Stadt zum bedeutenden Warenumschlagplatz und Ausgangspunkt der Donau-Personenschifffahrt. Heute wird Passau wegen seiner engen malerischen Gassen und seiner Lage am Wasser gerne mit Venedig verglichen.

Die ersten Kilometer der Tour führen am linken Ufer der Donau entlang. Ausschilderung Obernzell. Wir legen die Maschine in sanfte Bögen und freuen uns über diesen entspannten Auftakt. In Obernzell links ab auf die B 388 nach Wegscheid. Weiterhin entspanntes Kurvenschwingen, rechter Hand fliegt der Ranna-Erholungssee vorüber. Ab Wegscheid wird es in puncto Fahrspaß dann aber interessant: Kurvenreich nimmt sich die

Wasser gibt es reichlich zum Beispiel in Form von Seen. Passau trägt sogar den Beinamen Drei-Flüsse-Stadt.

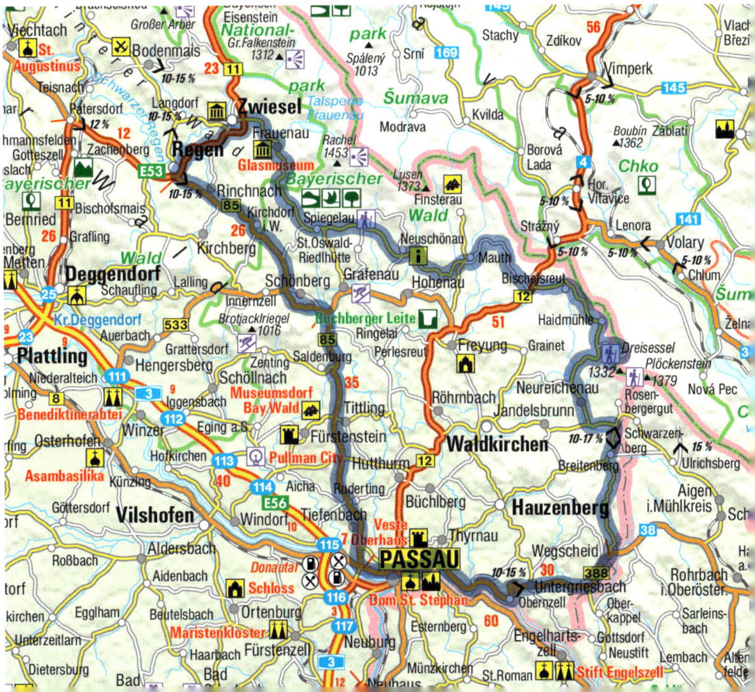

HIGHLIGHT

WER IM GLASHAUS SITZT

Lange Zeit galt der „Wald“ als entlegen und rückständig. Damals lebten die meisten Bewohner von einer kargen Landschaft, der Arbeit in Steinbrüchen oder vom Holzmachen. Glücklicherweise kam im Mittelalter die Herstellung von Glas auf. Das dazu benötigte Quarz wird noch heute in einem Gesteinszug gefunden, der zwischen dem Vorderen und dem Hinteren Wald verläuft. Die meisten Glashütten können besichtigt werden. Die bekanntesten unter ihnen stehen in der Umgebung von Bodenmais, Zwiesel, Spiegelau und Frauenau.

Bergstraße die Höhen des Bayerischen Waldes vor und zirkelt in unzähligen Bögen und Windungen dem Städtchen Breitenberg entgegen.

Genuss der anderen Art

Die Route verläuft nun stetig bergauf, bergab. Motorradfahren in Reinkultur. Von rechts grüßen die Gipfel des Plöckensteins und des Hochsteins. Im Gut Riedelsbach in Neureichenau wartet ein Genuss ganz anderer Art: Im dortigen Brauerei-Museum findet mittwochs eine Brauereiführung mit Bierprobe und deftigem Mittagessen statt (www.gut-riedelsbach.de).

Hinter Frauenberg zweigt nach rechts die Stichstraße hinauf zum Dreisesselberg ab. Nach einer kurvenreichen Fahrt erwarten uns oben ein Parkplatz und eine tolle Aussicht. Weiter geht es durch Haidmühle, Bischofsreut und Philippsreut. Die Bergstraße zirkelt in ständig variierenden Radien durch dunkle tiefe Nadelwälder. Bayerischer Wald wie aus dem Bilderbuch. Wir kreuzen die von Passau nach Tschechien führende B 12 und rollen am Skizentrum Mitterfirmiansreut vorbei nach Mauth hinein. Dort können wir im Glasmacherhof nicht nur die Ergebnisse der Glasbläserkunst bewundern, sondern auch selbst einmal unser Können als Glasbläser versuchen.

Der nächste Pflichtstopp findet in Neuschönau statt. Dort befindet sich im Hans-Eisenmann-Haus das Info-Zentrum des Nationalparks Bayerischer Wald. Tonbildschauen und Filme über den Park und seine Natur sowie Ausstellungen zum Thema „Ökosystem Wald“ vermitteln anschaulich Bedeutung und Philosophie des Nationalparks. Ein Tipp am Rande: Von Neuschönau zweigt ein interessanter Abstecher hinauf zum Lusen-Parkplatz ab. Das Sträßchen führt durch dichten Wald und windet sich

Der 1333 Meter hohe Dreisesselberg (oben), Donaufähre in Obernzell (rechts) und Blick auf das Panorama von Passau (rechte Seite).

über den Ort Waldhäuser wieder zur Hauptroute hinab.

Die nun folgende Etappe über Spiegelau nach Zwiesel ist das fahrerische Highlight dieser Tour. Zwar wartet sie mit wenig Höhenunterschied auf, dafür versorgt sie uns mit Kurven wie am Fließband. Gute Übersicht, gepflegter Belag – alles passt. Als Hauptort des Bayerischen Waldes ist Zwiesel vor allem durch seine hervorragenden Glasbläser bekannt. Diese stellten schon vor mehreren hundert Jahren Gläser für das bayerische Königshaus her. Ein Besuch in einer der vielen Glasbläsereien ist daher ein Muss.

Wunderschöne Kirche

Anschließend geht es weiter in die reizvolle Kreisstadt Regen, wo uns die B 85 Richtung Passau aufnimmt. In Rinchnach gibt es wieder etwas zu sehen: Das ruhige Feriendorf wird von seiner wunderschönen Barockkirche überragt. Das Bauwerk stammt aus dem 18. Jahrhundert.

Ein Abstecher nach Schönberg hinein, einen Cappuccino auf dem italienisch anmutenden Marktplatz, dann weiter auf der B 85, die auf dieser Etappe auch „Bayerische Ostmarkstraße" heißt. Diese Ferienstraße führt touristisch gesehen ein Mauerblümchendasein und ist entsprechend wenig befahren. Gut für uns, weniger gut für den Tourismus der Region. Vorbei an Thurmansbang, wo jeden Winter im Ortsteil Solla-Loh das berühmte Elefantentreffen stattfindet, gelangen wir nach Titting. Eine Handvoll letzter lockerer, Bögen, dann ist mit Passau der Ausgangspunkt der Tour erreicht. ◂

TOUR 35 | Bayerischer Wald

GLASKLARE ANGELEGENHEIT

TOURLÄNGE | 200 km

REGIONALE MOTORRADTREFFEN

Deggendorf-Frohnreut: Gasthof Wegmacherkurve, an der ehemaligen Bergrennstrecke der Ruselhochstraße.

Schönberg: Hotel zur Post, am Marktplatz trifft man sich gerne vor und nach der Tour.

Spannende Wolkenspiele begleiten den Biker.

Národni park Šumava
Glasklare Angelegenheit
CHKO Šumava
Modrava
Filipova Huť
Kvilda
Nové Hutě
Šindlov
Klášterec
Nový Svět
Lyžařské středisko Kubova Huť
Arnoštka
Borová Lada
Kubova Huť
Prameň Vltavy
Bučina
Knížecí Pláně
Horní Vltavice
Kaplice
Mlynářovice
Křištanovice
Březník
Racheldiensthütte
Lusen 1373
Freilichtmuseum Finsterau
Finsterau
Heinrichsbrunn
Kunžvart
Sklářské muzeum
Zátoň
Hloužná
Lenora
Řasnice
Vlčí Jámy
Hliniště
VOLARY (Wallern)
Dobrá
DEUTSCHLAND
ČESKÁ REPUBLIKA
Bayerischer Wald
Guglöd
Waldhäuser
Altschönau
Tier-Freigelände
National-parkhaus
Hohenröhren
Hinterfirmiansreut
Mitterfirmiansreut
Vorderfirmiansreut
Mauth
Glashütte
Vierhäuser
Annathal
Raimundsreut
Neuhütte
Philippsreut
Schwarzenthal
České Žleby
Stožec
Chlum
St. Oswald-
Haslach
Neuschönau
Schönanger
GRAFENAU
Neudorf
Hohenau
Bierhütte
Schönbrunn am Lusen
Heldengut
Kreuzberg
Bischofsreut
Auersbergreut
Theresienreut
Haidmühle
Nové Údolí
Národní park Šumava
Lichteneck
Grotting
Eppenberg
Saulorn
Wasching
Sonndorf
Herzogsreut
Haidel 1167
Linden
Hinterschmiding
Ludwigsreut
Neidberg
Buchberg
FREYUNG
Kaining
Grainet
Ringelai
Haus im Wald
Biberbach
Poxreut
Aigenstadl
Winkelbrunn
Pittersberg
Promau
Grillaberg
Rehberg
Hobelsberg
Duschlberg
Frauenberg
Dreisesselberg 1332
Plešné jezero
Empertsreut
Geyersberg
Atzesberg
Fürholz
Vorderfreundorf
Hinterfreundorf
Branntweinhäuser
1379 Plöckenstein
Perlesreut
Waldenreut
Marchetsreut
Kumreut
Harsdorf
Exenbach
Altreichenau
Karlsbach
Böhmzwiesel
Schimmelbach
Lackenhäuser
Oberschwarzenberg
Niederperlesreut
Maresberg
Praßreut
Lämmersreut
Höhenberg
Hintereben
Zielberg
Neureichenau
Eisenbernreuth
Oberndorf
Richardsreut
Auerbach
Poppenreut
Jandelsbrunn
Klafferstraß
Schwarzenberg i. Mühlkreis
Ebersdorf
Aschberg
Schnürring
Loizersdorf
Manzing
St. Peter u. Paul
Gsenget
Langbruck
Panidorf
Holzschlag
Rappenhof
Röhrnbach
WALDKIRCHEN
Wollaberg
Erlauzwiesel
Trasfelden
Iltzrettenbach
Wilhelmsreut
Fürsteneck
Saßbach
Rosenberg
Breitenberg
Schönberg
Klaffer am Hochficht
Tittling
Oberpretz
Bernhardsberg
Steinerfurth
Rastbüchel
Gsenget
Vorderanger
Hof
Witzmannsberg
Außernbrünst
Heindlschlag
Sonnen
Gollnerhäuser
Bräuerau
Stallham
Prag
Bärnreuth
Holzfreyung
Oberneureuth
Hirschenberg
Seitelschlag
Büchl
Kalteneck
Eberhardsberg
Gießübl
Stüblhäuser
Gollnerberg
Neukirchen vorm Wald
Saderreut
Aufetzdorf
Lichtenau
Raßreuth
Krinning
Friedrichsberg
Julbach
Hutthurm
Büchlberg
Raßberg
Kaltrum
Tiessenhäusl
Kinatöd
ÖSTERREICH
Ruderting
Hötzdorf
Berbing
HAUZENBERG
Thierham
Hochkraml
Fischhaus
Kelchham
Gemannsdorf
Hinternebelberg
Gastorf
Engholdsdorf
Straßkirchen
Gosting
Wotzdorf
Jahrdorf
Kühberg
Schönau
Lacken
Geretschlag
Gramming
Schlott
Haag
Oberdiendorf
Niederbrünst
Pfaffenreut
Kasberg
Hochwinkl
Kramerschlag
Meßnerschlag
Kollerschlag
Peilstein
Salzweg
Thyrnau
Hundsdorf
Spechting
Thurnreuth
Stratberg
Ruine Reschenstn.
Rassbach
Haag
Ziering
Hannersdorf
Kroding
Wegscheid
Mistlberg
Kloster Thyrnau
Fattendorf
Hundsruck
Wildenranna
Hartmannsreut
Wolf
Passau-Nord
Grubweg
Hals
Ries
Satzbach
Kellberg
Rackling
Untergriesbach
Oberötzdorf
Mollmannsreith
Wörth
Veste Oberhaus
Erlau
Nottau
Pölzöd
Eidenberg
St. Leonhard
Reuth
HACKLBERG
ILZSTADT
Dom zu Passau
Scherteinsöd
Ranna-Erholungssee
Ameisberg 940
Neustift
INNSTADT
Obernzell
Diendorf
Rannasee
Oberkappel
Ohnerstorf
HAIDENHOF
PASSAU
Freinberg
Dietzendorf
Lämmersdorf
Amesedt
Passau-Mitte
Stollberg
Karlsbach
Atzesberg
Gattern
Esternberg
Schörgeneck
Kasten
Gottsdorf
Pöhret
Bayerwald
Passau-Süd
Schafberg
Schardenberg
Vichtenstein
Haus am Strom
Putzleinsdorf
Donau
Inn
Ilz
Erlau
Ranna
Moldau
Wald

Tour 36 Oberbayern

Wo Bayern am bayerischsten ist

Rund um den Tegernsee warten die herrlichsten Panoramen Bayerns, die typischsten Orte, die besten Straßen und die abwechslungsreichsten Motorradstrecken.

Startort Tegernsee. Das Städtchen, das denselben Namen trägt wie der See, ist seit der Zeit von König Max von Bayern die Nummer eins der Region. Max erwarb nämlich das aufgelöste Tegernseer Kloster und ließ es zum Schloss umbauen. Nach der Seerundfahrt nehmen wir in Rottach-Egern den Abzweig zum Achenpass. Auf breitem, gepflegtem Asphalt geht es durch ein schattiges Tal langsam bergauf. An den Hängen links und rechts stehen friedlich grasende Rindviecher. Es herrscht wenig Verkehr, und wir können die lang gezogenen Kehren in vollen Zügen genießen.

Eher Sattel als Pass

Doch auf einmal werden die Kehren enger, und zack, zieht das Schild des 941 Meter hohen Achenpasses vorbei. Eher ein Sattel als ein Pass. Einige Kilometer welligen Asphalts folgen. Dann rollen wir nach Achenkirch hinein. An der Tankstelle am Ortseingang rechts ran und den Fotoapparat raus. Denn der Blick über die Dächer des Ortes auf die Spitzen des Karwendel-Gebirges hat was. Ein kurzes Stück weiter blitzt plötzlich die Farbe Blau durch die Bäume – der Achensee. Das blaue Auge Tirols oder Tiroler Fjord wird er gerne genannt. Ein blauer Fleck, eingebettet in grüne Wälder.

Langsam verliert nun die Straße an Höhe, vollführt einige überraschende Spitzkehren und stürzt sich hinab ins Inntal. Nicht ohne vorher mit der sogenannten Kanzelkehre für erhöhten Puls zu sorgen.

Mal dicht, mal weniger dicht verfolgt die Bundesstraße 171 nun den Inn. Ihre ruhige Streckenführung erstickt Kurvenabenteuer schon im Keim. Muss ja auch nicht sein. Angesichts der tollen Sicht nach links und

BASISORT
Tegernsee

TOURLÄNGE
ca. 210 km (1 Tag)

ROADBOOK
Tegernsee, Kreuth, Achenpass, Achensee, Rattenberg, Wörgl, Kufstein, Thiersee, Ursprungpass, Bayrischzell, Sudelfeld, Brannenburg, Bad Feilnbach, Hundham, Fischbachau, Schliersee, Hausham, Tegernsee

Links geht es zum Tatzelwurm. Und dann lockt der schöne Tegernsee.

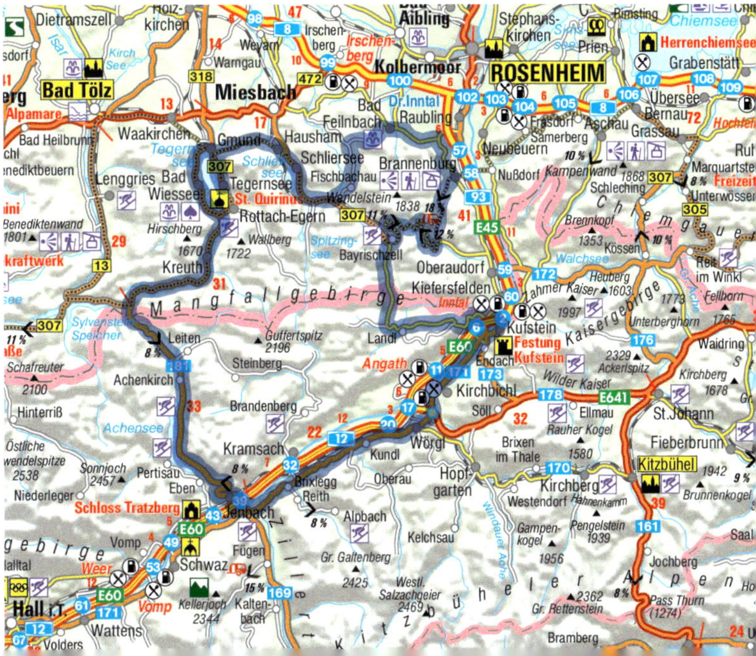

HIGHLIGHT

WO DIE SCHWARZEN TAGEN

Schmucke Häuser mit bunten Fassaden zieren den Kern von Kreuth. Zwei Kilometer weiter kommen auf der linken Seite die Gebäude des ehemaligen Kurbades in Sicht. Wildbad Kreuth wurde 1826 errichtet, in den 1970er Jahren stellte man den Badebetrieb jedoch ein. Seither dient die wuchtige Anlage der CSU als Tagungsstätte.

rechts auf Rofangebirge und Kitzbüheler Alpen.

Kaffeepause mit Kuchen gefällig? Dann auf nach Rattenberg. Das Städtchen liegt ein paar Kilometer flussabwärts am felsigen Südufer des Inns. Bereits im Mittelalter hatte ein bayerisches Herrschergeschlecht an dieser strategisch günstigen Stelle eine Burg errichtet, die in den folgenden Jahrhunderten als Zollstelle zur wahren Goldgrube wurde.

Alpen-Vorzeigestädtchen

Über Wörgl erreichen wir Kufstein, das uns gleich mit seinem typischen Festungs-Blick empfängt. In weinseliger Runde gerne besungen, leidet Kufstein ein wenig unter dem Klischee des Alpen-Vorzeigestädtchens.

Unter der Autobahn hindurch geht es der Ausschilderung Thiersee nach. In Sachen Asphalt das totale Kontrastprogramm zum gemächlichen Inntal. Eng, bergig und kurvenreich zirkelt ein Landsträßchen zuerst durch eine Schlucht ein Stück bergauf, um dann ins Thierseer Tal einzufallen. Ein Bilderbuchtal.

Das Sträßchen überquert zuerst die Grenze nach Deutschland, dann den 849 Meter hohen Ursprungpass und schlängelt sich schließlich durch das Ursprungtal bergab der Stadt Bayrischzell entgegen. Schon von Weitem sichtbar ist der nicht unbedingt höchste, aber doch imposanteste Berggipfel Oberbayerns: der Wendelstein. Wenn das Wort majestätisch zutrifft, dann hier. Fast senkrecht ragt die helle Felswand des Wendelsteins über Bayrischzell in den Himmel. Oben auf der 1838 Meter hohen Spitze die charakteristische Funkantenne. War der Wendelstein vor 250 Millionen Jahren noch ein Korallenriff in einem subtropischen Ozean, so dient er heute vor allem der Wissenschaft. Eine Sendestation, eine Sonnen- und Windenergie-Anlage sowie eine Wetterwarte sind auf dem Gipfel angesiedelt.

Der ideale Platz für die Mittagspause ist Bayrischzell mit seinem netten Ortskern und seiner Lage am Fuße

Aussichtsplattform am Achenpass (rechts) und mittelalterliche Gemäuer in Rattenberg (rechte Seite).

des Wendelsteins. Biergärten mit alten Kastanienbäumen scheinen auf hungrige und durstige Biker geradezu gewartet zu haben.

Ab Bayrischzell heißt die Straße Tatzelwurmstraße. Sie führt hinauf zum Skigebiet Sudelfeld und anschließend weiter zum Tatzelwurm, einem Berg, an dem einst ein Drache den Reisenden den Weg versperrt haben soll. Heute besorgen das die Behörden. Mit wechselndem Erfolg sperren sie an Wochenenden die 13 Kilometer lange Bergstraße zum 1100 Meter hoch gelegenen Sudelfeld.

Unzählige Serpentinen

Gleich nach dem Sattel zweigt übrigens rechts ein Bergsträßchen ab. Es endet nach unzähligen Serpentinen auf einem Hochplateau mit mehreren Restaurants und bietet unterwegs wunderschöne Ausblicke ins Inntal und auf den Wendelstein.

Am Tatzelwurm biegen wir nach links auf ein mautpflichtiges Sträßchen ein und nehmen Kurs auf Brannenburg. Eng und holperig geht es im kleinen Gang an einem Bach entlang durch einen romantischen Wald. Ein Felsdurchbruch, und dann kommt auch schon das Ortsschild von Brannenburg in Sicht.

Der Rest der Tour führt dann auf den typischen windungsreichen Bauernstraßen des Voralpenlandes in einem großen Bogen über Bad Feilnbach, Hundham, Fischbachau, Hausham und Schliersee an den Tegernsee zurück. In Gmund ist das Ufer des Tegernsees erreicht, und damit hat sich die Rundtour geschlossen. ◀

TOUR 36 | Oberbayern

WO BAYERN AM BAYERISCHSTEN IST

TOURLÄNGE | 210 km

REGIONALE MOTORRADTREFFEN
Bayerischzell: Schnauferl Wirt 1123er, an der Bergstrecke zum Sudelfeld, klasse selbst gemachtes Essen.

Die Tatzelwurmstraße führt hinauf zum Skigebiet Sudelfeld.

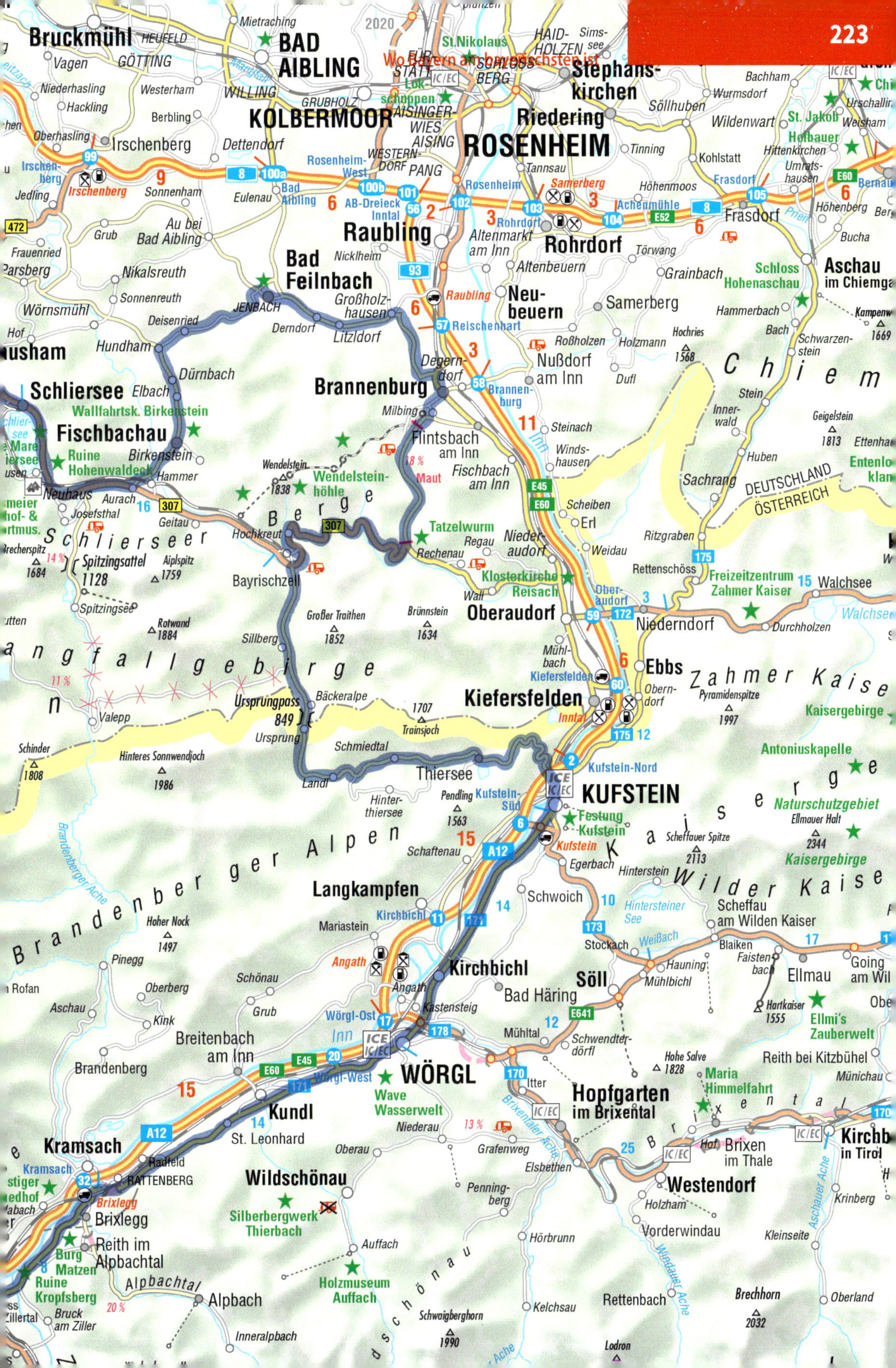
Bruckmühl
Vagen
Götting
Bad Aibling
Mietraching
Kolbermoor
Wo Bayern am bayerischsten ist
Lok-schuppen
St. Nikolaus
Stephanskirchen
Riedering
Rosenheim
Söllhuben
Wildenwart
Bachham
Wurmsdorf
Irschenberg
Niederhasling
Hackling
Oberhasling
Westerham
Berbling
Willing
Grubholz
Dettendorf
Sonnenham
Eulenau
Jedling
Rosenheim-West
AB-Dreieck Inntal
Pang
Tannsau
Samerberg
Tinning
Kohlstatt
Frasdorf
Höhenmoos
Achenmühle
Hittenkirchen
Umratshausen
Höhenberg
Bernau
Grub
Au bei Bad Aibling
Raubling
Nicklheim
Rohrdorf
Altenmarkt am Inn
Törwang
Grainbach
Schloss Hohenaschau
Aschau im Chiemgau
Frauenried
Parsberg
Nikalsreuth
Sonnenreuth
Bad Feilnbach
Großholzhausen
Altenbeuern
Neubeuern
Samerberg
Hammerbach
Bach
Wörnsmühl
Deisenried
Jenbach
Derndorf
Litzldorf
Reischenhart
Roßholzen
Holzmann
Hochries 1568
Schwarzenstein
Kampenwand 1669
Hof
Hundham
Dürnbach
Degerndorf
Brannenburg
Nußdorf am Inn
Dufl
Chiemgau
Stein
Innerwald
Geigelstein 1813
Ettenhausen
Schliersee
Elbach
Wallfahrtsk. Birkenstein
Fischbachau
Milbing
Flintsbach am Inn
Steinach
Windshausen
Huben
Entenlochklamm
Ruine Hohenwaldeck
Birkenstein
Hammer
Wendelstein 1838
Wendelsteinhöhle
Maut
Fischbach am Inn
Sachrang
Deutschland
Österreich
Neuhaus
Aurach
Josefsthal
Geitau
Hochkreut
Tatzelwurm
Regau
Niederaudorf
Scheiben
Erl
Ritzgraben
Weidau
Schlierseer Berge
Brecherspitz 1684
Spitzingsattel 1128
Aiplspitz 1759
Bayrischzell
Rechenau
Klosterkirche Reisach
Rettenschöss
Freizeitzentrum Zahmer Kaiser
Walchsee
Spitzingsee
Großer Traithen 1852
Brünnstein 1634
Oberaudorf
Niederndorf
Durchholzen
Rotwand 1884
Sillberg
Mangfallgebirge
Mühlbach
Kiefersfelden
Ebbs
Oberndorf
Zahmer Kaiser
Pyramidenspitze 1997
Kaisergebirge
Valepp
Ursprungpass 849
Bäckeralpe
Trainsjoch 1707
Ursprung
Inntal
Schinder 1808
Schmiedtal
Antoniuskapelle
Hinteres Sonnwendjoch 1986
Landl
Thiersee
Kufstein-Nord
Kufstein
Hinterthiersee
Pendling 1563
Kufstein-Süd
Festung Kufstein
Naturschutzgebiet Kaisergebirge
Ellmauer Halt 2344
Scheffauer Spitze 2113
Brandenberger Ache
Brandenberger Alpen
Schaftenau
Egerbach
Hinterstein
Wilder Kaiser
Langkampfen
Schwoich
Hintersteiner See
Scheffau am Wilden Kaiser
Hoher Nock 1497
Mariastein
Kirchbichl
Stockach
Weißbach
Blaiken
Pinegg
Angath
Hauning
Mühlbichl
Faistenbach
Going am Wilden Kaiser
Ellmau
Rofan
Schönau
Kirchbichl
Bad Häring
Söll
Hartkaiser 1555
Ellmi's Zauberwelt
Oberberg
Aschau
Kink
Grub
Kastensteig
Wörgl-Ost
Breitenbach am Inn
Mühltal
Schwendterdörfl
Hohe Salve 1828
Maria Himmelfahrt
Reith bei Kitzbühel
Münichau
Brandenberg
Wörgl
Wörgl-West
Wave Wasserwelt
Itter
Hopfgarten im Brixental
Brixentaler Ache
Brixental
Kundl
St. Leonhard
Niederau
Kramsach
Radfeld
Rattenberg
Oberau
Grafenweg
Elsbethen
Brixen im Thale
Kirchberg in Tirol
Westendorf
Wildschönau
Silberbergwerk Thierbach
Penningberg
Holzham
Krinberg
Brixlegg
Reith im Alpbachtal
Burg Matzen
Ruine Kropfsberg
Auffach
Hörbrunn
Vorderwindau
Windauer Ache
Kleinseite
Aschauer Ache
Alpbachtal
Alpbach
Holzmuseum Auffach
Rettenbach
Brechhorn 2032
Oberland
Zillertal
Bruck am Ziller
Inneralpbach
Schwaighergorn 1990
Kelchsau
Lodron

Tour 37 Allgäu

Das Paradies auf Erden

Dass der Teufel Jesus das Paradies auf Erden vortäuschen und ihn ins Allgäu führte, ist eine Legende, mit wahren Kern. Eine Motorradtour verdeutlicht, weshalb dieser Kern recht groß ist.

BASISORT
Kempten

TOURLÄNGE
ca. 270 km (1 Tag)

ROADBOOK
Kempten, Buchenberg, Nellenbruck, Grünenbach, Isny, Wangen, Oberstaufen, Immenstadt, Sonthofen, Oberjoch, Tannheimer Tal, Grän, Pfronten, Füssen, Rieden, Marktoberdorf, Kempten

Als Ausgangspunkt empfiehlt sich die älteste Stadt Deutschlands: Kempten. Von der Umgehungsstraße aus folgt man dem Schild historisches Zentrum und rollt anschließend auf Kopfsteinpflaster bis zum Marktbrunnen. Die gesamte Altstadt Kemptens ist verkehrsberuhigte Zone und darf im Schritttempo jederzeit befahren werden.

Weiter in Richtung Buchenberg. Hierzu verlassen wir Kempten in westlicher Richtung und landen automatisch auf einer perfekt ausgebauten Landstraße, die in sauberen, runden Kurven schnell an Höhe gewinnt. Schräglagenspaß am Morgen – das passt. Hinter Buchenberg beginnt ein interessanter Schlenker nach Süden, der auf engem und kurvigem Asphalt über die Orte Silbratshofen, Elbratshofen, Grünenbach und Maierhöfen zum nächsten Zwischenstopp führt.

Ozean aus Almwiesen

Und der heißt Isny. Das Städtchen mit seinem mittelalterlichen Kern bietet einen einzigartigen Anblick: eine Insel aus roten Ziegeldächern inmitten eines Ozeans aus grünen Almwiesen. Dazwischen die fürs Allgäu typischen Zwiebelkirchtürme und am Horizont die Alpen.

Die Bundesstraße 12 nach Wangen entpuppt sich als kurvenreiche Strecke mitten durch idyllisches Bauernland. Wangen hat nicht umsonst den Ruf, eine freundliche Stadt mit fast mediterranem Flair zu sein: Wer zu Fuß oder im Motorradsattel durch die Gassen der Altstadt bummelt, lässt sich schnell von der entspannten Atmosphäre einfangen. Man folgt am besten dem Schild Zentrum/historische Altstadt und erreicht den Beginn der Fußgängerzone, wo einige Straßencafés und genügend Parkplätze wie gerufen kommen.

Durch das Stadttor verlassen wir Wangen und fahren südwärts über

Kühe prägen das Bild des Allgäus und die Kurvenstraße die des Oberjochs.

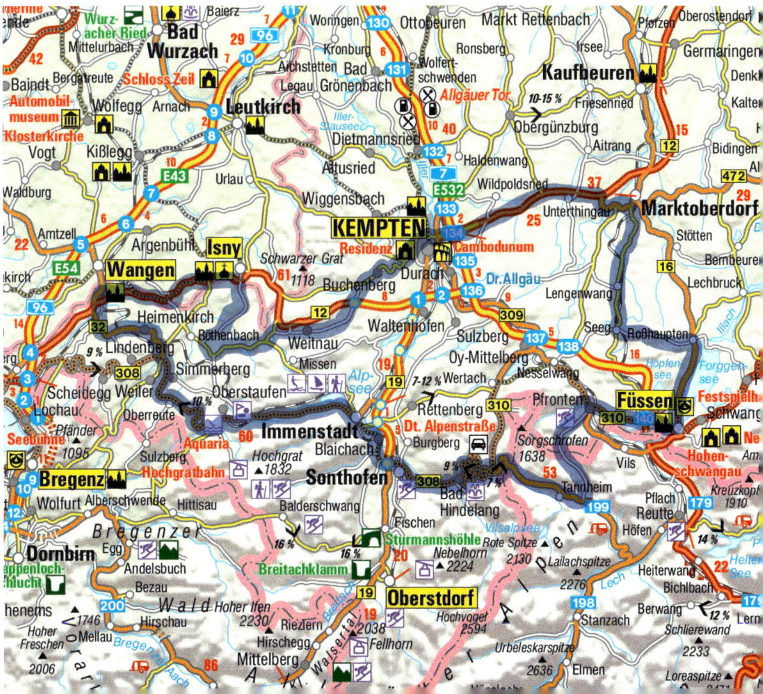

HIGHLIGHT

GUT GEWICKELT

Die Schrothkur greift auf das Prinzip der feuchten Wärme zurück. Dazu wird der Patient in kalte Tücher gewickelt, die sich am Körper erwärmen. Erfunden hat die Schrothkur der schlesische Arzt Johann Schroth im Jahre 1820.

Opfenbach hinab zur B 308, wo wir uns links Richtung Osten halten. Auf der rechten Seite liegt das gewaltige Panorama der Allgäuer und Tiroler Alpen, links das Meer der grünen Almwiesen. Eine echte Postkarte. Ein toller Pausen-Tipp ist der Rastplatz Paradies kurz vor Oberstaufen, von wo man einen sehr schönen Rundblick hat.

Heimat der Schrothkur

Der 7000-Seelen-Ort Oberstaufen wurde durch eine ganz spezielle Heilmethode weltberühmt: die Schrothkur. Sie greift auf das Prinzip der feuchten Wärme zurück. Hinter Oberstaufen erklimmt die Bundesstraße einige Höhenmeter und führt dann mitten durch ein Hochtal.

Schöne Ausblicke nach links auf die Salmaser Höhe und nach rechts auf den Hochgrat folgen. Wie ein dunkelblauer Tintenfleck taucht dann plötzlich der Alpsee auf. Schilf wogt bedächtig an seinem Ufer, das klare Wasser lädt zum Baden ein. Wie? Einfach rechts ranfahren, das Bike abstellen und zehn Meter zu Fuß zum See gehen. Mit Immenstadt wartet kurz nach dem Alpsee eine der ältesten Tuchmacher-Städte Deutschlands. Zwischen dem 15. und 19. Jahrhundert war Immenstadt berühmt für seine aufwendig gewebte Leinwand. Doch dann kippten billige Importe aus den Kolonien den gesamten Allgäuer Stoffmarkt. Ein kurzes Stück hinter Immenstadt erreichen wir Sonthofen.

In Sonthofen links ab Richtung Hindelang. Immer noch gemächlich geradeaus. Doch das ändert sich schnell. Denn eine etwa fünf Kilometer lange Achterbahn bringt uns von Hindelang hinauf ins 1136 Meter hoch gelegene Oberjoch. Eine feine Sache. Das Wort geradeaus existiert nicht mehr, das Motorrad steht nur noch selten in der Senkrechten.

Einziger Wermutstropfen: das für die ganze Strecke geltende Überholverbot. So sollte man auf freie Fahrt

Pausenstopps im Zentrum von Immenstadt (oben) und am Alpsee (rechts). Dann geht es weiter Richtung Oberreute (rechte Seite).

warten, um nicht hinter irgendeiner Familienkutsche oder einem Wohnmobil hergurken zu müssen.

Grünes Hochtal

Ein großes Schild mit der Aufschrift „Grüß Gott im Tannheimer Tal" begrüßt uns gleich hinter Oberjoch. Vielen Dank, liebe Tannheimer. Aber auch so wären wir gerne gekommen. Dieses Hochtal ist nämlich ein echtes optisches Highlight. Seine Hänge sind fast bis hinauf zu den Felsspitzen mit Almwiesen bewachsen und verwandeln das Tal in einen grünen Schlauch.

Vor dem Haldensee biegen wir links nach Grän ab und erreichen über Pfronten auf gut ausgebauter, kurviger Straße Füssen. Bayerns höchst gelegene Stadt liegt auf 803 Metern und war im Mittelalter ein wichtiger Handels- und Warenumschlagplatz auf der Route Augsburg – Oberitalien. Die Bedeutung ist geblieben, nur werden heute statt Stoffen und Gewürzen Touristen gehandelt. Der Grund sind die überaus beliebten Königsschlösser rund um Füssen.

Als Panoramaroute führt die B 16 aus Füssen hinaus Richtung Norden. Sanfte Kurven, jede Menge traumhafter Blicke nach rechts auf den Forgensee. Weiter hinten erkennt man Schloss Neuschwanstein vor der grandiosen Kulisse der Ammergauer Alpen.

In Rieden links ab Richtung Seeg und Lengenwang. Im hübschen Marktoberdorf biegen wir links auf die B 472 ein, um gleich anschließend die B 12 unter die Räder zu nehmen, die uns nach Kempten zurückbringt. ◀

ÜBERNACHTEN IN DER REGION

ALPENGASTHOF SCHWABENHOF

Der Schwabenhof befindet sich im Herzen des Balderschwanger Tals auf 1 044 m und ist idealer Ausgangspunkt für ausgedehnte Biketouren. Gastwirt Erich Kohler, selbst leidenschaftlicher Motorradfahrer, begleitet euch auch gerne persönlich auf den schönsten Touren im Allgäu und Umgebung.

Schwabenhof 23 • 87538 Balderschwang
+49 (0) 83 28 / 92 40 60 • www.schwabenhof.com

HOTEL ALPENBLICK BERGHOF

Das Hotel liegt mit Blick auf die Alpen im Ostallgäuer Seen – und Voralpenland. Das Tor zu tollen Motorradtouren mit vielen Pässen, die in Tagestouren erreichbar sind. Hotelchef Micha ist seit 27 Jahren selbst leidenschaftlicher Biker und bietet auf Wunsch begleitete Bikertouren an.

Moorbadstr. 21 • 87642 Halblech
+49 (0) 83 68 / 9 14 89 90 • www.hotel-alpenblick-berghof.de

KURHOTEL EICHWALDECK

Direkt am Eichwald in Bad Wörishofen befindet sich das familiär geführte Kneipp-Kurhotel Eichwaldeck Garni. Idealer Ausgangspunkt für Motorradurlaub im Allgäu. Touren- und Ausflugstipps sind beim Inhaber erhältlich. Nach der Ausfahrt findet man Erholung im Sauna- und Wellnessbereich.

Eichwaldstr. 19 • 86825 Bad Wörishofen
+49 (0) 82 47 / 95 99 50 • www.eichwaldeck.de

TOUR 37 | Allgäu

DAS PARADIES AUF ERDEN

TOURLÄNGE | 270 km

REGIONALE MOTORRADTREFFEN

Sonthofen-Imberg: Berggasthof Sonne, man trifft sich bei den „Freebikern Sonthofen".

Oberjoch: Aussichtspunkt Kanzelhütte, Parkplatz mit Aussicht.

Grandiose Abendstimmung in Kempten.

Das Paradies auf Erden
MINDELHEIM
BUCHLOE
BAD WÖRISHOFEN
Türkheim
Memmingerberg
Allgäu Airport
Markt Rettenbach
Ottobeuren
Neugablonz
KAUFBEUREN
Germaringen
Grönenbach
Obergünzburg
Biessenhofen
Dietmannsried
Altusried
MARKTOBERDORF
KEMPTEN (Allgäu)
Durach
Buchenberg
Waltenhofen
Sulzberg
Oy-Mittelberg
Nesselwang
Pfronten
FÜSSEN
Schwangau
Neuschwanstein
Forggensee
IMMENSTADT i.Allgäu
Blaichach
Burgberg
SONTHOFEN
Bad Hindelang
Oberjoch
Tannheimer Tal
Reutte
Fischen i.Allgäu
Naturschutzgebiet

Tour 38 Bodensee / Schwaben

Kurven mit Aussicht

Nördlich des Schwäbischen Meers – auch Bodensee genannt – erwarten uns Motorradfahrer gemütliche Uferstraßen, knackige Bergstrecken und spannende Kultur.

BASISORT
Lindau

TOURLÄNGE
ca. 210 km (1 Tag)

ROADBOOK
Lindau, Wasserburg, Nonnenhorn, Langenargen, Friedrichshafen, Markdorf, Wendlingen, Bermatingen, Ahausen, Meersburg, Unteruhldingen, Überlingen, Heiligenberg, Deggenhauser Tal, Weingarten, Ravensburg, Schlier, Wangen, Opfenbach, Hörbranz, Lindau

Das Schwäbische Meer, wie der Bodensee gerne genannt wird, ist der größte und tiefste See Deutschlands. Seine Ufer teilt er sich mit Österreich und der Schweiz. Und das ist gut so, denn rund um den See lassen sich auf diese Weise interessante Touren planen. Kein Wunder, dass diese Voralpenregion mit ihren hohen Bergen, der guten schwäbischen Küche und der süddeutschen Gastlichkeit bei Motorradfahrern so beliebt ist. Und wenn keine Motorradsaison ist, findet jedes Jahr im Januar in Friedrichshafen eine große Motorradmesse statt.

Reizvolle Insellage

Unsere heutige Tagestour ist etwa 210 Kilometer lang, führt zunächst am Nordufer des Sees entlang und zielt anschließend in das Kurvenparadies im Hinterland hinein. Startort Lindau. Dank ihrer Insellage blieb die reizende Stadt von Verunstaltungen durch Nachkriegsstädtebau und Massenverkehr verschont. Vorn am Hafen reizt die Aussicht über den See auf die Alpen, im Stadtkern locken romantische Winkel und Gassen. Vor dem Aufbruch zur Tour also auf jeden Fall einen ausgedehnten Bummel zu Fuß durch Lindau unternehmen.

Die ersten Kilometer verlaufen parallel zum Wasser. Wasserburg, Nonnenhorn, Langenargen. Alles Ortschaften mit kleinen verschwiegenen Kernen und sonnigen Uferpromenaden. Die es freilich mit der von Friedrichshafen nicht aufnehmen können. Die Heimat der Zeppeline besitzt eine der schönsten Uferzeilen am Bodensee.

Für Technikfans jedoch weitaus interessanter sind das Zeppelin- und das Dornier-Museum. Das Zeppelin-Museum befindet sich im ehemaligen Hafenbahnhof und zeigt die Geschichte der berühmten Luftschiffe. Im Dornier-Museum neben dem Flug-

Der Bodensee prägt die Region. Besonders idyllisch zeigt sich Lindau mit seiner Insellage vor dem Bergpanorama.

HIGHLIGHT

BODENSEESCHIFFFAHRT

Lust auf eine Seefahrt? Zwischen Konstanz und Meersburg sowie zwischen Friedrichshafen und dem schweizerischen Romanshorn verkehren regelmäßige Autofähren.

Auf dem Überlinger See gibt es zwischen Ostern und Anfang Oktober einen fahrplanmäßigen Schiffsverkehr. Von zahlreichen Orten in den drei Anrainerstaaten werden in den Sommermonaten halb- und ganztägige Schiffsausflüge und Rundfahrten angeboten.

hafen warten die faszinierenden Flugzeuge der Luft- und Raumfahrtfirma.

Gleich hinter Friedrichshafen verlassen wir das Wasser, nehmen Kurs auf Markdorf und sind schon mitten drin im Kurvenparadies. Wendlingen, Bermatingen, Ahausen heißen die Stationen, durch die sich die Route schlängelt. Fahrspaß pur auf schmalem Asphalt. In Meersburg hat uns dann der Bodensee wieder. Das Städtchen liegt malerisch oberhalb des Sees, sein Altes Schloss ist eine der ältesten Burgen Deutschlands.

Aufstieg nach Heiligenberg

Über Unteruhldingen mit seiner ältesten Pfahlbausiedlung Europas erreichen wir Überlingen. Das Kneippheilbad glänzt nicht nur mit seiner sonnigen Lage am Überlinger See, sondern hält auch eine schöne historische Altstadt bereit. Wie geschaffen für den ersten Pausenstopp dieser Tour. Und diesen Stopp können wir gut gebrauchen, denn nun kommt das fahrerische Highlight des Tages: der Aufstieg nach Heiligenberg. Kurven wie am Fließband, gute Übersicht, griffiger Belag. Biker, was willst du mehr? Oben angelangt, erwarten uns eine weite Aussicht über den Bodensee und das reizende Schloss Fürstenberg.

Das sich anschließende Deggenhauser Tal sorgt wieder für Ruhe im Fahrwerk. Wenn im Frühjahr die Apfelbäume blühen, kann man sich an den Farben nicht sattsehen und hat Mühe, sich aufs Fahren zu konzentrieren. Über Land geht es nun in einem großen Bogen Richtung Ravensburg. Vorher ist ein Besuch beim „schwäbischen Petersdom“ selbstverständlich ein Muss. So wird die Klosterkirche der Benediktinerabtei von Weingar-

Rund um den Bodensee locken nicht nur die Kurvenstraßen (oben), sondern auch das Zeppelin-Museum in Friedrichshafen (rechts) und die Pfahlbauten in Unteruhldingen (rechte Seite).

ten genannt. Auch wer nicht an Gott glaubt, wird von ihr begeistert sein.

Weingarten liegt übrigens auf der Oberschwäbischen Barockstraße. Die öffnet dem Besucher die Seele der Menschen der Region. Denn die hatten nach dem fürchterlichen Dreißigjährigem Krieg Nachholbedarf an schönen Dingen. So bauten sie pompöse Schlösser, Kirchen und Klöster, die sagen sollten: „Wir sind wieder wer, wir leben noch." Beherrschende Motive sind die Gegensätze von Krieg und Frieden, von Leben und Tod.

Traurige Schwabenkinder

Ravensburg glänzt mit seinen zahlreichen mittelalterlichen Türmen. Die ehemals Freie Reichsstadt lädt zum Bummel über den Marienplatz mit Blaserturm, Waaghaus und Rathaus ein. In der Bachstraße steht an einer Hausecke die Schwabenkinder-Skulptur. Sie erinnert an die Kinder armer Bauernfamilien aus Vorarlberg und Tirol, die noch bis 1914 alljährlich als Saisonarbeitskräfte auf Bauernhöfen in Oberschwaben eingesetzt wurden.

Über Schlier, vorbei an Schloss Waldburg und über Vogt gelangen wir nach Wangen. „In Wangen bleibst du hangen", prophezeit das Sprichwort und hat damit nicht ganz unrecht: Wangens Altstadt gehört zu den schönsten Oberschwabens. Also auch hier unbedingt einen Halt einlegen.

Für die Rückfahrt nach Lindau nehmen wir nicht die langweilige Bundesstraße, sondern das Landsträßchen über Opfenbach, das uns zuerst nach Hörbranz und dann zum Ausgangspunkt der Tour zurückbringt. ◀

TOUR 38 | Bodensee / Schwaben

Kurven mit Aussicht

TOURLÄNGE | 210 km

REGIONALE MOTORRADTREFFEN

Salem: Biker' Inn, für Motorradfahrer reserviertes Gasthaus mit Zimmern und Biergarten.

Friedrichshafen: Motorcycles Rockhouse Bar, urige Kneipe mit Gartenlokal, für den kleinen Hunger gibt es schwäbisches „Vesper".

Die Alte Burg von Meersburg.

Kurven mit Aussicht
BAD SAULGAU
BAD BUCHAU
BAD SCHUSSENRIED
AULENDORF
BAD WALDSEE
BAD WURZACH
Altshausen
Ostrach
Herbertingen
Hohentengen
Wilhelmsdorf
Fronreute
Wolpertswende
Horgenzell
Berg
WEINGARTEN
RAVENSBURG
Baindt
Baienfurt
Bergatreute
Wolfegg
Vogt
Schlier
Waldburg
Kißlegg
Amtzell
Bodnegg
WANGEN
Argenbühl
Eberhardzell
Ingoldingen
Oberteuringen
Meckenbeuren
TETTNANG
FRIEDRICHSHAFEN
Eriskirch
Langenargen
Kressbronn
Neukirch
Achberg
Hergatz
Opfenbach
Heimenkirch
LINDENBERG
Weiler-Simmerberg
Scheidegg
Sigmarszell
Hörbranz
LINDAU
Wasserburg (Bodensee)
Nonnenhorn
Lochau
BREGENZ
Hard
Lauterach
Kennelbach
Romanshorn
ARBON
Egnach
Goldach
Rorschach
Thal
MARKDORF
DEUTSCHLAND
ÖSTERREICH
SCHWEIZ
Bodensee

Tour 39 Schwäbische Alb

Den Albtrauf rauf und runter

Die Schwäbische Alb sieht aus wie ein großer Keil. Um die steile vordere Seite, den Albtrauf, zu erklimmen, baute man zahlreiche schmale und kurvenreiche Bergsträßchen.

START-/ZIELORT
Aalen/Trossingen

TOURLÄNGE
ca. 400 km (2 Tage)

ROADBOOK
Aalen, Lauchheim, Nördlingen, Neresheim, Heidenheim, Königsbronn, Steinheim, Geislingen, Deggingen, Neidlingen, Hepsisau, Grabenstetten, Bad Urach, Bleichstetten, Würtingen, Stetten, Albstadt, Lochenstein, Spaichingen, Trossingen

Noch schnell einen Kaffee in der Fußgängerzone von Aalen getrunken, dann geht es los: auf der B 29 in Richtung Osten. Vor Lauchheim grüßt auf der Höhe die Kapfenburg, der ehemalige Sitz der Deutschordensritter. Vorbei am Kegel des Hohen Ipf und an den Wacholderheiden der Alb erreichen wir Bopfingen und sein gut erhaltenes Rathaus. Weiter auf der B 29 Richtung Nördlingen. Das Ries taucht auf, dieser gewaltige Krater, den vor 15 Millionen Jahren ein Meteorit schlug. Erst in den 1960er Jahren konnte diese Tatsache wissenschaftlich bewiesen werden. Der Brocken aus dem All hatte einen Durchmesser von rund 1000 Metern.

Weithin sichtbares Kloster

Nach einem Stopp in Nördlingen und seinem pittoresken Marktplatz biegen wir auf die B 466 ab und fahren weiter nach Neresheim, dessen Benediktinerkloster man schon von Weitem sieht. Über die typische karge Hochfläche der Alb stoßen wir hinab ins Tal der Brenz und rollen nach Heidenheim hinein. Mit ihrer geballten Industrie- und Wirtschaftskraft ist die 50 000-Einwohner-Stadt das Zentrum der Ostalb. Von der City aus führt ein Fußweg hinauf zum Schloss Hellenstein, wo man einen tollen Blick über Heidenheim hat.

In Königsbronn, wo der Quelltopf der Brenz auf einen Besuch wartet, verlassen wir die Bundesstraße für kurze Zeit und steuern auf wenig befahrenem Bauernasphalt den Ort Steinheim an. Der liegt wie Nördlingen in einem durch Meteoriteneinschlag entstandenen Becken. Das Steinheimer Becken lässt sich sehr gut vom Steinhirt überblicken, einem Hügel am Ortsrand.

Die B 466 hat uns wieder, und nach einer kurzen Distanz über die Alb-

Die Straße führt entlang von hübschen Dörfern zur Burg Lichtenstein.

HIGHLIGHT

AUF DER MAUER, AUF DER LAUER

Bis ins 19. Jahrhundert war Nördlingen Freie Reichsstadt. Seine kreisrunde Stadtmauer aus dem 16. und 17. Jahrhundert blieb vollständig erhalten und kann heute mitsamt ihren 15 Türmen betreten und besichtigt werden. Vom 90 Meter hohen Turm der Georgskirche, Daniel genannt, bietet sich ein wunderschöner Rundblick über die Stadt und die umgebenden Hügel der Schwäbischen Alb.

hochfläche stürzt sich die Route bei Böhmenkirch steil ins Roggental hinab. Im breiten Tal der Fils, in das wir als nächstes einfahren, kommt wieder Ruhe ins Fahrwerk. Gepflegter Asphalt, sanfte Bögen. Geislingen taucht auf. In der WMF-Stadt kann man im Werksverkauf des bekannten Haushaltswarenherstellers das eine oder andere Schnäppchen machen. Aber auch ein Bummel zu Fuß durch das Zentrum Geislingens lohnt sich. Dann weiter die Fils hinab. Auf beiden Seiten ragen die hellen Kalkfelsen empor, die für die Alb so charakteristisch sind.

Lohnenswerter Umweg

Deggingen und seine oberhalb des Ortes stehende Wallfahrtskirche Ave Maria kommen in Sicht. Der Abzweig hinauf zur Kirche ist ausgeschildert und wird von einem tollen Weitblick belohnt. In Wiesensteig hat man zwei Möglichkeiten, wieder die Albhochfläche zu erklimmen: Entweder man nimmt die direkt Route über Westerheim, die jedoch fahrerisch weniger interessant ist. Oder man macht einen lohnenswerten Umweg über Neidlingen und Hepsisau, der mit Kurven

und Kehren nur so gespickt ist. Oben angelangt links ab nach Schopfloch, vorbei am Reußenstein, dann weiter Richtung Römerstein-Böhringen. Die Route quert nun wieder die Albhochfläche, streift bei Grabenstetten den Heidengraben, einen keltischen Ringwall, und kurvt dann hinab ins Tal der Elsach, wo mit Bad Urach der nächste Pausenstopp wartet. Lust auf einen kleinen Fußmarsch? Dann auf zum Uracher Wasserfall, der sein Wasser 37 Meter tief zur Erde schickt.

Frisch gestärkt gehen wir die Kurven an, die uns über Bleichstetten und Würtingen wieder auf den Albrücken hinaufführen. Schon von Weitem ist Burg Lichtenstein zu erkennen. Auf einem Felssporn thronend, war die

Bad Urach (oben), Burg Hohenzollern (rechts) und Albstadt (rechte Seite).

Anlage jahrhundertelang uneinnehmbar. Um 1800 wurde sie abgerissen und später im Stil der Burgenromantik wieder aufgebaut.

Die Bundesstraßen 312 und 313 führen uns weiter nach Stetten, von dort geht es auf dem schmalen Asphalt von verwundenen Landstraßen nach Kornbühl und Hechingen. Der Besuch der dort auf einem Vulkankegel aufragenden Burg Hohenzollern ist Pflicht. Sie ist das Stammhaus der Grafen von Zollern und erhielt ihr heutiges Gesicht im 19. Jahrhundert.

Zur Kuppe des Berges

Nun überqueren wir die B 27 und gelangen über Thanheim und Onstmettingen nach Albstadt. Die Stadt enstand 1975 im Zuge einer Verwaltungsreform durch die Zusammenlegung der beiden Gemeinden Tailfingen und Ebingen. Relativ unspektakulär geht es über Meßstetten auf der Albhochfläche entlang, bis mit dem Lochenstein einer der schönsten Aussichtspunkte der Region auftaucht. Vom Parkplatz aus führt ein Fußweg in 20 Minuten hinauf zur Kuppe des Berges.

Ein Stück im idyllischen Tal der Bära folgt, danach fahren wir vorbei an Böttingen und Dürbheim nach Spaichingen. Kurve an Kurve, Bogen an Bogen, Schräglagen am laufenden Band. Nicht auslassen sollte man in Spaichingen die Serpentinen hinauf zum Dreifaltigkeitsberg. Wegen des Fahrspaßes und wegen der Aussicht. Eine kurze Etappe auf der B 14 folgt, bevor die Schwäbische Albstraße in Trossingen zu Ende geht. ◀

TOUR 39 | Schwäbische Alb

DEN ALBTRAUF RAUF UND RUNTER

TOURLÄNGE | 400 km

REGIONALE MOTORRADTREFFEN

Lochenstein: Der Parkplatztreff mit Aussicht ist ein schwäbischer Klassiker.

Hechingen: Alte Brauerei, Musikkneipe mit feinstem Wurstsalat.

Auf dem Albaufstieg

Holzelfinger Steige.

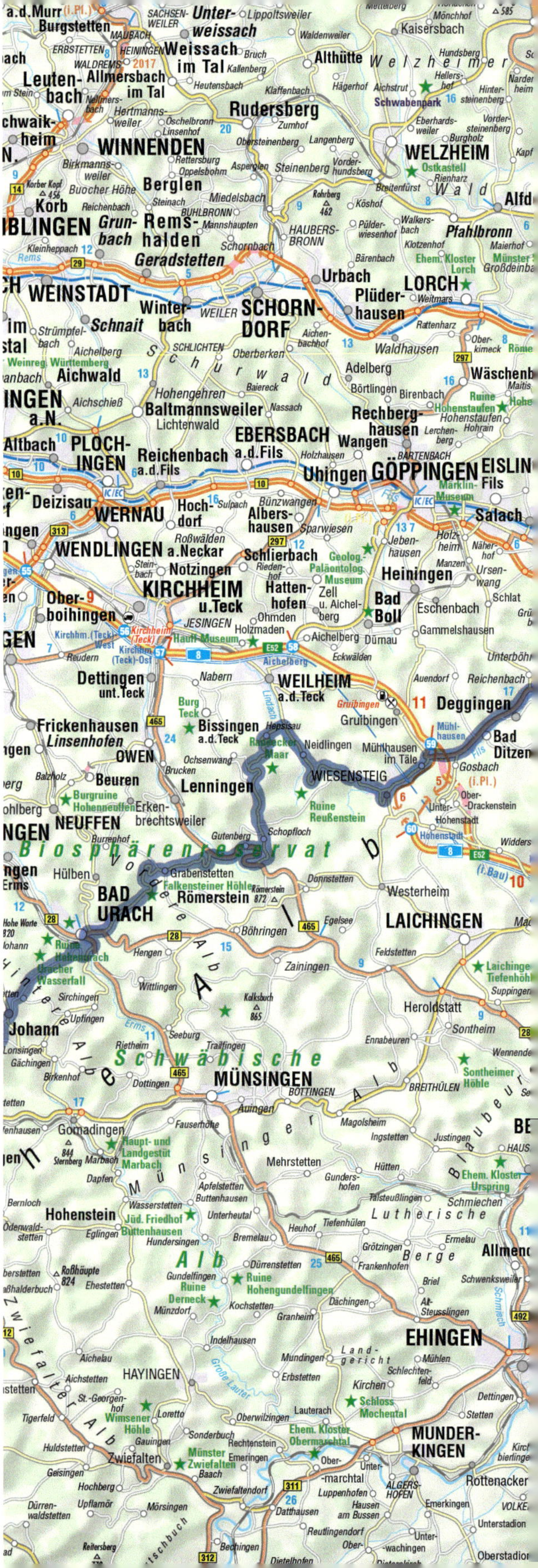

Den Albtrauf rauf und runter
NÖRDLINGEN
BOPFINGEN
LAUCHHEIM
Westhausen
AALEN
Hüttlingen
Abtsgmünd
Essingen
HEUBACH
OBERKOCHEN
Königsbronn
NERESHEIM
Nattheim
Dischingen
Steinheim am Albuch
HEIDENHEIM a.d.Brenz
HERBRECHTINGEN
Gerstetten
Böhmenkirch
DONZDORF
GEISLINGEN a.d.Steige
SCHWÄBISCH GMÜND
Schwäbische Alb
METZINGEN
REUTLINGEN
PFULLINGEN
Lichtenstein
MÖSSINGEN
Sonnenbühl
HECHINGEN
BURLADINGEN
BALINGEN
ALBSTADT
MESSSTETTEN
SPAICHINGEN
TROCHTELFINGEN
GAMMERTINGEN
SIGMARINGEN
RIEDLINGEN
Zwiefalten
BAD URACH
Naturpark Obere Donau

Tour 40 Schwarzwald

Wie aus dem Bilderbuch

Der mittlere Schwarzwald um Schramberg und Hornberg ist gelebte Idylle. Mehr Tannenwälder, Bauernhöfe und Bollenhüte findet man sonst nirgends in dieser Region

BASISORT
Wolfach

TOURLÄNGE
ca. 240 km (1 Tag)

ROADBOOK
Wolfach, Hausach, Gutach, Elzach, Haslach, Steinach, Biberach, Seelach, Schuttertal, Bleichheim, Freiamt, Schweighausen, Elzach, Triberg, Hornberg, Schramberg, Tennenbronn, St. Georgen, Königsfeld, Sulgen, Wolfach

Wolfach ist ein Städtchen mit sympathischem Flair. Eine gepflasterte Durchfahrt, ein Stadttor, eine Brücke über die Kinzig, bunte Häuser, viele Straßencafés. Wer noch nicht gefrühstückt hat, sollte es hier unbedingt nachholen. Die Strecke nach Hausach führt danach landschaftlich reizvoll am Ufer der Kinzig entlang. Ein Gürtel von Sumpfwiesen, mit gelben Blumen gesprenkelt, breitet sich am Flussufer aus.

Weiter führt die Route in Richtung Gutach. Schwarzwald pur. Aus Gutach stammt übrigens der berühmte Bollenhut, das Wahrzeichen des ganzen Schwarzwaldes. Das Prachtstück besteht aus elf großen und drei kleinen Bollen. Ledige Mädchen tragen sie in Rot, die verheirateten Frauen in Schwarz.

Manierliche Straße

Kurz vor Hornberg zweigt rechts ein Sträßchen nach Elzach ab. Zigfach gekrümmt schlängelt es sich in den Wald hinein. Sein Belag fordert das Fahrwerk heraus, dafür glänzen die Kurven mit gleichmäßigen Radien und guter Übersicht. Hinter einem Sattel zeigt das Sträßchen wieder Manieren und wedelt gut ausgebaut am Ufer der Elz entlang talwärts in Richtung Elzach.

Eine Kreuzung, ein Schild mit der Aufschrift Haslach. Wir folgen ihm und landen auf einer ordentlich ausgebauten Straße, die in runden und sauberen Bögen einen Berg hinaufführt. Gute Sicht nach vorn, griffiger Belag unter den Reifen. Die Heidburg, eine kleine Passhöhe, wird überquert, dann geht es auf der anderen Seite hinab nach Haslach.

Hinter Haslach, dem einstigen Silberbergbau-Städtchen, nehmen wir Kurs auf Steinach. Diese Nebenroute folgt in eleganten Biegungen dem Lauf der Kinzig. Kurz vor Biberach biegen wir nicht ins Ortszentrum ab, sondern bleiben einfach auf der Hauptstraße und treffen automatisch auf die B 415 in Richtung Lahr. Sie hat es gehörig in

Kurvige Straßen und Fachwerkfassaden wie in Schiltach prägen die Region.

HIGHLIGHT

UNTER EINEM DACH

Zwischen Hausach und Gutach wartet an der rechten Straßenseite ein optischer Höhepunkt dieser Tour: die Vogtsbauernhöfe. Hier handelt es sich um ein Freilichtmuseum, in dem mehrere typische Bauernhöfe aus dem Süd- und Mittelschwarzwald samt Nebengebäuden aufgebaut sind. Alle stammen aus dem 16. bis 18. Jahrhundert, waren vom Abriss bedroht und wurden hier Stein für Stein wieder aufgebaut. Man sieht eine heute kaum mehr vorstellbare Einheit von Arbeit, Freizeit und Familienleben. Herrschaft, Knechte, Mägde, Vieh und Vorräte – alles war unter einem Dach untergebracht.

sich, diese sogenannte Bundesstraße. Mit gepflegtem Asphalt versehen, nimmt sie sich in herrlichen Kurven den bewaldeten Berg zwischen Biberach und Seelbach vor.

Grandioser Fahrspaß

Schuttertal heißt dieser abgelegene Landstrich. Eine Handvoll schneller Kehren bringt uns in Richtung Kenzingen zuerst den Berg hinauf und danach hinab ins Muckental. Eine kleine, aber feine Rundfahrt beginnt. Sie führt auf schmalem, wenig befahrenem Asphalt über Bleichheim nach Freiamt. Kurven ohne Ende, freie Sicht nach vorn. Grandioser Fahrspaß. Die Hauptrichtung Schuttertal bringt uns nach Schweighausen und Elzach.

In Oberprechtal folgt die Route dem Lauf der Elz und nimmt den Abzweig nach Triberg. Was die Karte verspricht, hält die Realität: In einer nicht mehr enden wollenden Folge von Wechselkurven zirkelt ein Sträßchen an einem sprudelnden Gebirgsbach entlang. Weite Radien, gute Übersicht, zügiges Tempo. Die Augen kleben auf der Fahrbahn, um zwischen den Bodenwellen den besten Strich zu finden.

Hinter der Wilhelmshöhe taucht der Ort Schonach mit seinen beiden Skisprungschanzen auf. Von dort sind es nur noch ein paar Kilometer, bevor man nach Triberg, den zentralen Ort der schwarzwälder Kuckucksuhren-Herstellung, hineinrollt.

Hinter Triberg quetscht sich die B 33 in perfekt ausgebauten Kehren durch die Gutach-Schlucht hinab nach Hornberg. Tempo 60 vermiest allerdings größtenteils den Appetit auf Schräglagen. Das 5 000-Einwohner-Städtchen Hornberg begrüßt den Besucher mit seiner markanten Burgruine. Von dort aus hielt man im 16. Jahrhundert eines Tages Ausschau nach dem Herzog von Württemberg, der sich für einen

Das Wasser der Gutach stürzt in Triberg 163 Meter in die Tiefe (oben). Hausach liegt im mittleren Schwarzwald (rechte Seite).

Besuch angekündigt hatte. Man erkannte am Horizont eine Staubwolke, hielt sie für den herzoglichen Tross und feuerte die Salutkanonen ab. Doch stattdessen kam ein Bauer mit seiner Viehherde vorbei. Als endlich der Herzog auftauchte, war keine Munition mehr da. Der Landesfürst war sauer, und die Hornberger waren blamiert. Seither gehen Geschichten mit einem ähnlichen Schluss aus wie das „Hornberger Schießen".

Deutschestes Uhr

Bis Schramberg ist lockeres Kurvenschwingen angesagt. Die Straße tastet die Konturen der Bergflanke ab. Die Heimat der Junghans-Uhren. Mitte des 19. Jahrhunderts produzierte die Firma, als erste in Deutschland, Uhren nach amerikanischem Vorbild in Massenproduktion. Am Image hat sich seither nichts geändert – noch heute ist Junghans die deutsche Uhr schlechthin. Interesse an einem Mitbringsel? Im Werksverkauf gibt es die Uhren mit Rabatt.

Ein kleines holperiges Sträßchen kringelt sich an einem Bach entlang nach Tennenbronn. Dann dürfen die Federelemente aufatmen, denn die folgende Strecke über St. Georgen nach Königsfeld gehört mit ihrem ebenen Belag wieder zur angenehmeren Sorte. Von Königsfeld zurück nach Schramberg sind Kupplung und Getriebe gefordert: Eine gemischte Wald- und Wiesenpartie wirft uns eine Palette unterschiedlichster Kurven vors Vorderrad. In gemächlichen Bögen geht es danach über Schiltach zum Startort Wolfach zurück. ◂

TOUR 40 | Schwarzwald

WIE AUS DEM BILDERBUCH

TOURLÄNGE | 240 km

REGIONALE MOTORRADTREFFEN

Schonach: Bierstüble Zum Uhrenträger, als Mitglied des Motorradclubs Lauben hat Chef Rainer ein Herz für Motorradfahrer.

Oberwolfach: Gasthof Linde, nicht nur traditionsreiches Motorradhotel, sondern auch beliebter Bikertreff.

Oberharmersbach: Gaststätte Schülle, badische Küche, Fremdenzimmer, Tourguide.

Dichte Tannenwälder säumen die Straße.

Wie aus dem Bilderbuch
Allerheiligenfälle
Schloss Staufenberg
OPPENAU
Baiersbronn
Alexanderschanze
Kniebis
CHRISTOPHSTAL
Winkelkirche Freudenstadt
Langenwald
DORN-STETTEN
Glatten
Bad Rippoldsau-Schapbach
Bad Peterstal-Griesbach
Glaswaldsee
Loßburg
GENGENBACH
Nordrach
Wolf- und Bärenpark
Alisehof
Schapbach
Oberharmersbach
Unterharmersbach
ALPIRSBACH
Ehem. Kloster Alpirsbach
Oberwolfach
WOLFACH
SCHILTACH
Fischerbach
Steinach
Dorotheenhütte
HAUSACH
HASLACH im Kinzigtal
Schwarzwälder Trachtenmuseum
Mühlenbach
Gutach
Freilichtmuseum Vogtsbauernhof
Park mit allen Sinnen
Aichhalden
Fluorn-Winzeln
Sulgen
SCHRAMBERG
Lauterbach
HORNBERG
Burg Hornberg
Dunningen
Tennenbronn
ELZACH
Prechtal
Hardt
Königsfeld im Schw.
Schonach i.Schwarzw.
Weltgrößte Kuckucksuhr
TRIBERG i.Schwarzw.
Triberger Wasserfall
ST. GEORGEN
Martinskapelle
Schönwald i.Schw.
Bregquelle (Donau-Ursprung)
Simonswald
Mönchweiler
Unterkirnach
FURTWANGEN i.Schwarzwald
Uhrenmuseum
Gütenbach
VÖHRENBACH
VILLINGEN-
Münster Villingen
Neckarursprung
Steingrubenhof
St. Peter
St. Märgen
Hexenloch
Hexenlochmühle
Kloster St. Märgen
Kloster St. Peter
Urach
Brigachtal
Donaueschingen
Simonswälder Tal
Schwarzwald

40 PÄSSE-TOUREN

Für die meisten Motorradreisenden sind die vielfältigen Pässe, die die Alpen – dieses wunderbare Hochgebirge im Herzen Europas – durchziehen, und die Panoramastraßen zwischen Ortschaften, Tälern und Ländern das Highlight ihrer Touren quer durch Deutschland, Österreich, Italien, der Schweiz und Frankreich. Die Pyrenäen gehören zwar nicht zum Alpenbogen, bieten aber grandiose Traumstraßen, weshalb einigen von ihnen ebenfalls ein Kapitel gewidmet wird.

40 Pässe und Panoramastraßen sind in diesem Buch insgesamt beschrieben und zum Nachfahren aufbereitet. Jede von ihnen hat etwas Besonderes und geht unter die Haut – und auf allen ist der Wohlfühlfaktor hoch.

40 ausgearbeitete und ausführlich beschriebene Motorradtouren zum Nachfahren für den Kurztrip oder die längere Reise mit:

- vielen Insidertipps des Autors
- ausführlichem Kartenmaterial mit eingezeichneter Route
- praktischen Hinweisen zu Streckenlänge, Etappen, Charakteristik und den beliebtesten Attraktionen – nicht nur für Motorradfans
- Hotels, die sich auf Motorradfahrende Gäste freuen
- GPS-Daten zum Download

ISBN 978-3-96599-006-7 EUR 27,95

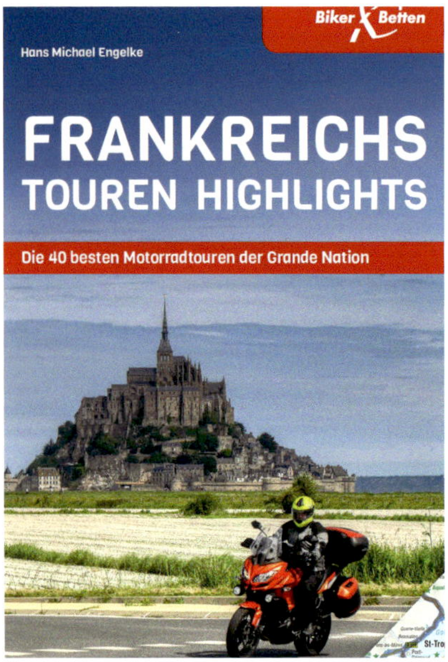

ISBN 978-3-937063-85-0 EUR 27,95

40 FRANKREICH-TOUREN

Frankreich mit all seiner landschaftlichen und kulturellen Vielfalt ist für Motorradfahrer der Traum schlechthin. Ob auf den weit über 2 000 Meter hohen Pyrenäen-Pässen oder den Pendants in den Seealpen, ob auf den aussichtsreichen Küstenstraßen der Côte d'Azur oder den unzähligen Passstraßen des Jura – vor allem in Frankreichs Süden finden sich grandiose Motorradstrecken, die zu kurzweiligen Touren mit jeder Menge Fahrspaß laden. Reizvoll ist aber auch die nördliche Hälfte unseres Nachbarlandes. Normandie und Bretagne sind interessante Ziele, die es zu entdecken gilt, Elsass und Vogesen gelten ebenfalls schon lange nicht mehr als Geheimtipps für Genusstourer. Und selbst die Metropole Paris kann – und sollte – auf dem Motorrad erkundet werden.

Frankreich ist riesig und bedeutend größer als Deutschland. Dennoch leben dort weniger Menschen. Das bedeutet im Umkehrschluss mehr Platz – vor allem auf den Nebenstraßen. Selbst in der Hochsaison ist man auf vielen von ihnen fast alleine unterwegs. Dies ist nur einer von vielen Gründen, warum einen die Grande Nation in ihren Bann zieht.

Die in diesem Buch beschriebenen Touren sind ein bunter und abwechslungsreicher Mix aus vielem, was Frankreich zu bieten hat. Einige von ihnen sind äußerst persönlich und detailliert beschrieben, bei anderen werden die wesentlichen Attraktionen und Tourentipps im anschaulichen Überblick dargestellt.

BIKER-WEEKENDS DEUTSCHLAND

Getreu Goethes Motto „Warum in die Ferne schweifen, wo doch das Gute liegt so nah …“, erreicht Deutschland schon seit Jahren Spitzenwerte als (Motorrad-) Reiseziel. Das eigene Land ist und bleibt das mit Abstand beliebteste Urlaubsziel.

In 15 der spannendsten heimischen Regionen sind jeweils drei Touren, die sich perfekt als lohnenswerte Motorradwochenenden aneinanderfügen lassen, zusammengestellt. Es sind nicht irgendwelche Strecken, sondern die Insidertipps ausgewählter BikerBetten-Partner. Deren Häuser sind nicht nur jeweils Start- und Zielpunkt für die beschriebenen Routen, sondern auch perfekt auf die Ansprüche Motorradfahrender Gäste ausgerichtet.

Jeweils 3 ausführliche beschriebene Motorradtouren zum Nachfahren in 15 der spannendsten Regionen Deutschlands. Individuell zusammenstellbar für das Motorradwochenende – oder auch die Tour unter der Woche – mit:

- vielen Insidertipps des Autoren
- ausführlichem Kartenmaterial mit eingezeichneter Route
- praktischen Hinweisen zu Streckenlänge, Etappen, Charakteristik und den beliebtesten Attraktionen – nicht nur für Motorradfans
- Hotels, die sich auf Motorradfahrende Gäste freuen
- GPS-Daten zum Download

ISBN 978-3-937063-50-8 EUR 22,95

ISBN 978-3-937063-54-6 EUR 22,95

DEUTSCHE OSTSEEKÜSTE

Wirkliche Höhenmeter lassen sich rund um die Ostsee – dem großen Binnenmeer in Nordosteuropa – nicht machen, auch Pässe und Serpentinen sind eher Mangelware. Dafür schnuppert man während der Fahrt entlang der deutschen Küste gesunde Seeluft und erlebt Natur pur. Außerdem locken gleich mehrere Inseln zu ausgedehnten Ausflügen. Wer im Binnenland unterwegs ist, entdeckt zahlreiche Sehenswürdigkeiten wie Museen, Schlösser, Kirchen und Denkmäler, die spannende Geschichten aus der Vergangenheit erzählen. Überall lassen sich Rundtouren planen, ob durch die Mecklenburgische Seenplatte oder durch die Holsteinische sowie die Mecklenburgische Schweiz und besonders auf Rügen oder Usedom.

Zehn ausführlich beschriebene Motorradtouren zum Nachfahren für den Kurztripp oder die längere Reise mit:

- vielen Insidertipps des Autoren
- ausführlichem Kartenmaterial mit eingezeichneter Route
- praktischen Hinweisen zu Streckenlänge, Etappen, Charakteristik und den beliebtesten Attraktionen – nicht nur für Motorradfans
- Hotels, die sich auf Motorradfahrende Gäste freuen
- GPS-Daten zum Download

PÄSSE ATLAS ITALIEN

La Bella Italia! Unzählige Motorradfahrer finden Gefallen an Touren auf diesem Stiefel. Und das hat gute Gründe! Es ist nicht nur das legendäre „la dolce vita“. Es sind auch das Essen, die Sprache, die Lebensart. Natürlich auch die grandiosen Landschaften und Straßen, über die wir oft genug schimpfen, sie aber dennoch wann immer es geht aufsuchen. Highlights sind selbstverständlich die Pässe und Höhenstraßen, die vor allem im Norden des Landes zuhauf locken.

Der neue Pässe Atlas Italien vereint 204 der spannendsten Pässe und Panoramastraßen im nördlichen Teil des Stiefels und bietet euch:

- ausführliches Kartenmaterial mit eingezeichneter Route
- praktische Hinweise zur Streckenlänge, Charakteristik, Länge, Scheitelhöhe, Steigung und Wintersperren
- beliebte Attraktionen am Wegesrand – nicht nur für Motorradfans
- GPS-Daten zum Download

ISBN 978-3-96599-000-5 EUR 17,95

ISBN 978-3-937063-83-6 EUR 17,95

PÄSSE ATLAS FRANKREICH

Das Herz zahlreicher Motorrad-Reisenden schlägt für Frankreich. Vor allem sein Alpenanteil hat viele Fans. Kein Wunder, schließlich liegen nicht nur die höchsten Gipfel, sondern auch viele der höchsten Alpenpässe in dieser Region. Aber auch die anderen Gebirgsketten in diesem Teil Europas wissen zu begeistern: vom Zentralmassiv über die Pyrenäen bis hin zu den Vogesen. Zudem verfügt die französische Mittelmeerinsel Korsika nicht nur über einen politischen Sonderstatus, sondern auch über eine landschaftliche Vielfalt, die ihresgleichen sucht.

Der neue Pässe Atlas Frankreich vereint 183 der spannendsten Pässe und Panoramastraßen der Grand Nation und bietet euch:

- ausführliches Kartenmaterial mit eingezeichneter Route
- praktische Hinweise zur Streckenlänge, Charakteristik, Länge, Scheitelhöhe, Steigung und Wintersperren
- beliebte Attraktionen am Wegesrand – nicht nur für Motorradfans
- GPS-Daten zum Download

DEUTSCHE OSTSEEKÜSTE

Wirkliche Höhenmeter lassen sich rund um die Ostsee – dem großen Binnenmeer in Nordosteuropa – nicht machen, auch Pässe und Serpentinen sind eher Mangelware. Dafür schnuppert man während der Fahrt entlang der deutschen Küste gesunde Seeluft und erlebt Natur pur. Außerdem locken gleich mehrere Inseln zu ausgedehnten Ausflügen. Wer im Binnenland unterwegs ist, entdeckt zahlreiche Sehenswürdigkeiten wie Museen, Schlösser, Kirchen und Denkmäler, die spannende Geschichten aus der Vergangenheit erzählen. Überall lassen sich Rundtouren planen, ob durch die Mecklenburgische Seenplatte oder durch die Holsteinische sowie die Mecklenburgische Schweiz und besonders auf Rügen oder Usedom.

Zehn ausführlich beschriebene Motorradtouren zum Nachfahren für den Kurztripp oder die längere Reise mit:

- vielen Insidertipps des Autoren
- ausführlichem Kartenmaterial mit eingezeichneter Route
- praktischen Hinweisen zu Streckenlänge, Etappen, Charakteristik und den beliebtesten Attraktionen – nicht nur für Motorradfans
- Hotels, die sich auf Motorradfahrende Gäste freuen
- GPS-Daten zum Download

ISBN 978-3-937063-54-6 EUR 22,95

ISBN 978-3-937063-54-6 EUR 22,95

SCHWARZWALD

Der Schwarzwald ist Deutschlands höchstes und größtes zusammenhängendes Mittelgebirge. Es steht weltweit als Sinnbild für einen entspannenden Urlaub.

Wie kontrastreich sich die Landschaften tatsächlich darstellen, erfahren diejenigen, die sie auf dem Motorrad er kunden. Insbesondere der stetige Wechsel von Berg und Tal entlang der mehr als 70 Gipfel über 1000 Meter lässt das Bikerherz höher schlagen. Ein paar Klischees wie Kuckucksuhr und Kirschtorte sollte man sich unterwegs aber natürlich auch noch gönnen.

Zehn ausführlich beschriebene Motorradtouren zum Nachfahren für den Kurztripp oder die längere Reise mit:

- vielen Insidertipps der Autoren
- ausführlichem Kartenmaterial mit eingezeichneter Route
- praktischen Hinweisen zu Streckenlänge, Etappen, Charakteristik und den beliebtesten Attraktionen –nicht nur für Motorradfans
- Hotels, die sich auf Motorradfahrende Gäste freuen
- GPS-Daten zum Download

HERAUSGEBER
TVV Touristik-Verlag GmbH | Werner Henschel Str. 2 | D-34233 Fuldatal-Ihringshausen
Tel.: +49 - (0) 561/400 85 - 0 | Fax: +49 - (0) 561/400 85 - 21
info@bikerbetten.de | www.bikerbetten.de

Vertretungsberechtigter Geschäftsführer: Peter Schmitz, Jan-Uwe Schmitz
Registergericht: Kassel | Registernummer: 13254
Umsatzsteuer-Identifikationsnummer gemäß § 27 a Umsatzsteuergesetz: DE813611060

REDAKTION Martin Schempp

FOTOS alpenpass.com (220), Besucherbergwerk Kilianstollen (112), creare-imagos (2 x 236, 2 x 238, 239, 240), Hans Michael Engelke (14, 2 x 26, 28, 32, 38, 44, 47, 48, 52, 54, 56, 58, 74, 77, 78, 86, 89, 92, 94, 112, 116, 118, 2 x 122, 124, 128, 134, 136, 137, 140, 144, 146, 150, 2 x 152, 155, 156, 164, 170, 174, 176, 182, 188, 196, 200, 209, 230, 2 x 232), Erlenbacher Schiffswerft | Maschinen- und Stahlbau GmbH (190), Goldhausen / Volker Scharfe (106), Harzer Tourismusverband (76), Highlights-Verlag (14, 30, 46, 50, 68, 90, 158, 162, 164, 186), Karl-May-Spiele Bad Segeberg/Claus Harlandt (16), Werner Kirchhoff (2 x 16, 22, 23, 24), Klimahaus Bremerhaven 8° Ost: Rathke (8) – Mottouren Jürgen Grieschat (10, 32, 194, 196), Meyer (10), Frank Sachau (16, 62), Peter Schmitz (Umschlag, 8, 2 x 80, 2 x 82, 83, 95, 98, 104, 108, 2 x 110, 114, 224, 246), Tanja Schmitz (42, 65, 84, 100, 101, 102), Shutterstock: 12, 60, 98, 140 - Agami Photo Agency (10) - Werner Spremberg (11) - Marc Venema (16) - katatonia82 (17) - LaMiaFotografia (18, 22, 35, 38, 40, 58, 62, 104, 107, 130, 132, 178, 182, 192) - Iurii Buriak (22, 94) - ArTono (2 x 28, 53) - guentermanaus (29) - Ugis Riba (34) - ebenart (34) - LianeM (34, 52, 159) - Animaflora PicsStock (40) - Tupungato (40) - Dziajda (41) - photolike (44) - hanif66 (46) - Bjoern Bernhard (50) - Karin Jaehne (52) - Rastislav Sedlak SK (56) - MatthiasPhuong (59) - kamienczanka (64) - hecke61 (64) - Oliver Hlavaty (66) - Sandra Lorenzen-Mueller (68) - Erich Teister (70) - Oliver Hoffmann (70) - AlenKadr (70) - Heide Pinkall (71) - John Kehly (72) - footageclips (74) - lunamarina (76) - Misterv-lad (76) - ChristianFortunatoPhoto (86) - Traveller70 (88, 95) - Anthony Dezenzio (92) - Tonko Oosterink (94) - Bildagentur Zoonar GmbH (96) - hecke61 (100) - MatGo (106) - Marco Rothenhaeusler (112) - Uwe Landgraf (113) - Gumbao (116) - travelpeter (118) - Dr. Norbert Lange (120) - Haidamac (124) - Anatolii Lyzun (125) - Jokue-photography (126) - Mikalai Nick Zastsenski (128) - Schloss Johannisberg (130) - David Hajnal (130) - Alice-D (134, 176) - Rainer Lesniewski (136) - Pecold (136) - Kanyapak Lim (142) - Lukassek (142) - saiko3p (142) - trabantos (143) - Axel Fischer (146) - Tobias Arhelger (2 x 148, 198) - Marc Venema (148) - Vorm in Beeld (149) - lehic (154) - jorisvo (154) - Gertjan Hooijer (154) - gertvansanten (158) - wsf-s (159, 166) - Romas_Photo (159) - panoglobe (164) - ChristophGoerg (166, 168) - travelview (170, 172, 173) - U.J. Alexander (178) - nnattalli (179) - Circumnavigation (184, 194, 196) - KH-Pictures (184) - Massimo Campanari (184) -Reinhard Frank (185) - Video Media Studio Europe (188) - CA Irene Lorenz (190) - vichie81 (190) - IT und FOTO Ingo Janek (191) - Val Thoermer (200) - LightField Studios (202) - AIDAsign (202) - mitchFOTO - StGrafix (208), Jumos (208) - Igor Marx (208) - Maksim Zaytsev (210) - FooTToo (218) - Almosen Josef (220) -ariadna de raadt (221) - John Power MK (228) - Alexander Rochau (230) - Nadezda Murmakova (232) - Olgysha (234) - Ralf Greiner (238), Snežana Šimičić (206, 244), Verein Automobilbau Museum Eisenach e.V. (64), Peter Wahl (Umschlag, 106, 203, 204, 2 x 212, 3 x 214, 215, 216, 218, 222, 224, 2 x 226, 227, 2 x 242, 2 x 244), Wikimedia Commons: Olaf Meister CC BY-SA 3.0 (46) – Varus111 C BY-SA 3.0 (100), Carl Goebel/Originallithographie der ÖNB CC BY-SA 3.0 (226), alle Hotelbilder stammen von den jeweiligen Betrieben.

UMSCHLAGGESTALTUNG TVV Touristik-Verlag GmbH
KARTENBASIS © Kunth verlag GmbH & Co. KG
ROUTEN Martin Schempp
PRODUKTION MoTourMedia, Wuppertal
LEKTORAT Text-o-Pix, Wuppertal
DRUCK UND WEITERVERARBEITUNG Silber Druck oHG, 34266 Niestetal

Die GPS-Daten gibt es zum kostenlosen Download auf **bikerbetten.de**

Alle Angaben dieses Werks wurden von dem Autor sorgfältig recherchiert.
Für die Richtigkeit der Angaben kann jedoch keine Haftung übernommen werden.

ISBN 978-3-96599-005-0